Beiträge zum Landwirtschaftsrecht
und zur Biodiversität

Herausgegeben von
Professor Dr. Detlef Czybulka

Schriftleitung:
Peter Francesconi

Band 13

Detlef Czybulka | Wolfgang Köck (Hrsg.)

Landwirtschaft und Naturschutzrecht

Beiträge des 13. Deutschen Naturschutzrechtstages in Leipzig

Nomos

Deutscher Naturschutzrechtstag e. V.

Die Drucklegung des Tagungsbandes wurde mit finanziellen Mitteln und Spenden des Deutschen Naturschutzrechtstags e.V. gefördert.

Die Deutsche Nationalbibliothek verzeichnet diese Publikation in der Deutschen Nationalbibliografie; detaillierte bibliografische Daten sind im Internet über http://dnb.d-nb.de abrufbar.

ISBN 978-3-8487-5450-2 (Print)

ISBN 978-3-8452-9606-7 (ePDF)

1. Auflage 2019

Vorwort der Herausgeber

Das Thema »Landwirtschaft« wird in der »Naturschutz-Offensive 2020« des BMU[1] als prioritäres Handlungsfeld definiert. Es erscheint unter der Überschrift »Äcker und Wiesen – Kulturlandschaft für Mensch und Natur«. Schöne Fotografien von Schmetterlingen, Kindern und blühenden Wiesen sind kombiniert mit »harten« Aussagen wie »Agrarsubventionen nach 2020 abschaffen – Landwirtinnen und Landwirte für konkrete Naturschutz-Leistungen bezahlen«[2], die aufhorchen ließen, wenn sie nicht von einer machtlosen Bundesumweltministerin (seinerzeit Barbara Hendricks) stammten, die die »verantwortlichen Akteure« auffordert, die »erforderlichen Schritte zu unternehmen, um die Verarmung der Natur im ländlichen Raum zu stoppen.«[3] Die Verarmung der Natur im »ländlichen Raum«, der Biodiversitätsschwund der Kultur- und Halbkulturlandschaften ist seit langem bekannt und sehr gut belegt. Vor fast vierzig Jahren gab z.B. das 1970 als erstes deutsches Umweltministerium gegründete Bayerische Staatsministerium für Landesentwicklung und Umweltfragen zwei ansprechende Fibeln[4] heraus, die nicht nur Arten und Lebensräume abbildeten und beschrieben, sondern auch die Gründe für ihr Verschwinden: »Viele Arten räumen bereits unter dem Druck der Bewirtschaftungsweise – zu frühe Mahd vernichtet ihr Gelege – das Feld, bevor eine Entwässerungsmaßnahme ihnen den Lebensraum endgültig entzieht.«[5] Zum Lebensraum »Streuwiesen und Flachmoore« –erstere, die eine außergewöhnliche Vielfalt sehr schöner geschützter Pflanzen« aufwiesen, wurden seinerzeit von den Bauern noch »alljährlich zur Streugewinnung gemäht« – heißt es: »Wesentlich rascher und auffälliger werden die Streuwiesen durch den Menschen vernichtet, wenn sie (…) nach Dränage und Umbruch in Maisfelder umge-

---

1 Bundesministerium für Umwelt, Naturschutz, Bau und Reaktorsicherheit (BMUB) (Hrsg.), Naturschutz-Offensive 2020 Für biologische Vielfalt! (Stand Oktober 2015).

2 Naturschutz-Offensive BMUB (Fn. 1) S. 11.

3 Naturschutz-Offensive BMUB (Fn. 1) S. 10.

4 BayStMLU (Hrsg.) „Schützen und blühen lassen (Geschützte Pflanzen)“, 4. Aufl. März 1980, und „Schützen und leben lassen (Geschützte Tiere)“, 2. Aufl. März 1980.

5 Schützen und leben lassen, S. 116.

wandelt werden.«[6] Allerweltsarten waren seinerzeit noch der Kiebitz (»verbreitet, gebietsweise recht häufig«[7]) oder die Feldlerche (»Verbreitet und häufig«[8]); letztere wurde jetzt wegen ihrer Dezimierung »Vogel des Jahres« 2019. Die Gemeinsame Agrarpolitik konnte seinerzeit noch nicht mit dem Verschwinden der Arten in Verbindung gebracht werden, vielmehr enthielten die Fibeln im Anhang die (nationalen) Rechtsgrundlagen des Artenschutzrechts, auf die auch Mitbürger mit (bisher) mangelndem Verständnis für den Schutz der Tiere und Pflanzen hingewiesen werden sollten, und zwar wegen der Verantwortung, »die wir alle tragen«, um »unsere Heimat« zu erhalten.[9] Nun tragen wir Bürger zwar heute noch diese Mitverantwortung, aber wir werden in der Agrarlandschaft kaum noch Pflanzen und Wildtiere finden, die wir pflücken oder stören könnten. Offenbar gelang es damals wie heute nicht, die »verantwortlichen Akteure« in die Pflicht zu nehmen. »Bewirtschaftungsweise«, Entwässerung und Umbruch in Maisfelder sind oder waren anscheinend, ebenso wie die Beseitigung von Hecken und Feldgehölzen außerrechtliche Vorgänge, deren Zerstörung allerdings nicht »leichtfertig« erfolgen sollte, auch wenn sie ersetzbar seien.[10] So soll der Landwirt als Nutzer der Kulturlandschaft zwar ein »hohes Maß an Verantwortung« tragen; gleichwohl soll er »auch beim Einsatz moderner Bewirtschaftungsmittel« »seinen Teil zur Erhaltung der Tierwelt« beitragen können.[11] Gesagt oder vorgeschrieben wurde den Bauern allerdings nicht, wie sie dies bewerkstelligen konnten; die nationale Rechtsordnung versuchte in diesem Zeitraum vielmehr, mit verschiedenen »Landwirtschaftsklauseln« die landwirtschaftliche Bodennutzung von Anforderungen des Natur- und Umweltschutzes möglichst freizustellen. Ein Landwirtschaftsgesetz gab es (und gibt es auch heute noch) nur dem Namen nach; es normierte keinerlei umwelt- oder fachbezogene Zielstellungen oder gar konkrete Betreiberpflichten, während sich das technische Umweltrecht unter Aussparung der landwirtschaftlichen Bodennutzung im Industriebereich zügig entwickelte und so auch für die Verbesserung der Umweltbedingungen in Deutschland sorgte (der sprichwörtlich »blaue Himmel« über dem Ruhrgebiet). Die landwirtschaftliche Produktivität (und Produktion) stieg enorm an, die Vielfalt ging rapide zurück und be-

---

6 Schützen und blühen lassen, S. 56.
7 Schützen und leben lassen, S. 118.
8 Schützen und leben lassen, S. 38.
9 Schützen und leben lassen, Rückseite der Fibel, Aufruf der Staatsministers Dick und des Staatssekretärs Max Fischer.
10 Schützen und leben lassen (Fn. 4), S. 48.
11 Schützen und leben lassen (Fn. 4), S. 3.

schränkte sich bei den Kulturarten zunehmend auf wenige Ackerkulturen, die nur noch marginal der unmittelbaren Ernährung der Bevölkerung dienen, sondern (heute) an erster Stelle der Futterherstellung für tierische Erzeugnisse und an zweiter Stelle der Energieerzeugung (Referat *Hampicke*). Es ist also ein schiefes Bild, wenn gesagt wird, der Bauer ernähre heute etwa 135 Menschen (statt 47 im Jahre 1980). Er produziert mit allen naturbedingten Risiken für einen inzwischen weitgehend freien Markt, einschließlich »Volatilität« (Preis- und Konjunkturschwankungen), der dann über eine machtvolle internationale Lebensmittelindustrie und den Handel die weitere Verarbeitung und Verteilung übernimmt. Der »Mitbürger« hatte gegen diese Entwicklung, die billiges Fleisch brachte, wenig einzuwenden, weil durch die Öffnung der Agrarmärkte auch pflanzliche Nahrungsmittel und leckeres Obst aus anderen Staaten reichlich und preiswert vorhanden sind und die Lebensmittelpreise in der EU, v.a. in Deutschland, sehr niedrig sind. Im ländlichen Raum ging mit dem Rückgang der Biodiversität z.B. bei der Segetalflora[12], aber auch der Landschaftselemente und dem Schwund der Kulturarten, ein rasanter Konzentrationsprozess der Betriebe einher. Ihre Zahl schwand von 1.083.120 (1970, alte BRD) auf ein Viertel (275.400 im Jahr 2016 und unter 270.000 im Jahr 2017 für ganz Deutschland), davon sind jetzt knapp 20.000 Öko-Betriebe; die Zahl der Arbeitskräfte reduzierte sich von 2,7 Millionen (1970) auf 940.00 (2016).[13] Der Konzentrationsprozess ist in Wahrheit noch viel radikaler, weil aus diesen Zahlen nicht hervorgeht, dass mehr als die Hälfte (52 %) aller landwirtschaftlichen Betriebe in Deutschland aktuell im Nebenerwerb geführt werden[14], das heißt, diese Bauern und ihre Familien beziehen weniger als 50 % ihres Einkommens aus dem landwirtschaftlichen Betrieb und sind in einer ganz anderen Interessenlage und Einkommensklasse als die Haupterwerbslandwirte. Über 120.000 Betriebe in der Größenordnung bis 20 ha bewirtschaften 1,19 Mio. ha, während 12.600 Betriebe mit 200 ha und mehr die

12 Die Segetalflora umfasst alle wildwachsenden Pflanzenarten, die neben den vom Landwirt auf den Äckern oder Sonderkulturen (z.B. Weinberge) angebauten Kulturpflanzen wachsen.

13 Alle Zahlen, soweit nicht anders vermerkt, aus: Statistisches Bundesamt (Destatis) (Hrsg.), Statistisches Jahrbuch Deutschland und Internationales 2017, Kapitel 19, Seite 481 ff.; abrufbar unter https://www.destatis.de/DE/ZahlenFakten/Wirtschaftsbereiche/LandForstwirtschaftFischerei/LandwirtschaftlicheBetriebe/LandwirtschaftlicheBetriebe.html (zuletzt abgerufen am 15.1.2019).

14 https://www.topagrar.com/news/Home-top-News-Nebenerwerbslandwirtschaft-Eine-konstante-Realitaet-8029214.html (zuletzt abgerufen am 15.1.2019); vgl. BMEL (Hrsg.) Statistisches Jahrbuch über Ernährung, Landwirtschaft und Forsten 2016, Tabelle 35, S. 47 (Münster, Landwirtschaftsverlag, 585 S.).

sechsfache Fläche bewirtschaften (6,67 Mio. ha).[15] Der angeblich statistisch ermittelte jährliche »Nettoumsatz« von etwa 37.000 € pro Betrieb hat somit keinen echten Aussagewert.[16]

Um das Höfesterben sozial abzufedern, wurde ab 1957 schrittweise die Alterssicherung der Landwirte eingeführt und durch staatliche Mittel gefördert. Damit waren agrarstrukturelle Zielsetzungen verbunden; die Landwirte wurden gezwungen, ihren Betrieb aufzugeben, wenn sie in Rente gingen. Erst mit Beschluss des 1. Senats des BVerfG vom 23. Mai 2018[17] wurde entschieden, dass die Pflicht zur Hofabgabe verfassungswidrig werde, wenn diese in unzumutbarer Weise Einkünfte entzieht, die zur Ergänzung einer nur als Teilsicherung ausgestalteten Rente notwendig sind. Der Strukturwandel ist aber bereits vollzogen, andere Formen der Landwirtschaft tauchten vor allem durch neu entstandene, aus den LPGs hervorgegangene GmbHs auf. In den neuen Bundesländern gab es 2016 insgesamt 3.800 Kapitalgesellschaften, eingetragene Genossenschaften und Aktiengesellschaften, die im Durchschnitt über eine Betriebsfläche von 551 Hektar verfügten. Bei den Produzenten gibt es also keine gewachsene Vielfalt, sondern es herrschen ganz unterschiedliche Interessenlagen; teils im Turbokapitalismus angekommene digitalisierte Großbetriebe mit »Hofmanagern«, aber auch viele schlecht verdienende kleine Familienbetriebe, deren tatsächlich erbrachte Leistungen für den Erhalt der Biodiversität nicht adäquat honoriert werden. Der Großteil der Subventionen wird leistungsunabhängig als Flächenprämie vergeben, was die bestehende wirtschaftliche Ungleichheit (trotz »Umverteilungsprämie«) noch verstärkt. In der EU gehen 80 % der Agrargelder an 20 % der Betriebe.[18] Da Agrarumweltmaßnahmen in der (viel kleineren) »zweiten Säule« von den Staaten kofinanziert werden müssen, gibt es in Deutschland erhebliche Unterschiede zwischen den Bundesländern; Naturschutzmaßnahmen werden nicht vom ökologischen Bedarf, sondern von der Finanzkraft des Bundeslandes bestimmt.[19]

---

15 Statistisches Jahrbuch 2017 (Fn. 13), S. 485 mit Zahlen für die einzelnen Bundesländer und graphischer Gesamt-Darstellung. Zur Betriebsgrößenstruktur 2016 in den einzelnen Bundesländern s. Graphik S. 483.

16 So die unter der Quellenangabe „Statistisches Bundesamt" (Statista) abgedruckte Graphik in +3Magazin No. 48 (2018), S. 24.

17 Az. 1 BvR 97/14.

18 *Lorenzen*, Europäische Landwirtschaftspolitik – Mehr als ein Fabelwesen - Politische Ökologie 154 (2018), S. 34, 35.

19 *Von Haaren*, Ziele einer modernen Landwirtschaft unter Berücksichtigung des Umweltschutzes, in: Hendler et al. (Hrsg.), Jb. UTR 2007, Landwirtschaft und Umweltschutz, S. 11, 16.

Der hier knapp geschilderte epochale Strukturwandel der deutschen Landwirtschaft in den letzten 40 Jahren wurde von der Gesetzgebung nicht adäquat begleitet; die wenigen Rechtsänderungen, die alle nicht im Landwirtschaftsgesetz, sondern in Verordnungen wie der Düngeverordnung oder im Naturschutzrecht erfolgten, waren überwiegend erforderlich, weil sie von der EU oder wegen Verstoßes gegen europäisches Recht nach entsprechender Verurteilung vom EuGH gefordert wurden. Es zieht sich wie ein roter Faden durch die Bestandsaufnahme dieses Bandes, dass die Umsetzungen in nationales Recht zumeist als unvollständig, wenig wirksam oder (im Artenschutzrecht) als Placebo (Referat *Meßerschmidt*) zu werten sind. Die Unterlassungen und Fehlleistungen des deutschen Gesetzgebers auf (sozialem und) ökologischem Gebiet haben bislang nur mäßige Aufmerksamkeit gefunden, weil insbesondere von der Agrarlobby, aber auch von vielen Politiker*innen der Eindruck erweckt wird, an allen »Fehlentwicklungen« sei allein die EU-Agrarpolitik schuld, die zudem ein bürokratisches Monster sei. An dieser Kritik ist sicherlich vieles berechtigt,[20] die Schuldzuweisung entspricht aber nicht der jeweiligen Verantwortung der Akteure: Die EU hat weder im Umwelt- und Naturschutzrecht noch im Bereich der Landwirtschaft eine ausschließliche Zuständigkeit; die Ziele der GAP (Art. 39 AEUV) dienen vor allem der gemeinsamen Organisation der Agrarmärkte. Der mit der MacSherry-Reform seinerzeit erfolgte Richtungswechsel der GAP stagniert und die »persistente budgetäre Priorisierung des mittels der Direktzahlungen verfolgten Einkommensziels« steht »in einem eklatanten Missverhältnis zu den bestehenden gesellschaftlichen Herausforderungen im Politikfeld Landwirtschaft und ländliche Räume«.[21] Solange es keine Reformbeschlüsse von Rat und Parlament gibt, setzt die EU-Kommission die alten Ziele der Agrarpolitik fort, also neben der Erhöhung eines (wegen der oben geschilderten Entwicklungen in den Betriebsstrukturen nichtssagenden) »Pro-Kopf-Einkommens« (vgl. Art. 39 Abs. 1 lit. b) AEUV) auch die weitere Steigerung der Produktivität einschließlich des damit einhergehenden Strukturwandels, der große Betriebe begünstigt, unabhängig davon, ob sie die Biodiversität schädigen oder zu ihrer Erhaltung beitragen. Dies zeigt auch der Beitrag von *Mögele*, der sein auf dem DNRT gehaltenes Referat aktualisiert hat und die aktuellen Vorschläge der Kommission für die gemeinsame Agrarpolitik für die

---

20 Zuletzt fundierte Kritik bei Wiss. Beirat für Agrarpolitik, Ernährung und gesundheitlichen Verbraucherschutz beim Bundesministerium für Ernährung und Landwirtschaft: Für eine gemeinwohlorientierte Gemeinsame Agrarpolitik der EU nach 2020: Grundsatzfragen und Empfehlungen, Stellungnahme, April 2018.

21 Wiss. Beirat BMEL (Fn. 20), S. 12 f.

Zeit nach 2020 einschließlich der Regelungen zum Umwelt- und Klimaschutz vorstellt. Die nicht sehr geglückte Förderpolitik der EU, auch im Bereich »grüner« oder »hellgrüner« Maßnahmen, hatte sich deshalb entwickelt, weil die finanzstarken Nettozahler-Staaten, v.a. Deutschland, die ökologischen Herausforderungen jahrzehntelang ignoriert und stattdessen »lieber den Forderungen des agrarindustriellen Komplexes gefolgt«[22] sind und eine gezieltere Förderung von Umweltleistungen sogar verhindert haben. Die mangelnde Transparenz dieser Verhandlungen im außerparlamentarischen Raum kam starken Lobbyverbänden zugute, die wie der nationale Bauerverband oder in Europa als Dachverband COPA/COGECA den entscheidenden Einfluss auf die Gestaltung der Agrarpolitik haben. Diesen Verbänden ist es bis heute gelungen, nach außen als Vertreter der »Bäuerinnen und Bauern« aufzutreten, die sie mit ihrer Politik geschrumpft haben. Zwar hat das Europäische Parlament (jetzt) nach Art. 43 Abs. 2 AEUV Befugnisse im ordentlichen Gesetzgebungsverfahren, aber dies kann Debatten im nationalen parlamentarischen Raum nicht substituieren. Diese fanden nicht statt, weil der Gesetzgeber in Deutschland bis auf die durch EU-Recht erzwungenen Ausnahmen untätig blieb und selbst keine Konzeption für eine umweltschonende und biodiversitätserhaltende Landwirtschaft entwickelte. Die hierzu erforderlichen rechtlichen Instrumente fehlen weitgehend. Wir hatten uns wegen dieser Entwicklung entschlossen, den Fokus der Tagung auf die Bestandsaufnahme bestehender rechtlicher Unzulänglichkeiten im nationalen Rahmen zu legen, der zersplittert, unübersichtlich und wenig wirksam ist. Bezeichnend hierfür ist der Niedergang der »guten fachlichen Praxis«, der in mehreren Beiträgen (Referate *Rehbinder* und *Möckel*) und in der (hier nicht abgedruckten) Diskussion analysiert wurde.

Von den vielen rechtlich relevanten Problemfeldern in der Landwirtschaft wurde bei der Leipziger Tagung der Akzent auf die Biodiversitätsproblematik (einschließlich der rahmensetzenden Stoffströme) gelegt. Die Erhaltung der biologischen Vielfalt ist Voraussetzung für die Aufrechterhaltung des Lebens auf der Erde. Zwar ist diese Problematik – anders als das »Tierwohl« oder die Forderung nach besseren Standards in der Tierhaltung – noch kaum in das Bewusstsein der Bevölkerung gedrungen,[23] aber sie ist nach unserer Auffassung die wichtigste Zukunftsaufgabe, die im Übrigen – anders als die Klimaproblematik – nicht global, sondern national

---

22 Mit Beispielen bei *Lorenzen*, Politische Ökologie 154 (2018), S. 34, 36 f.

23 Siehe Umfragewerte Oktober 2017, BMEL Statista, abgedruckt in +3Magazin No. 48, S. 19.

bzw. regional und sogar lokal zu lösen ist. Der teilweise schon an dieser Ausrichtung der Tagung geübten Kritik, das Völkerrecht, insbesondere die CBD und die Aichi-Targets[24] ausgeklammert zu haben,[25] kann mit einer Verweisung auf frühere Arbeiten[26] und dem Hinweis begegnet werden, dass die Aichi Targets und darauf fußende nationale Biodiversitätsstrategien als »Soft Law« weder die Ergebnisorientierung noch die Durchsetzungskraft aufweisen, die erforderlich sind, um das »dicke Brett« einer biodiversitätserhaltenden Landwirtschaft in Mitteleuropa zu bohren. Die Ziele der nationalen Biodiversitätsstrategie im Bereich Landwirtschaft (Kabinettsbeschluss vom 7. November 2007) lesen sich schon heute wie ein (nie wahr gewordenes) Märchen: »Bis zum Jahre 2020 ist die Biodiversität in Agrarökosystemen deutlich erhöht. Bis 2015 sind die Populationen der Mehrzahl der Arten (insbesondere wildlebende Arten), die für die agrarisch genutzten Kulturlandschaften typisch sind, gesichert und nehmen wieder zu. Bis 2015 nimmt der Flächenanteil naturschutzfachlich wertvoller Agrarbiotope (hochwertiges Grünland, Streuobstwiesen) um mindestens zehn Prozent gegenüber 2005 zu. 2010 beträgt in agrarisch genutzten Gebieten der Anteil naturnaher Landschaftselemente (zum Beispiel Hecken, Raine, Feldgehölze, Kleingewässer) mindestens fünf Prozent.«[27]

Die auf dem 13. DNRT gehaltenen wissenschaftlichen Referate wurden von den Autoren überarbeitet, unter Berücksichtigung der Diskussionsergebnisse oder zwischenzeitlich ergangener Entscheidungen der Gerichte aktualisiert und teilweise auch erweitert. Wir danken allen Referenten für die Überlassung ihrer Manuskripte. Die »Leipziger Erklärung« der Mitgliederversammlung des DNRT e.V. vom 25. April 2018 ist ebenfalls in diesem Band abgedruckt. Trotz der überwiegend sehr ernüchternden Analysen haben wir uns – was für eine juristische Publikation ungewöhnlich ist – entschlossen, über den Text, Tabellen und Diagramme hinaus auch Farbabbil-

---

24 Die auf der Vertragsstaatenkonferenz der CBD im Jahre 2010 in Nagoya (Präfektur Aichi) formulierten Ziele (Targets) zum Erhalt der Biodiversität enthalten in Ziel 3 den Auftrag an die Vertragsstaaten, bis 2020 für die Biodiversität schädliche Anreize und Subventionen abzuschaffen, und in Ziel 7 den Auftrag, land- und forstwirtschaftliche Flächen (sowie die Aquakultur) bis 2020 nachhaltig so zu bewirtschaften, dass die Biodiversität erhalten bleibt.

25 *Ekardt*, Tagungsbericht zum 13. DNRT zum Thema „Naturschutzrecht und Landwirtschaftsrecht", ZUR 2018, 445, 446.

26 Wolff/Köck (Hrsg.), 10 Jahre Übereinkommen über die biologische Vielfalt – Eine Zwischenbilanz (2004); darin unter anderem der Beitrag von *Czybulka*, Erhaltung der Biodiversität bei der landwirtschaftlichen Nutzung, S. 152 ff.

27 BMUB (Hrsg.), Nationale Strategie zur biologischen Vielfalt (Kabinettsbeschluss vom 7.11.2007), 4. Aufl. Juli 2015, S. 47.

dungen von Agrarlandschaften zu integrieren, die bei den grundlegenden Referaten von *Hampicke* und *Schumacher* gezeigt wurden. Dies dient nicht der Nostalgie, sondern Dokumentationszwecken. Zum einen war der Eindruck der Bilder für die Tagungsteilnehmer außerordentlich prägend, zum anderen kann die jetzt publizierte kleine Auswahl den hinzugewonnenen Lesern jüngerer Generationen vielleicht Einblicke verschaffen, die das Ausmaß des Verlustes an Vielfalt und Schönheit verdeutlichen, auf den unsere Kulturlandschaft weiter mit Riesenschritten zusteuert. Die jüngere Generation wird darüber zu entscheiden haben, ob sie sich in diesen Bereich mit bürgerschaftlichem Engagement einbringt oder die Metamorphose der vielfältigen Kulturlandschaft zur ertragreichen, aber monotonen und artenarmen »Agrarsteppe«[28] hinnimmt.

Die Drucklegung des Buches wurde durch Zuschüsse des DNRT e.V. ermöglicht, der dies aus Mitgliedsbeiträgen und Spenden finanziert hat. Der DNRT e.V. konnte den Zuschuss nur leisten, weil das veranstaltende Helmholtz-Zentrum für Umweltforschung (UFZ) seinerseits auf einen Zuschuss für die Durchführung der Tagung verzichtete. Den zahlreichen Tagungsteilnehmern und den Referenten sei für ihre Teilnahme und die rege und fruchtbare Diskussion gedankt.

Rostock und Leipzig, im Januar 2019

D. Czybulka
W. Köck

28 Die Verwendung des Wortes „Steppe" verbietet sich an sich in diesem Zusammenhang, da die Steppe ein sehr artenreiches Ökosystem ist. Leider hat sich die Bezeichnung „Agrarsteppe" für monotone Getreidefelder und dgl. eingebürgert.

Inhalt

Abkürzungsverzeichnis

Die Systematik der verwendeten Abkürzungen folgt *Kirchner*, Abkürzungsverzeichnis der Rechtssprache, 8. Auflage 2015. Das folgende Abkürzungsverzeichnis enthält daher nur Abkürzungen, die bei *Kirchner* nicht aufgeführt sind.

ABl.	Amtsblatt
AEUV	Vertrag über die Arbeitsweise der Europäischen Union
ANL	Bayerische Akademie für Naturschutz und Landschaftspflege
AUR	Agrar- und Umweltrecht (Zeitschrift)
BAD	Bundesarbeitskreis Düngung
BBodSchG	Bundes-Bodenschutzgesetz
BfN	Bundesamt für Naturschutz
BIP	Bruttoinlandsprodukt
BKom	Berliner Kommentar
BMEL	Bundesministerium für Ernährung und Landwirtschaft
BNatSchG	Bundesnaturschutzgesetz
BT-Drs.	Bundestagsdrucksache
BWaldG	Bundeswaldgesetz
CEF-Maßnahmen	vorgezogene Ausgleichsmaßnahmen im Artenschutzrecht (continuous ecological functionality-measures)
COGECA	Confédération générale de la coopération agricole de l'Union européenne
COPA	Comité des organisations professionnelles agricoles
ders.	derselbe
DESTATIS	Statistisches Bundesamt
DLG	Deutsche Landwirtschafts-Gesellschaft
DNR	Deutscher Naturschutzring
DNRT	Deutscher Naturschutzrechtstag
DüngG	Düngegesetz
DüV	Düngeverordnung
DVL	Deutscher Verband für Landschaftspflege e.V.
EEG	Erneuerbare-Energien-Gesetz
EGFL	Europäischer Garantiefonds für die Landwirtschaft
ELER	Europäischer Landwirtschaftsfonds für die Entwicklung des ländlichen Raums
ESA	Endangered Species Act
EurUP	Zeitschrift für Europäisches Umwelt- und Planungsrecht
FAL	Bundesforschungsanstalt für Landwirtschaft
FFH-RL	Fauna-Flora-Habitatrichtlinie
FFH-VP	FFH-Verträglichkeitsprüfung
Fn.	Fußnote
GAK-Gesetz	Gesetz über die Gemeinschaftsaufgabe »Verbesserung der Agrarstruktur und des Küstenschutzes"
GAP	Gemeinsame Agrarpolitik
GD AGRI	Generaldirektion Landwirtschaft und ländliche Entwicklung
gfP	gute fachliche Praxis
GK-BNatSchG	Gemeinschaftskommentar zum Bundesnaturschutzgesetz

GLÖZ	guter landwirtschaftlicher und ökologischer Zustand
GMO	Einheitliche Gemeinsame Marktorganisation
ha	Hektar
HZVO	Horizontale Verordnung
IFAB	Institut für Agrarökologie und Biodiversität
INA	Ingenieurbüro für Naturschutz und Agrarökonomie
IPBES	Intergovernmental Platform on Biodiversity and Ecosystem Services
J	Joule
Jb. UTR	Jahrbuch des Umwelt- und Technikrechts
KULAP	Kulturlandschaftsprogramm
LNatSchG S-H	Landesnaturschutzgesetz Schleswig-Holstein
LULUCF	Land Use, Land Use Change, Forestry
LS	Leitsatz
N	Stickstoff
NABU	Naturschutzbund Deutschland
NUA	Natur- und Umweltschutz-Akademie des Landes Nordrhein-Westfalen
NuR	Natur und Recht (Zeitschrift)
PflSchG	Pflanzenschutzgesetz
PIK	Produktionsintegrierte Kompensation
RMD	Report zu Methoden und Daten
SPVO	Strategieplanverordnung
SRU	Sachverständigenrat für Umweltfragen
stv.	stellvertretender
t	Tonne(n)
Tz.	Textziffer
THG	Treibhausgase
UBA	Umweltbundesamt
UPR	Umwelt- und Planungsrecht (Zeitschrift)
VLK	Verband der Landwirtschaftskammern e.V.
Vol.	Volume
VSRL	Vogelschutzrichtlinie
vTI	Johann Heinrich von Thünen-Institut
W+B	Zeitschrift für Deutsches und Europäisches Wasser-, Abwasser- und Bodenschutzrecht
WHG	Wasserhaushaltsgesetz
WRRL	Wasserrahmenrichtlinie
ZUR	Zeitschrift für Umweltrecht

Begrüßung und einführende Worte zum 13. DNRT »Naturschutzrecht und Landwirtschaft«

Wolfgang Köck

Meine sehr verehrten Damen und Herren, liebe Kolleginnen und Kollegen,

herzlich willkommen im Leipziger Kubus des Helmholtz-Zentrums für Umweltforschung – UFZ zum 13. Deutschen Naturschutzrechtstag, der in zweijährlichem Rhythmus stattfindet und sich in diesem Jahr dem Thema »Naturschutzrecht und Landwirtschaft« widmet. Die Veranstaltung wird getragen durch den Verein »Deutscher Naturschutzrechtstag« und durch das Department Umwelt- und Planungsrecht am Helmholtz-Zentrum für Umweltforschung; es wird darüber hinaus unterstützt durch das Institut für Umwelt- und Planungsrecht der Juristenfakultät der Universität Leipzig, dessen geschäftsführender Direktor, Kollege Kurt Faßbender, hier unter uns ist.

Das Helmholtz-Zentrum für Umweltforschung (oder kurz: das UFZ) gibt es seit mehr als 25 Jahren und seit knapp 17 Jahren wird hier am Standort auch Umweltrecht betrieben. Die Schwerpunkte der UFZ-Forschung sind Biodiversität und Naturschutz, Fließgewässer- und Seenforschung sowie Forschungen über Chemikalien in der Umwelt und ihre Wirkungen auf Umweltkompartimente und Gesundheit. Ergänzt wird diese Forschung durch zwei Querschnittsbereiche, zum einen die Umweltmodellierung und das Monitoring und zum anderen die sozialwissenschaftliche Umweltforschung, die neben der Ökonomie, der Politikwissenschaft und der Soziologie auch die Rechtswissenschaft umfasst. Gemäß der Mission unseres Hauses erfordert es die Behandlung komplexer Umweltprobleme, dass die »Grenzen zwischen Natur-, Ingenieur- und Gesellschaftswissenschaften überwunden« werden. Deshalb arbeiten wir hier am Standort zunehmend in sog. »integrierten Projekten« in enger Zusammenarbeit mit anderen Disziplinen und dies nicht, um alles mit allem zu verbinden, sondern um die Wissensbestände zusammenzuführen, die man zur Bewältigung komplexer Probleme benötigt. Die Praxis ist eigentlich immer so verfahren; in der Forschung dauert es allerdings länger, bis man den Wert einer solchen Vorgehensweise erkennt.

Das Thema »Naturschutz und Landwirtschaft« ist in der UFZ-Forschung in mehrfacher Hinsicht adressiert. Ansprechen will ich hier nur den Forschungsbereich »iDiv«, das Deutsche Zentrum für integrative Biodiversitätsforschung, ein Forschungszentrum der DFG, das von den Universitäten Leipzig, Halle und Jena und dem Kooperationspartner UFZ getragen wird. Die iDiv-Forscher haben kürzlich Aufsehen erregt mit der Mitteilung, dass der beobachtete Insektenschwund in hohem Maße auf die intensive Landnutzung, insbesondere auch in unseren Agrarlandschaften zurückgeführt werden kann. Und mit dieser Feststellung sind wir schon mitten im Thema, nämlich die Erhaltung der biologischen Vielfalt als eine wesentliche Aufgabe des Naturschutzes und die moderne Intensivlandwirtschaft als ein signifikanter Faktor des »Insektensterbens«.

Das war einmal anders. Die ordnungsgemäße Landwirtschaft galt über viele Jahre als ein Garant des Naturschutzes, jedenfalls des Naturschutzes in der Kulturlandschaft – auch dann noch, als die Vermutung der Kongruenz der Ziele längst durch die Wirklichkeit widerlegt worden war. Heute ist das normative Verhältnis von Naturschutz und Landwirtschaft deutlich komplexer. Dies kommt schon zum Ausdruck in der gesetzlichen Formulierung, dass bei Maßnahmen des Naturschutzes und der Landschaftspflege die besondere Bedeutung einer natur- und landschaftsverträglichen Landwirtschaft für die Erhaltung der Kultur- und Erholungslandschaft zu berücksichtigen ist (§ 5 Abs. 1 BNatSchG). Und mit Blick auf Privilegierungen der Landwirtschaft im Hinblick auf naturschutzrechtliche Pflichten wird schon seit langem nicht mehr normativ auf die ordnungsgemäße Landwirtschaft abgestellt, sondern auf die »gute fachliche Praxis«, die eben mehr sein sollte, als lediglich die übliche landwirtschaftliche Bodenbearbeitung.

Wir wollen uns heute und morgen dem Thema »Naturschutzrecht und Landwirtschaft« in umfassender Weise widmen und wir wollen hierbei auch nichtjuristische Disziplinen zu Wort kommen lassen.

Schon zu Beginn wird uns der Naturschutzökonom *Ulrich Hampicke* einstimmen in das Verhältnis von Naturschutz und Landwirtschaft und *Eckard Rehbinder* wird im Anschluss daran die Entwicklungslinien im rechtlichen Verhältnis von Landwirtschaftsrecht und Naturschutzrecht betrachten.

Nach diesen grundlegenden Standortbestimmungen geht es dann in verschiedene Einzelbereiche. Wir beginnen mit der Gemeinsamen europäischen Agrarpolitik und fragen nach dem Schutz der Natur in der sog. 1. Säule der Agrarpolitik (dies wird *Bernhard Osterburg* vom Thünen-Institut tun) und schauen dann auf die 2. Säule, die Agrarumweltmaßnahmen. Zu diesem Thema wird der Generalsekretär des DNR, *Florian Schöne*, zu uns sprechen. Das Thema »Gute fachliche Praxis, Eingriffsregelung und Landwirtschaft« wird unser UFZ-Kollege *Stefan Möckel* behandeln, der das Agrarumweltrecht wohl wie kein Zweiter hier in Deutschland zu seinem Forschungsthema gemacht hat.

Danach wollen wir den Fokus auf den Schutz der Biodiversität in Agrarlandschaften richten. Der Biologe *Wolfgang Schumacher*, zuhause sowohl in der Welt der akademischen Wissenschaft, als auch der ministeriellen Praxis, wird uns über den Schutz der Biodiversität auf landwirtschaftlichen Nutzflächen aufklären und im Anschluss daran wird *Ingmar Piroch* den Biodiversitätsschutz in Agrarlandschaften durch planerische Nutzungssteuerung erörtern. Herr Piroch kann dabei auf seine vor gar nicht allzu langer Zeit erschienene Dissertation »Schutzziel Biodiversität« zurückgreifen.

Am morgigen Tag folgen dann noch Vorträge, die sich mit der Landwirtschaft und dem FFH-Recht beschäftigen. Hier gibt es allerdings eine Korrektur. Der im Programm angekündigte Kollege *Gellermann* kann leider aus sehr persönlichen Gründen heute und morgen nicht hier in Leipzig sein. Dankenswerterweise hat sich *Peter Fischer-Hüftle*, allseits bekannt als Mit-Herausgeber und Kommentator des Standardkommentars Schumacher/Fischer-Hüftle und als Vorstandsmitglied des DNRT, bereit erklärt, das Thema von Martin Gellermann zu übernehmen. Er wird also sprechen zum Thema »Landwirtschaft in Natura 2000-Gebieten«. Das Artenschutzrecht mit Blick auf die Landwirtschaft wird uns *Klaus Meßerschmidt* vortragen. Er ist als Umweltrechtswissenschaftler und als Herausgeber und Kommentator eines mehrbändigen Kommentars zum BNatSchG dazu in besonderer Weise befähigt. Ich selbst werde mich dann morgen mit dem Verhältnis von Agrarfachrecht und Naturschutzrecht befassen, bevor dann *Rudolf Mögele* von der EU-Kommission einen europäischen Blick auf die Gestaltung des Verhältnisses von Landwirtschaft und Naturschutz wirft.

Ich wünsche uns allen eine fruchtbare Tagung mit anregenden Diskussionen und Pausengesprächen, und ich freue mich sehr darüber, dass unser Tagungsprogramm eine so große Resonanz gefunden hat.

Bevor wir nun mit der Tagung beginnen, wird der Vorsitzende des Vereins »Deutscher Naturschutzrechtstag«, Herr Kollege *Czybulka* aus Rostock, begrüßende Worte an uns richten.

Grußwort des Vorsitzenden des DNRT e.V. Prof. Dr. Detlef Czybulka auf dem 13. DNRT »Naturschutzrecht und Landwirtschaft« in Leipzig am 25. April 2018

Detlef Czybulka

Meine sehr geehrten Damen und Herren,

lassen Sie mich einige ergänzende Bemerkungen zum Thema des 13. DNRT machen:

Vereinszweck des mitveranstaltenden DNRT e.V. ist die Förderung von Wissenschaft, Forschung, aber auch der *Kommunikation* auf dem Gebiet des Naturschutzrechts. Wir wollen auf dieser Veranstaltung etwas Wichtiges kommunizieren: der Verlust an Biodiversität durch die Landwirtschaft – wie sie derzeit in Europa überwiegend betrieben wird – ist eine nicht mehr zu bestreitende Tatsache. Mit dem »Artensterben«, speziell dem Insektensterben, zeigt sich die Spitze des Eisbergs; wir müssen der Honigbiene dankbar sein, dass endlich die Chance zu einem Umsteuern in der Landwirtschaftspolitik besteht. Wie *Volker Mosbrugger*, der Direktor der Senckenberg-Gesellschaft für Naturforschung in einem Interview in der FAS vom 25. März dieses Jahres treffend zusammengefasst hat: »Die Landwirtschaft ernährt uns, aber sie zerstört auch die Lebensgrundlage vieler Tiere und Pflanzen, gerade auch von Insekten.« Es ist nützlich, dass die Bienen und andere Bestäuber durch den zu befürchtenden möglichen Wegfall ihrer bislang kostenfreien »Dienstleistung« im Wert mehrerer Milliarden Euro jährlich allein in Deutschland die eine oder andere Politiker*in aufhorchen lassen, aber die Problematik ist ja viel umfassender und der Wissenschaft seit Jahrzehnten bekannt. Wie vom Weltbiodiversitätsrat (IPBES) kürzlich auf dem 6. Plenum in Medellín erneut festgestellt, gibt es einen dramatischen, teilweise exponentiellen Rückgang der biologischen Vielfalt insgesamt in nahezu allen Regionen der Erde. Dabei wurde als Hauptursache die zunehmende Intensität der »konventionellen« industrialisierten Landwirtschaft mit ihren Wirtschaftsmethoden, auch unter massivem Einsatz von Pestiziden und sonstigen Schadstoffen, festgestellt. Wir wissen bei weitem genug über die negativen Auswirkungen dieser Landwirtschaftsmethoden, um eine radikale Veränderung der Landwirtschaftspolitik zu fordern. Wir wissen – aus der Vergangenheit – aber auch genug über die Voraussetzungen einer Landwirtschaft, die biodiversitätserhaltend wirkt und werden im Verlaufe der Tagung positive Beispiele hören und sehen. Sicherlich wird es bei der zu erarbeitenden Lösung nicht möglich sein, zu den Anbaumethoden der 50er und 60er Jahre des vorigen Jahrhunderts zurückzukehren, aber die seitdem einsetzende Tendenz der Konzentration, des »Bauernsterbens«, der radikalen Exportorientierung und der Billigproduktion von Fleisch war schädlich für die Biodiversität in Europa und darf nicht länger mit Steuergeldern gefördert werden. Mit dem Umsteuern der Fördergelder dürfte für einige Gruppen von Landwirten sogar ein deutlicher Einkommenszuwachs verbunden sein, z.B. für die Weidetierhaltung. Der einzelne Landwirt wird von uns für die verfehlte Entwicklung nicht verantwortlich gemacht, es liegt ein eindeutiges *Politikversagen* vor. Der DNRT sieht jedoch – anders als die Plattformverbände, deren inhaltliche Forderungen wir zum großen Teil mittragen[1] – die primäre Verantwortung für diese Fehlentwicklung beim *nationalen Gesetzgeber*. Wir haben ein anachronistisches Landwirtschaftsgesetz aus dem Jahre 1955, das sich in seinen acht Paragraphen[2] vor allem damit beschäftigt, wie festgestellt werden kann, ob sich das Einkommen der Landwirte an das anderer Berufe angeglichen hat, wobei dann Betriebsergebnisse von 6 bis 8 Tausend landwirtschaftlichen Betrieben in jährlichen teuren Statistiken ausgewertet werden, die nichts erklären, sondern die reale Situation der Landwirte verschleiern. Das sog. Landwirtschaftsgesetz geht mit keinem Wort darauf ein, was Landwirtschaft ist, welche Ziele mit dieser Wirtschaftsform verfolgt werden, welche Mindestanforderungen an die Betreiberpflichten der Landwirte gestellt werden, und welche Instrumente z.B. die Bodenfruchtbarkeit sichern sollen. Wir sind nicht der Auffassung, dass die Hauptstoßrichtung der Kritik an einer verfehlten biodiversitätsschädigenden Landwirtschaftspolitik die EU sein sollte, denn diese kann auch nur über die Initiative und Mitwirkung der Mitgliedstaaten bessere Rahmenbedingungen schaffen. Die Mitgliedstaaten, nach dem Brexit vor allem Deutschland und Frankreich, müssen zuerst Farbe bekennen, welche Landwirtschaftspolitik sie künftig wollen. Frankreich hat ein umfassendes Landwirtschaftsgesetzbuch, den *Code rural* (*et de la pêche maritime*), der am

1 „Für eine gesellschaftlich unterstützte Landwirtschaftspolitik. EU-Agrarpolitik für eine Qualitätsstrategie umbauen. Ziele für die GAP-Reform nach 2020 und Schritte des Übergangs in Deutschland 2017/2018. Gemeinsame Forderungen der Plattformverbände“, 27 S., März 2017.

2 Es gibt 9 Paragraphen, aber § 8 ist weggefallen. Das französische Gesetzbuch hat etwa 1.000 (umfangreiche) Artikel!

1. April 2018 in einer konsolidierten Fassung in Kraft getreten ist, Deutschland hat nichts Vergleichbares. Der DNRT fordert in seiner heute von der Mitgliederversammlung verabschiedeten »Leipziger Erklärung« ein Landwirtschaftsgesetz des Bundes als vielleicht wichtigstes Gesetzesvorhaben dieser neuen großen Koalition in dieser Legislaturperiode. Es ist ja ein intransparenter und somit unhaltbarer Zustand, dass ohne entsprechende gesetzliche Rahmenvorgaben Milliardensummen in unterschiedlichste Richtungen bewegt werden; bei Fehlschlägen oder katastrophalen Ergebnissen dieser »*perverse subsidies*« wird dann jeweils der anderen Ebene die Schuld gegeben. Wir wissen, welche (unrühmliche) Rolle die Bundesrepublik Deutschland in den vergangenen Jahrzehnten bei der Mitgestaltung der GAP überwiegend gespielt hat. Wir fordern ein Ende des Versteckspiels und anstelle undurchsichtigen Lobbyeinflusses ein klares Eintreten des nationalen *Gesetzgebers* für eine ökologischere Landwirtschaftspolitik mit verbindlichen Betreiberpflichten auf der einen und sinnvollen Förderungen auf der anderen Seite.

Meine Damen und Herren, wegen der außergewöhnlich kritischen Situation in Sachen Biodiversität und Landwirtschaft müssen wir ein Stück weit aus dem Elfenbeinturm der Rechtswissenschaft heraus und benötigen als Verein zusätzliches bürgerschaftliches Engagement, um das Projekt »Landwirtschaftsgesetz des Bundes« voran zu bringen. Sie finden in Ihren Tagungsmappen oder im Netz unter www.naturschutzrechtstag.de Anträge auf Mitgliedschaft im DNRT, die Sie bei Interesse ausfüllen und mir jederzeit aushändigen können.

Was ich nur sehr holzschnittartig an realen Problemstellungen andeuten konnte, welche die aktuelle Landwirtschaft mit sich bringt, wird Herr Kollege *Hampicke* als Umweltökonom (und Geobotaniker!) nun sehr viel genauer in seinem Referat über »Naturschutz und Landwirtschaft« herausarbeiten.

Naturschutz und Landwirtschaft

Ulrich Hampicke

I. Die deutsche Landwirtschaft heute

Abbildung 1: In hoch produktiven Agrarräumen ist oft jede Biodiversität verschwunden (Foto: U. Hampicke).

Die deutsche Landwirtschaft bewirtschaftet mit 17 Millionen Hektar genau die Hälfte der Landesfläche. Etwa zwei Drittel davon sind Acker, ein knappes Drittel Grünland und geringe Flächen sind Dauerkulturen, wie Hopfen, Wein usw. Die Landwirtschaft beschäftigt nur noch 2 % aller Erwerbstätigen, die sich zum allergrößten Teil aus ihr selbst rekrutieren.

Die ökonomischen, rechtlichen und politischen Aspekte der Naturschutzproblematik in der Landwirtschaft werden in den übrigen Beiträgen dieses Buches systematisch behandelt. Der vorliegende gibt allein einen gedrängten Überblick über die wichtigsten *physischen* Probleme, nicht ohne jedoch bei der Ansprache von Missständen auch die jeweils direkten Ursachen kurz zu nennen, wie zu laschen Vollzug des Ordnungsrechts, fehlende ökonomische Anreize, fehlende Geldmittel oder übermäßige Bürokratie.

Hinsichtlich der Beurteilung der Agrarpolitik der EU und der Bundesrepublik folgt dieser Beitrag in vollem Umfang der Stellungnahme des Wissenschaftlichen Beirates für Agrarpolitik beim BMEL vom April 2018, dessen Lektüre wärmstens empfohlen wird.[1] Die Stellungnahme fordert eine Neuausrichtung der Agrarpolitik, insbesondere die Umwandlung bisher funktionsloser staatlicher Zahlungen an die Landwirtschaft in Honorierungen für gemeinwohldienliche Leistungen.

1. *Produktionsstruktur*

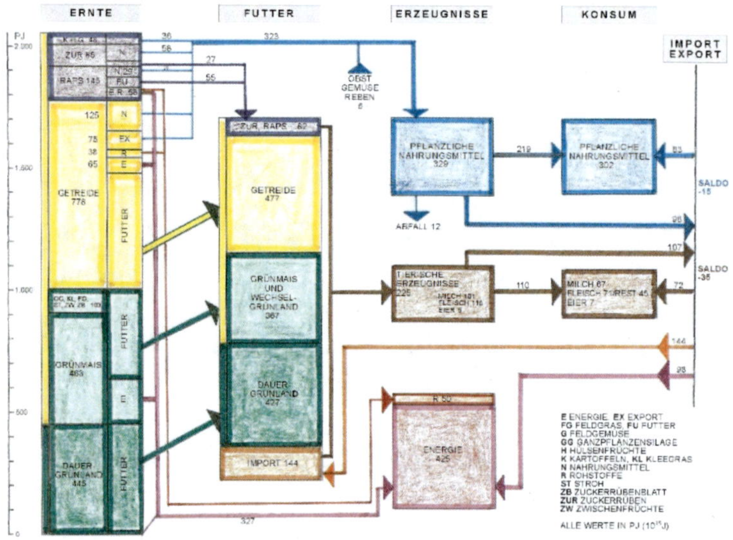

Abbildung 2: Biologisches Energieflussdiagramm der deutschen Landwirtschaft 2013. Quelle dieser Abbildung und aller folgenden U. Hampicke, vgl. Fn. 17.

1 Wissenschaftlicher Beirat für Agrarpolitik, Ernährung und gesundheitlichen Verbraucherschutz beim BMEL, Für eine gemeinwohlorientierte Gemeinsame Agrarpolitik der EU nach 2020: Grundsatzfragen und Empfehlungen. Stellungnahme 2018.

Die Abbildung 2 zeigt in groben Zügen die Produktionsstruktur der deutschen Landwirtschaft in Energiegrößen. Die im Jahre 2013 geerntete Pflanzenmasse (linke Säule) beinhaltet ungefähr zwei Exajoule, also 2 x 10^{18} Joule oder 2.066 Petajoule (10^{15} J). Davon fließen genau zwei Drittel in den Futtertrog (Mitte). Die mengenmäßig zweitwichtigste Erzeugung sind nicht etwa pflanzliche Nahrungsmittel für den Menschen, sondern Energiepflanzen – Mais für Biogas, Raps für Biodiesel sowie Getreide und Zuckerrüben für Ethanol. Nur 12 % der Pflanzenernte geht in die inländische Nahrung: Brotgetreide, Zucker, ganz wenige Kartoffeln sowie Rapsöl und Freilandgemüse. Dazu kommen natürlich die pflanzlichen Importe, besonders Obst und Gemüse.

Mit dem Futter werden 225 Petajoule an tierischen Nahrungsmitteln erzeugt, Milch, Fleisch und Eier. Ungefähr ein Siebtel der Futterenergie findet sich in diesen Produkten wieder, sechs Siebtel sind mehr oder weniger unvermeidliche Verluste. Die Tiere verbrauchen während ihrer Lebenszeit Energie.

Das Schema zeigt die ungeheure Leistungsfähigkeit der heutigen Landwirtschaft, was bei aller Kritik an ihr festzuhalten ist. Ein Hektar Weizen auf gutem Boden liefert zehnmal so viel, wie frühere Bauern Jahrhunderte lang nur ernteten und immer noch sechsmal so viel wie vor 100 Jahren (Abbildungen 3 und 4). Die Folge ist eine üppige, stark auf tierische Erzeugnisse ausgerichtete Ernährung (Verbrauch an Speisekartoffeln pro Person und Jahr: 23 kg, Verbrauch an Fleisch: 60 kg), welche im Schnitt nur etwa 10 % des verfügbaren Einkommens der Haushalte in Deutschland erfordert. Zwei Entwicklungen der letzten Jahre erscheinen besonders bedenklich. Sie zeigen einerseits, dass die Landwirtschaft Ressourcen verbraucht und Erzeugnisse produziert, deren Wert für das Gemeinwohl begrenzt ist – andererseits aber auch, welche Perspektiven sich für den Naturschutz im Agrarraum eröffneten, wenn diese Tätigkeiten reduziert werden könnten.

Abbildung 3: Frühere und heutige Produktivität im Getreidebau – Naturschutz-Roggenfeld mit dem Ertrag von vor etwa 200 Jahren (Foto: U. Hampicke).

Abbildung 4: Frühere und heutige Produktivität im Getreidebau – heutiger Weizenbestand in der Warburger Börde (Foto: U. Hampicke).

Seit ungefähr 2008 explodiert der Export tierischer Erzeugnisse; 15 % des Fleisches und 22 % der Milchprodukte werden netto exportiert (Export minus Import = Exportüberschuss), hinzu treten Exporte bei Getreide, Kartoffeln und Zucker. Der Agrarexport verbraucht derzeit fast eine Million Hektar. Es profitiert eine kleine Minderheit. Viehhalter, Schlachthöfe und andere wollen wachsen, können es aber im Inland nicht, weil nicht noch mehr Fleisch gegessen werden kann, also wird der Export mit Steuermitteln gefördert. Die Devisenzuflüsse aus diesem Agrarexport sind für Deutschland, einem Land mit hohen Exportüberschüssen in vielen Bereichen, entbehrlich. Schon 1817 wurde in einer berühmten Schrift gezeigt, dass jedes Land die Dinge exportieren sollte, die es im Überfluss hat.[2] Deutschland exportiert aber mit der Fläche eine seiner knappsten Ressourcen.

Die Energiepflanzen liefern von deutlich über zwei Millionen Hektar (fast 20 % der Ackerfläche) nur etwas über 2 % der technischen Endenergie in Deutschland.[3] Der Klimaschutzeffekt ist fast gleich Null. Ein größeres Missverhältnis zwischen Aufwand und Ertrag ist kaum vorstellbar. Inländisches Biodiesel aus Raps liefert 2,3 % des Energiebedarfes im Verkehr. Wer Auto fährt, weiß, dass man viel mehr als 2,3 % einsparen kann, wenn man nur etwas langsamer fährt. Ohne Agrarexport und Energiepflanzen wären etwa drei Millionen Hektar oder nahezu 20 % der landwirtschaftlich genutzten Fläche für höherwertige Nutzungen verfügbar.

2. *Wichtige Probleme*

Nun seien vier Probleme benannt, die alle wichtig sind, aber den Naturschutz nicht alle in gleichem Maße betreffen; sie seien nach zunehmender Relevanz geordnet:

1. Tierwohl: Nach § 1 des Tierschutzgesetzes ist es sein Zweck, aus der Verantwortung des Menschen für das Tier als Mitgeschöpf »dessen Leben und Wohlbefinden zu schützen«. Dies ist ein Top-Thema in den Medien und verursacht erhebliche Irritationen in der Landwirtschaft.

---

2 Vgl. *Ricardo*, Principles of political economy and taxation. Erstveröffentlichung 1817, Neudruck 1996.

3 Vgl. *Hampicke*, Energiepflanzen in der Agrarlandschaft, in: Konold/Böcker/Hampicke (Hrsg.), Handbuch Naturschutz und Landschaftspflege, Loseblattsammlung, Kapitel VII-2.2.1, 2015.

Der Wissenschaftliche Beirat für Agrarpolitik beim BMEL verfasste 2015 ein über 400-seitiges Gutachten zum Thema.[4]

2. Fruchtfolgen, überhaupt Ackerbau-Systeme: Nach § 5 Abs. 2 Nr. 1 BNatSchG (»gute fachliche Praxis«) muss die Bewirtschaftung die »nachhaltige Bodenfruchtbarkeit und langfristige Nutzbarkeit der Flächen« gewährleisten. In einem maßgeblichen Lehrbuch der 1960er Jahre heißt es: Die Fruchtfolge Winterraps-Winterweizen-Wintergerste ist strikt abzulehnen, weil sowohl der Raps als auch das Getreide zu eng stehen.[5] Heute (2018) gibt es in ganz Mecklenburg-Vorpommern außer Mais keine andere Fruchtfolge als diese. In Deutschland entfallen nahezu 90 % der Ackerfläche auf Wintergetreide, Mais und Raps, alles andere sind Nischenfrüchte. Ohne massiven Einsatz von Herbiziden und Fungiziden ist dieser einseitige Feldbau nicht aufrecht zu halten. Pflanzenbauer blicken mit Sorgen auf ihre Felder: Die Spritzmittel verlieren an Wirksamkeit durch Resistenzbildung, die chemische Industrie ist zögerlich mit Neuentwicklungen und die EU hat sich entschlossen, Zulassungsvoraussetzungen für Pflanzenschutzmittel erheblich zu verschärfen. Es wird weniger Mittel geben mit Konsequenzen für den Ackerbau.
3. Stoffströme: Seit vielen Jahren mahnen Wissenschaftler und unabhängige Sachverständige an, den nachlässigen Umgang mit tierischen Ausscheidungen und damit Stickstoff und Phosphor zu disziplinieren. Erst durch Druck der EU tut sich etwas, worauf zurückzukommen ist.
4. Biodiversität, Artenschwund: Es besteht kein Zweifel daran, dass die Landwirtschaft der Artenverdränger Nummer eins ist.

3. *Insbesondere: Stoffströme und Artenschwund*

Nachfolgend wird auf die Themen Stoffströme (unter a) und Artenschwund (Biodiversitätsverluste, unter b) näher eingegangen.

4 Vgl. Wissenschaftlicher Beirat für Agrarpolitik beim BMEL, Wege zu einer gesellschaftlich akzeptierten Nutztierhaltung, Gutachten 2015.

5 Vgl. *Andreae*, Wirtschaftslehre des Ackerbaus, 2. Aufl. 1968, S. 91.

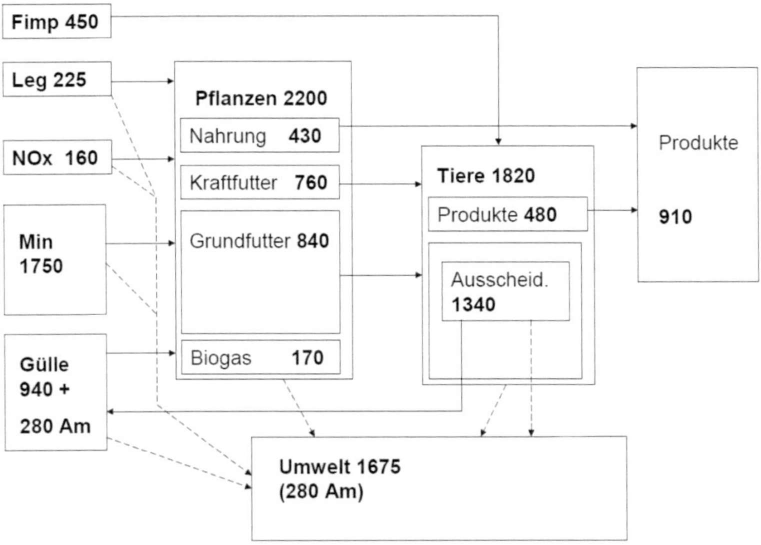

Abbildung 5: Stickstoff-Fluss in der deutschen Landwirtschaft 2013, alle Werte in 1.000 t N.

Legende:
Fimp: Import von Proteinfuttermitteln
Leg: Stickstoff-Lieferung durch Leguminosen, wie Klee usw.
NOx: Deposition von Stickoxiden aus der Luftverschmutzung
Min: Mineraldünger
Am: Ammoniak (NH3)

a) Der Stickstoff-Fluss

Die Graphik in Abbildung 5 zeigt die Stationen des Stickstoff-Stromes in Deutschland. Links erscheint die Zufuhr, rechts die Abfuhr mit Produkten, in der Mitte die Stationen Futter und Tiere. Kreislauf kann dies nicht genannt werden, dafür versickert zu viel. Mit den Zahlen werden zwei Bilanzen aufgestellt (Tabelle 1): Stellt man allem Stickstoff, der in das System eintritt, alle Abflüsse in Form von Produkten gegenüber, so hat man die Hoftorbilanz, als wäre die Landwirtschaft ein einziger großer Bauernhof. In ihr fehlen über 1,6 Millionen Tonnen oder im Durchschnitt fast 100 kg pro Hektar und Jahr. Die haben sich selbstständig gemacht und belasten als Nitrat oder Ammoniak die Umwelt. 95 % der Ammoniakemissionen werden von landwirtschaftlichen Betrieben verursacht und wurden bislang im Immissionsschutzrecht nicht geregelt. Zum größten Teil entstammen die Überschüsse der regional viel zu dichten Tierhaltung und dem unsorgfältigen Umgang mit den Ausscheidungen der Tiere; der Mineraldünger leistet freilich auch einen Anteil. Die zweite Bilanz in Tabelle 1 ist die Flächenbilanz: Alles was auf die Fläche kommt, Gülle, Mineraldünger usw. wird der Abfuhr durch die Erntemasse gegenübergestellt. Im Bundesdurchschnitt verlieren sich in dieser Bilanz ungefähr 60 kg pro Hektar und Jahr. Im nordwestlichen Niedersachsen mit seinen Massentierhaltungen gibt es freilich Fälle von bis zu 250 kg pro Hektar und Jahr.

Tabelle 1: Hoftor- und Flächenbilanz der deutschen Landwirtschaft 2013

Hoftorbilanz Leguminosen + NO_x + Futterimporte + Mineraldünger – Produkte 225 + 160 + 450 + 1.750 – 910 = 1.675 (= 99 kg/ha) **Flächenbilanz** Leguminosen + NO_x + Mineraldünger + Gülle/Mist + Ammoniak – Pflanzenaufnahme 225 + 160 + 1.750 + 1.140 – 2.200 = 1.075 (= 63 kg/ha)

Alle Werte aus Abb. 5 entnommen, in 1.000 t N.

Nach Auswertung eines neuen Messnetzes musste die Bundesregierung nach Brüssel melden, dass sich die Qualität des Grundwassers in 20 Jahren nicht verbessert hat.[6] Bekanntlich hat der Europäische Gerichtshof erwartungsgemäß am 21.6.2018 die Bundesrepublik wegen mangelhafter Umsetzung der Nitratrichtlinie verurteilt.[7] Da sich dieses Urteil aus prozessualen Gründen ausschließlich auf die alte[8] Düngeverordnung bezieht, ist noch nicht geklärt, ob die neue Düngeverordnung aus dem Jahre 2017[9] mit ihren Regelungen für die Stickstoffdüngung einschließlich pauschaler »Irrelevanzschwellen« einer erneuten Überprüfung standhalten würde. Das

6 Vgl. BMUB sowie BMEL, Nitratbericht 2016.

7 EuGH, Urt. vom 21.6.2018 – C-543/16 (Kommission ./. Deutschland), ECLI: EU:C:2018:481 (zum Tenor siehe auch ABl. C 285 vom 13.8.2018, S. 6).

8 I.d.F. der Bek. vom 27.2.2007 (BGBl. I S. 221) mit letzter Änderung vom 24.1.2012 (BGBl. I S. 212).

9 Verordnung über die Anwendung von Düngemitteln, Bodenhilfsstoffen, Kultursubstraten und Pflanzenschutzmitteln vom 26.5.2017 (BGBl. I S. 1305).

ist mit guten Gründen bezweifelt worden, der europarechtswidrige Zustand sei mit der Neuregelung »ganz und gar nicht behoben« worden.[10] Im Rahmen früherer Verhandlungen mit der EU hatte sich die Bundesrepublik ferner verpflichtet, die Ammoniak-Emissionen, die zu 95 % aus der Landwirtschaft stammen, auf 550.000 Tonnen pro Jahr zu begrenzen.[11] Das ist ein hoher Wert – käme er aus der Industrie, wäre er durch Anforderung eines strengen Standes der Technik längst gesenkt worden. Nach neuen Berechnungen betragen die Emissionen aber nicht 550.000, sondern 680.000 Tonnen pro Jahr, also noch ein Viertel mehr.[12] Die Wasser- und Luftverschmutzung durch die Landwirtschaft ist damit erheblich. Außerhalb der Fachwelt weniger bekannt, aber nicht weniger wichtig ist die Eutrophierung der gesamten Landschaft durch die wahllose Verbreitung der Pflanzennährstoffe, insbesondere des Stickstoffs, was einer der Gründe für den nachfolgend behandelten Verlust an Biodiversität ist.

Die Vorschriften für die Betriebe beim Umgang mit Stickstoff sind herkömmlich von bemerkenswerter Laschheit. Auch nach den Novellen von 2017 gilt noch, dass im Betriebsdurchschnitt jährlich 170 kg Stickstoff organischer Form auf die Äcker gebracht werden dürfen. Hält jemand Schweine mit Güllewirtschaft, dann brauchen von dem tatsächlichen Anfall aber nur 65 % angerechnet zu werden, denn 35 % sollen sich als Ammoniak verflüchtigen. Entgegen elementarster Physik wird so getan, als ob sich der Ammoniak in nichts auflöst. In Wirklichkeit fällt er natürlich zum Teil auf den Acker zurück, der Rest driftet in den Wald, was noch schlimmer ist. Unberücksichtigt bleibt ferner die Vorbelastung mit Stickoxiden aus Industrie und Verkehr. Stickstoff aus Gärresten der Biogaserzeugung wurde bisher nicht reglementiert. Für zusätzlichen Mineraldüngereinsatz gibt es gar keine Grenzen.

Hinzu kommt, dass nicht einmal die laschen Regeln durch die Landwirtschaftsverwaltung durchgesetzt werden. Wer sich hingegen im Vertragsnaturschutz eine kleine Sünde leistet, wird streng sanktioniert, darauf

---

10 *Tänzer*, Das Urteil des EuGH vom 21.6.2018 zur Umsetzung der Nitratrichtlinie, W+B 2018, 150 (154), der übrigens seine Anmerkung mit einer Bezugnahme auf die „Leipziger Erklärung“ beginnt.

11 Siehe jetzt die Reduktionsziele für Ammoniak (NH3) in der 43. BImSchV (ab 2020 jährlich 5 %) in Umsetzung der sog. NEC-Richtlinie, Richtlinie (EU) vom 14.12.2016 über die Reduktion der nationalen Emissionen bestimmter Luftschadstoffe, ABl. L 344 vom 17.12.2016, S. 1.

12 Vgl. *Haenel/Rösemann/Dämmgen et al.*, Berechnung von gas- und partikelförmigen Emissionen aus der deutschen Landwirtschaft 1990-2014, Report zu Methoden und Daten (RMD), Johann-Heinrich-von-Thünen-Institut, Thünen-Report 39, 2016.

wird noch zurückgekommen. Wer jahrelang Düngungsregeln missachtet, kann mit Nachsicht rechnen.

Weniger wohl überzeugt durch die Wissenschaft als durch das im Nacken sitzende Vertragsverletzungsverfahren reagiert die Politik nach mehr als fünf Jahren Diskussion. Das Düngegesetz[13] enthält den Passus, dass nicht nur der Bedarf der Kulturpflanzen gedeckt und die Bodenfruchtbarkeit gepflegt werden muss, sondern auch, dass schädliche Nebenwirkungen auf Ökosysteme nach Möglichkeit vermieden werden sollen. Bei dieser Formulierung ist eine ähnliche Wirkung wie die des § 17 Bundes-Bodenschutzgesetz zu befürchten, wonach Erosion auch *nach Möglichkeit* vermieden werden soll.

Die Düngeverordnung[14] wird in der Novelle von 2017 ergänzt durch Dinge, die längst Selbstverständlichkeiten hätten sein sollen: Strengere Regelungen bezüglich der Kapazität der Gülle- und Mistbehältnisse auf dem Hof, der Ausbringungszeiträume, der Ausbringungstechnik, ferner gibt es eine leichte Verschärfung der Flächenbilanz sowie, widerwillig und nur auf Drängen der EU, gesonderte Regelungen für Schwerpunkträume der Belastung. Unerwarteter Weise ist sogar auch die Stoffstrombilanzverordnung[15] durch den Bundesrat verabschiedet worden, womit die 2006 abgeschaffte Hoftorbilanz für Betriebe wieder eingeführt werden soll. Warten wir die Wirksamkeit ab.

b) Biodiversitätsverluste

Zunächst drei Punkte zur Diagnose: Ordnet man die in Roten Listen erfassten, also gefährdeten Arten der Farn- und Blütenpflanzen den Biotopen zu, in denen sie typischerweise vorkommen (Tabelle 2), so entfallen über 45 % auf eindeutig landwirtschaftliche Biotope: Äcker, Grünland und, wie treffend genannt,[16] die Halbkulturlandschaft, also mageres Grünland, Heiden und ähnliche Biotope. 22 % entfallen auf Biotope, die, wenn auch nicht immer, so aber oft, im Kontakt mit der Landwirtschaft stehen und von ihr Einflüsse empfangen, also zum Beispiel ein Niedermoor neben Feuchtwiesen. Berücksichtigt man ferner, dass Artenverluste sogar im Wald auf Eindrang von Ammoniak aus der Landwirtschaft zurückzuführen sind,

13 Düngegesetz (DüG) vom 6.2.2009, zuletzt geändert am 5.9.2017 (BGBl. I S. 1068).

14 Düngeverordnung (DüV) vom 26.1.1996, zuletzt geändert am 26.5.2017, (BGBl. I S. 1305).

15 Stoffstrombilanzverordnung vom 14.12.2017, (BGBl. I. S. 3942).

16 Vgl. *Wilmanns*, Ökologische Pflanzensoziologie, 5. Aufl. 1993.

so ist es keine Übertreibung, dass zwei Drittel aller Rote-Liste-Pflanzenarten direkt oder indirekt durch die Landwirtschaft gefährdet sind.[17]

Tabelle 2: Anzahlen gefährdeter Farn- und Blütenpflanzenarten der Roten Liste in landwirtschaftlichen und der Landwirtschaft benachbarten Pflanzenformationen

	1	2	3
	Gefährdungsgrade 0 und 1	alle Gefährdungsgrade	ca. % aller gefährdeten Arten
Trocken- und Halbtrockenrasen	34	270	19
Zwergstrauchheiden	8	98	7
Feuchtwiesen	10	106	7
Frischwiesen und -weiden	7	47	3
Grünland zusammen	56	566	40
Ackerkrautvegetation	30	97	6
Agrarlandschaft im engeren Sinn	84	663	46
Biotope oft im Kontakt mit der Landwirtschaft (Moore, Gewässer, Gehölze usw.)	51	306	22
Zusammen	135	969	68

Spalte 3: Werte nur näherungsweise, da um Doppelzählungen korrigiert. Zu näheren Erläuterungen vgl. *Hampicke*, Fn. 17.
Erläuterung zu Tabelle 2 (Gefährdungsgrade): 0 ausgestorben oder verschollen, 1 vom Aussterben bedroht, 2 stark gefährdet, 3 gefährdet, R wegen Seltenheit gefährdet, V Vorwarnstufe, G Gefährdung anzunehmen.

Ebenso trüb ist die Situation bei Vögeln, nicht zuletzt deswegen, weil es vielen Vogelarten anderswo nicht schlecht geht. Vögel der Küste, des Waldes und der Siedlungen erfreuen sich teils recht guter Bestände, nur die an Agrarbiotope gebundenen, vor allem am Boden brütenden Arten sind in Deutschland mehr oder weniger am Ende.[18] Es gibt noch Gegenden, wo die Feldlerche schmettert, aber man muss sie suchen.

In einem Forschungsvorhaben wurden hunderte botanischer und zoologischer Aufnahmen aus den 1950er Jahren, also vor der Intensivierung der Landwirtschaft, heutigen Aufnahmen an denselben Stellen gegenüberge-

17 Vgl. *Hampicke*, Kulturlandschaft – Äcker, Wiesen und Wälder und ihre Produkte – ein Lesebuch für Städter, 2018 (im Druck).

18 Vgl. *Hötker/Dierschke/Flade/Leuschner*, Diversitätsverluste der Brutvogelwelt des Acker- und Grünlands, Natur und Landschaft, 2014, S. 410.

stellt.[19] Die Entwicklung über ein halbes Jahrhundert wird auf diese Weise deutlich. Fasst man auf Äckern und Grünland die Flächeneinbuße mit dem Individuenrückgang auf den noch besetzten Restflächen zusammen, so ergibt sich, dass in der Agrarlandschaft die Populationen gewöhnlicher Pflanzenarten – nicht die von Seltenheiten und Orchideen, sondern *gewöhnlicher* Arten – um 90 bis 95 % reduziert worden sind.

Der Massenrückgang der die Kulturlandschaft früher prägenden Arten ist vom Naturschutz zu lange übersehen worden. Dieser Massenrückgang von Pflanzen und Blüten – treffend ein unbeabsichtigtes ökologisches Großexperiment genannt –[20] hat gewaltige Auswirkungen. Summte, zirpte, krabbelte und hüpfte es früher allerorten, so ist die reine Biomasse der Insekten und anderen Kleintiere ebenso stark reduziert und kann ihre vielfältigen Funktionen, nicht nur Futter zu sein für andere Tiere, nicht mehr ausfüllen. Man muss sich Sorgen um die Befruchtung von Obstbäumen machen – das 1962 geschriebene Buch »Der stumme Frühling«, lange als übertrieben verrufen, erhält neue Aktualität.[21]

II. Abhilfen und Maßnahmen – drei Teilthemen

Das Biodiversitätsthema sei in drei Teilthemen gegliedert, die sich hinsichtlich der jeweils zu ergreifenden Maßnahmen unterscheiden:

- Die Halbkulturlandschaft: extensiv genutztes Grünland aller Art, Heiden, Kalkmagerrasen, ehemalige Truppenübungsplätze usw.
- Landwirtschaftliche Nutzbiotope heutiger Form: Äcker und intensiv genutztes Grünland.
- Strukturelemente in der Agrarlandschaft, Hecken, Gehölze, Säume usw.

---

19 Vgl. *Leuschner/Krause/Meyer/Bartels*, Strukturwandel im Acker- und Grünland Niedersachsens und Schleswig-Holsteins seit 1950, Natur und Landschaft 2014, 386 sowie die übrigen Beiträge in diesem Heft.

20 Vgl. *Nentwig*, Die Bedeutung von streifenförmigen Strukturen in der Kulturlandschaft, in: Ders. (Hrsg.), Streifenförmige ökologische Ausgleichsflächen in der Kulturlandschaft, 2000, S. 11.

21 Vgl. *Carson*, Silent Spring, englische Erstveröffentlichung Boston 1962, deutsch „Der stumme Frühling", 1979.

1. Halbkulturlandschaft

Abbildung 6: Halbkulturlandschaft mit hohem Erholungswert im Kyffhäuser (Foto: U. Hampicke).

Hier finden wir die höchste Artenvielfalt, die größte Massierung von Rote-Liste-Arten. Außerdem ist der Erholungswert dieser Biotope überragend (Abbildung 6). Es gibt auch Positives zu vermelden; durch das FFH-System der EU sind wenigstens die Flächen geschützt. Auch hat die moderne Landwirtschaft keinen Bedarf an ihnen, weil sie so unproduktiv sind; sie stört nur erheblich durch Randeffekte. Wo sich Naturschützer intensiv um die Flächen kümmern, ist die Situation erfreulich. So sind zum Beispiel auf dem Kalkmagerrasen »Kleiner Dörnberg« bei Kassel die Bestände des äußerst seltenen Lothringer Leins (*Linum leonii*) um 2018 viel besser als vor 30 Jahren. Leider ist das nicht die Regel; das Bundesamt für Naturschutz muss regelmäßig nach Brüssel melden, dass der Erhaltungszustand der Kalkmagerrasen, Sandrasen, Borstgrasrasen, Zwergstrauchheiden und vieler anderer Biotope im Allgemeinen unbefriedigend bis schlecht ist.[22]

22 Vgl. BfN, Daten zur Natur 2016 sowie Bundesamt für Naturschutz, Agrar-Report 2017. Biologische Vielfalt in der Agrarlandschaft.

In den Biotopen ist nicht die Nutzung das Problem, sondern die fehlende Nutzung, auf Magerrasen zum Beispiel die Schafhutung. Wird diese oder werden andere Pflegemaßnahmen unterlassen, dann wachsen die Flächen zu und die schützenswerten Pflanzen und Tiere verschwinden. Wie die Tabelle 3 zeigt, liegen die Kosten der Schafhutung weit über den Markterlösen aus dem Lammfleisch. In dem Beispiel aus Thüringen beträgt der Fehlbetrag etwa 700 Euro pro Hektar und Jahr. Die Landschaftspflege muss also bezahlt werden, ebenso wie die Pflege von Parks in der Stadt bezahlt wird. Es wird auch bezahlt, sonst gäbe es gar keine Schafherden mehr. Aber das Geld muss aus verschiedenen Töpfen zusammengekratzt werden, ist von der Politik abhängig, hochgradig mit Bürokratie belastet und schlichtweg ungenügend.

Tabelle 3: Vollkostenkalkulation für die Schafhutung auf Kalkmagerrasen in Thüringen

	€ pro ha und Jahr
Marktleistungen	231,74
proportionale Kosten*	232,11
Grundfutterkosten	238,30
Arbeitskosten	275,40
Fixkosten Gebäude und Maschinen	139,70
sonstiger Aufwand	63,30
Gesamtkosten	948,81
Kostenunterdeckung = Kosten des Naturschutzes = Mindestförderung	717,07

* Kraftfutter, Tierarzt, Wasser u.a.;[23]

Man darf zusammenfassen, dass die Pflege der Halbkulturlandschaft mit ihrem sehr bedeutenden Naturschutzwert in erster Linie eine Geldfrage ist – »nur« eine Geldfrage, wäre fast zu urteilen. Ein großer Bedarf an zusätzlicher rechtlicher Ordnung und Regulierung besteht demgegenüber kaum.

23 Quelle der Tabelle 3: *Berger*, Leistungen und Kosten zur Hüteschafhaltung mit Stallablammung und Lämmermast im benachteiligten Gebiet, Manuskript 2011. Näheres auch in *Hampicke*, Kulturlandschaft und Naturschutz. Probleme – Konzepte – Ökonomie, 2013, S. 88.

2. *Landwirtschaftliche Nutzbiotope*

Eine flächendeckende Wiederherstellung von Artenvielfalt auf produktiven Äckern und Grünlandflächen ist ausgeschlossen. Die frühere Artenvielfalt war Kuppelprodukt einer technisch weniger entwickelten Landbewirtschaftung und wurde selten geschätzt. Aber exemplarisch muss sie bewahrt und wiederhergestellt werden, weil die gesetzliche und moralische Pflicht besteht, die an Äcker und Grünland gebundenen Pflanzen- und Tierarten zu erhalten. Dabei wird eines vielfach verkannt: Wie die Abbildungen 3 und 4 zeigen, ist die heutige Landwirtschaft nicht *etwas* produktiver als die frühere, sondern *viel* produktiver, und so sind es auch die Äcker und Wiesen. Für die Biodiversität ist es zwecklos, den Weizenertrag von 9 Tonnen pro Hektar und Jahr auf 7 Tonnen zu senken. Wir brauchen exemplarisch frühere Verhältnisse mit 2 bis 3 Tonnen pro Hektar. Manche sagen abwertend: das ist ja Museums-Landwirtschaft und reine Nostalgie. Diese Personen müssen dann erklären, wie sie anders die an Äcker und Grünland gebundenen Arten erhalten wollen.

Konkret geht es auf dem Ackerland darum, auf begrenzten, aber gut ausgesuchten, meist ertragsschwachen Flächen sehr extensiv, insbesondere unter Verzicht auf Herbizide zu wirtschaften, um der Begleitflora und -fauna hinreichenden Lebensraum zu bieten. Blühstreifen mit geeignetem Saatgut können auch sinnvoll sein, wo autochthone Wildkräuter nicht durch sie verdrängt werden. Sie heben stark die Erholungseignung der Landschaft und werden von Spaziergängern begrüßt.

Besondere Sorgen bereitet das Grünland. Nicht nur wird die gesamte jährlich durch »Versiegelung« an Siedlung, Gewerbe und Verkehr abgetretene Fläche allein vom Grünland bereitgestellt (Verluste an Ackerland werden durch Grünlandumbruch voll ausgeglichen), noch bedenklicher ist seine fortwährende Nutzungsintensivierung (höhere Düngung, häufigere Schnitte u.a.), die außer Löwenzahn keine Blumen und erst recht keine Schmetterlinge und Grashüpfer mehr gedeihen lässt. Es trifft zu, dass heutige Milchkühe auf derartiges Futter angewiesen sind, jedoch ist überzeugend gezeigt und erprobt worden, wie fütterungstechnisch artenreiches Grünland auch in moderne Betriebe integrierbar ist.[24]

Oft wird gefragt, ob eine Hinwendung zum Ökologischen Landbau nicht auch alle Naturschutzprobleme lösen würde. Die hier notgedrungen sehr knappe Antwort lautet, dass dessen Wirtschaftsweise besonders durch

24 Vgl. *Schumacher*, Bilanz – 20 Jahre Vertragsnaturschutz, in: Naturschutz-Mitteilungen 2/07, S. 21.

den Verzicht auf chemische Hilfsmittel gewiss zu einer allgemeinen Stressentlastung der Landschaft führt, die dem Naturschutz entgegenkommt. Dies wird besonders sichtbar, wo große zusammenhängende Flächen ökologisch bewirtschaftet werden, wie etwa im Biosphärenreservat Schorfheide-Chorin in Brandenburg. Die spezifischen Anforderungen an den Lebensraum sehr zahlreicher gefährdeter Pflanzen- und Tierarten sind jedoch allein mit Öko-Landbau und ohne darüber hinausgehende, zielgerichtete Maßnahmen nicht zu gewährleisten.

In Deutschland profitiert über ein Viertel der landwirtschaftlichen Fläche von Förderungen aus der Zweiten Säule, Kulturlandschaftsprogrammen und Vertragsnaturschutz.[25] Blickt man genauer, so ergibt sich, dass zwei Drittel der Mittel in Maßnahmen zum Schutz der so genannten »abiotischen« Ressourcen fließen, also in Boden- und Gewässerschutz, vielfach ohne Wirkungen für die Artenvielfalt (»hellgrüne« Maßnahmen). Hier stellt sich die Frage, ob das alles nicht nach § 5 Bundesnaturschutzgesetz und § 17 Bundes-Bodenschutzgesetz als gute fachliche Praxis auch ohne Bezahlung verlangt werden müsste. Werden hier, wie im scherzhaften Vergleich, Autofahrer, die an der roten Ampel halten, auch noch mit einem Euro belohnt? Vom restlichen Drittel der Mittel (den »dunkelgrünen«) geht das meiste in die Halbkulturlandschaft, was auch richtig ist. Aber in produktive Kulturbiotope, für die Wildkräuter auf Äckern und die Blumen auf Wiesen, fließt nicht besonders viel.

Natürlich ist Artenvielfalt auf den Nutzflächen auch eine Geldfrage, aber anders als bei der Halbkulturlandschaft ist es nicht *nur* ein solche. Den Schäfer muss man nicht überzeugen, er braucht nur Geld und Flächen. Den Bauern, der an einem Kulturlandschafts- oder Vertragsnaturschutzprogramm teilnehmen soll, den muss man überzeugen. Hier braucht es nicht nur Geldmittel, sondern auch Vertrauen.

Dieses Vertrauen ist in den vergangenen fünfzehn Jahren leider sehr abgesunken. Grund ist die zunehmende Bürokratisierung, eine schikanöse Überprüfungspraxis und ein geradezu beleidigendes wie auch überflüssiges System von Sanktionsandrohungen, was sich so liest, als wäre der gesamte Bauernstand ein Club von Subventionserschleichern. Anstatt dass Bauern, die etwas für die Natur tun wollen, gelobt und belohnt werden, werden sie fünfmal so intensiv kontrolliert wie die, die nichts tun und damit noch enger in ein unangenehmes Überwachungsgespinst eingespon-

---

25 Vgl. *Freese*, Natur- und Biodiversitätsschutz in ELER, Finanzielle Ausgestaltung der Länderprogramme zur Ländlichen Entwicklung, Naturschutz und Landschaftsplanung 2012, 69 sowie Hampicke (Fn. 23), S. 175.

nen, in erstaunlichem Kontrast zur Laschheit im landwirtschaftlichen Fachrecht.

Ähnlich ist es bei dem seit 2015 obligatorischen Greening. Um in den Genuss der vollen Zahlungen der Ersten Säule zu gelangen, muss ein Betrieb ökologische Leistungen in Form von Vorrangflächen vorweisen. Die mit Abstand wertvollsten Flächen wären Hecken und andere artenreiche Biotope. Anrechenbar sind aber auch Zwischenfrucht- und Leguminosenanbau, obwohl ökologisch wenig wirksam. Meldet jemand ein wertvolles Biotop und vermisst sich dabei um 30 cm, dann wird das nachgeprüft und die Förderung wird verweigert. Man zankt sich um Zentimeter in der Landschaft. Folge: Alle machen mehr oder weniger wertlose Zwischenfrüchte, da kann das nicht passieren. Das Greening hat sich als so erfolglos erwiesen, dass es zahlreichen Beobachtern zufolge die nächste EU-Agrarreform nicht überleben wird.

Seit 2005 gilt die Regel, dass ein Bauer, der an einem Programm etwa zum Schutz der Ackerwildkräuter teilnimmt, daran nichts verdienen darf. Er darf nur seine Ernteausfälle und seinen zusätzlichen Aufwand erstattet bekommen. Man darf in unserer Wirtschaft an allem verdienen, ob es wertvoll ist oder das Gegenteil, nur nicht an der Artenvielfalt. Die Regel offenbart einen Abgrund von ökonomischem Unverstand, indem sie, konsequent angewandt, jeden Anreiz löscht. Alle von uns kennen die fast 250 Jahre alte Passage von Adam Smith, dass uns Bäcker und Brauer mit Brot und Bier versorgen, nicht weil sie unsere Bedürftigkeit rührt, sondern weil es zu ihrem eigenen Vorteil ist »It is not from the benevolence of the butcher, the brewer or the baker, that we expect our dinner, but from their regard to their own interest. We address ourselves not to their humanity but to their self-love, and never talk to them of our own necessities but of their advantages.«[26] Wir erleben eine merkwürdige Spaltung in der Landschaft: Was die Erzeugung von Weizen und Schweinen, also Marktprodukten angeht, sollen die Bauern frei und marktwirtschaftlich, unternehmerisch handeln, was die Erzeugung von Landschaftsleistungen angeht, haben wir ein behördliches Zuteilungs- und Kontrollsystem, was regelrecht an den Sozialismus erinnert.

In der Praxis wird die Null-Verdienst-Regel unterlaufen. Betriebe in Thüringen erhalten für Ackerrandstreifen fast doppelt so viel, wie eine exakte

26 Vgl. *Smith*, The wealth of nations, Erstveröffentlichung 1776, Neudruck 2000, S. 15.

Kostenberechnung ausweist.[27] Dass das in Brüssel toleriert wird, verwundert fast. Für die Sache mag es gut sein, als Nebeneffekt ergibt sich wieder einmal, dass Regeln anscheinend dazu da sind, umgangen zu werden, wenn es sogar Behörden tun.

Es ist zu resümieren, dass Vertragsnaturschutz, Kulturlandschaftspflege, Kräuter auf dem Acker und Blumen auf der Wiese in erster Linie Probleme des Umgangs miteinander sind. Geldmittel sind zwar zu gering, aber sie sind das zweitwichtigste Problem. Das Förderwesen muss radikal vereinfacht und bürgerfreundlich gestaltet werden.

Trotz dieser Umstände konnten auch glänzende Erfolge erzielt werden.[28] Ein weiterer Lichtblick ist die Produktionsintegrierte Kompensation (PIK) im Rahmen der Eingriffsregelung nach §§ 14 ff. BNatSchG.[29] Dabei werden Ausgleich und Ersatz für Eingriffe in die Landschaft (z.B. durch den Straßenbau) in Gestalt von Verträgen mit landwirtschaftlichen Betrieben vorgenommen. Die Betriebe verpflichten sich, wie im Vertragsnaturschutz bestimmte Extensivierungen oder andere dem Naturschutz förderliche Maßnahmen auf ihren Flächen zu unternehmen – allerdings mit viel längeren Laufzeiten als in der Zweiten Säule der EU-Maßnahmen, mit großzügigerer Honorierung und vor allem ohne schikanöse Überwachung und Sanktionsdrohung. Im Landkreis Sömmerda im Thüringer Becken werden 2017 elf sehr erfolgreiche Verträge mit dem Ziel des Schutzes der Ackerwildkrautflora durch die PIK realisiert gegenüber nur einem einzigen im Thüringischen Kulturlandschaftsprogramm (KULAP).[30]

3. *Strukturelemente*

Nun zum dritten Problemkreis, den Strukturelementen, überhaupt zur räumlichen Struktur der Agrarlandschaft. Hier ist der Staat zu schwach. Der Staat tut stark in tausend überflüssigen Detailregelungen von Nebensächlichkeiten und ist schwach dort, wo seine Bestimmung liegt, nämlich

---

27 Vgl. *Geisbauer/Hampicke*, Ökonomie schutzwürdiger Ackerflächen, Was kostet der Schutz von Ackerwildkräutern?, 2. Aufl. 2013.

28 Vgl. *Schumacher* (Fn. 24) und ders., in diesem Tagungsband S. 47 ff.

29 Vgl. *Czybulka/Hampicke/Litterski*, Produktionsintegrierte Kompensation – Rechtliche Möglichkeit, Akzeptanz, Effizienz und naturschutzgerechte Nut-zung, 2012.

30 Vgl. *Schmidt*, Erfahrungen bei der Förderung der Segetalflora durch produktionsintegrierte Kompensationsmaßnahmen (PIK) im Landkreis Sömmerda. Warum kompliziert, wenn es auch einfach geht?, erscheint in: Landschaftspflege und Naturschutz in Thüringen, 2019.

bei der Gestaltung der Rahmenbedingungen des gesellschaftlichen Lebens. Der Landschaftsplanung als zahnloser Tigerin, schon im Gutachten des Sachverständigenrates für Umweltfragen von 1987 als wirkungslos beurteilt,[31] müssten endlich Zähne wachsen.

Schon im Jahre 1989 berichtete der »SPIEGEL«, dass damals in der alten Bundesrepublik 50.000 Hektar Ackerland bewirtschaftet wurden, die der Landwirtschaft gar nicht gehörten, sondern der Allgemeinheit.[32] Auch heute wird vielerorts jedes Jahr die Pflugfurche etwas näher an den Waldrand gerückt. Die Autobahn hat einen großzügigen Saum, der Feldweg nicht. Verlangt man einen solchen Wegsaum, dann wird man über dessen ungeheure Schädlichkeit belehrt: Er sei Brutstätte von Unkrautsamen, schütte die Kulturpflanzen schädigende Pilzsporen aus, sei Unterschlupf von Schädlingen aller Art, von Vektoren von Viruskrankheiten, von Mäusen und behindere die Feldarbeit. Selbst wenn an solchen Übertreibungen etwas wahr sein sollte, wäre die Antwort, dass es nicht angeht, große Landschaften, wie Ackerbörden, einseitig nur einem einzigen Zweck, hier der maximalen Erzeugung von Ackerfrüchten zu widmen, zu monostrukturieren, unter Hintanstellung aller anderen Anliegen vom Naturschutz bis zur Erholung. So etwas Einseitiges gibt es nirgendwo anders, weder in der Stadt noch im Wald. Ist es richtig, dass einer kleinen Gruppe der Bevölkerung derartige Freiräume zugesprochen werden?

---

31 Vgl. SRU, Umweltgutachten 1987, BT-Drs. 11/1568, Ziff. 410, S. 139.

32 Vgl. DER SPIEGEL vom 5.6.1989: Wen generts?

Abbildung 7: Einseitig produktionsorientierte Agrarlandschaft in Niederbayern, Sicht aus dem Ballon (Foto: U. Hampicke).

Abbildung 8: Arten- und strukturreiche Agrarlandschaft in Südschweden (Foto: U. Hampicke).

Nicht einmal alle Bauern finden, dass die Landschaft so aussehen sollte wie in der Abbildung 7, wenngleich der Präsident der Deutschen Landwirtschafts-Gesellschaft (DLG) meinte, dass sich Deutschland »Wohlfühlumgebungen« in der Agrarlandschaft nicht leisten könnte.[33] 98 % der Bevölkerung fänden die Landschaft in der Abbildung 8 schöner, wobei einzuschränken ist, dass es so bunt natürlich auch nicht überall aussehen kann. Vom Gemeinwohl her betrachtet, ist aber die Beackerung jeden Quadratmeters nicht nötig, gäbe es in der Börde 10 % weniger Acker, dann ginge es uns ebenso gut, aber der Natur ginge es viel besser.

Im April 2010 löste eine pechschwarze Sandwolke, hervorgerufen durch Winderosion auf der Autobahn A 19 bei Rostock einen Massenunfall mit acht Toten aus. Wenig ist seitdem zur Abhilfe passiert. Verlangt man Windschutzhecken, Feldgehölze, Uferrandstreifen, großzügige Ränder um Sölle für die Amphibien und derlei Dinge, dann heißt es: Zwar gibt es im Osten große Felder und die werden von einem Unternehmen bewirtschaftet, aber es gebe auch unendlich viele kleine Eigentümer, durch das Gewirr steige man nicht durch und an die Eigentümer komme man gar nicht heran. Wenn das stimmte, dann hätten in Thüringen die Autobahnen A 38, die A 71, die Schnellbahntrasse und zahlreiche Ortsumgehungen auch nicht gebaut werden können. Würde ein politischer Wille bestehen, die Agrarlandschaft aufzuwerten, dann wäre das auch möglich, ebenso wie der Bau der Autobahn möglich ist.

III. Schluss

Es lohnt sich, noch einmal das über 30 Jahre alte Sondergutachten »Umweltprobleme der Landwirtschaft« des Rates von Sachverständigen für Umweltfragen zu lesen.[34] Vieles darin könnte auch heute geschrieben worden sein. Trotz vieler beeindruckender Aktionen und Fortschritte im Kleinen hat sich an den grundlegenden Problemen in Jahrzehnten nichts geändert. Gute Ideen, tatkräftiger Einsatz, ja selbst viel Geld waren nicht in der Lage, den Kurs des schwerfälligen Tankers zu korrigieren. Dabei wären, wie bis-

---

33 Vgl. *Barthmer*, Europas Agrarpolitik muss die globalen Folgen mitbedenken, in: DLG-Newsletter vom 28.7.2011, abrufbar unter: www.dlg.org/news_interview.ht ml [zuletzt abgerufen am 15.1.2019].

34 Vgl. SRU, Sondergutachten „Umweltprobleme der Landwirtschaft", 1985, BT-Drs. 10/3613.

her nirgendwo mit Zahlen widerlegt,[35] anspruchsvolle Programme zur ökologischen Aufwertung der Kulturlandschaft in volkswirtschaftlichen Maßstäben selbst dann kostengünstig, wenn alle Mittel neu akquiriert werden müssten. In Wirklichkeit wären sie vielen kompetenten Stimmen zufolge[36] durch den Umbau vorhandener Agrarfonds ohne zusätzliche Kosten verfügbar. Zwar führt jeder solcher Umbau zu Umverteilungen, deren Verlierer vieles aufhalten können. Trotzdem ist der politische Stillstand in diesem Ausmaß schwer erklärlich, denn sogar die Landwirtschaft selbst ist unzufrieden. Fast alle gesellschaftlichen Gruppen wollen eine andere Agrarpolitik, trotzdem geben weder die Europäischen Union in Brüssel noch die nationale Agrarpolitik in Berlin viel Hoffnung auf Bewegung. So bleibt nur, die wesentlichen Resultate des vorliegenden Beitrags stets zu wiederholen.

Wir brauchen

- einen korrekten Vollzug des landwirtschaftlichen Fachrechts mit klaren Betreiberpflichten,
- zuverlässige Geldmittel für die Halbkulturlandschaft,
- bürgerfreundliche und unbürokratische Kulturlandschaftsprogramme für die Landwirte,
- eine durchsetzungsfähige Landschaftsplanung.

---

35 Vgl. *Hampicke*, Fachgutachten über die Höhe von Ausgleichszahlungen für die naturnahe Bewirtschaftung landwirtschaftlicher Nutzflächen in Deutschland, im Auftrag der Michael Otto Stiftung für Umweltschutz, 2014.

36 Vgl. DVL (Deutscher Verband für Landschaftspflege e.V.), Gemeinwohlprämie – Umweltleistungen der Landwirtschaft einen Preis geben, 2017; IFAB und INA (Institut für Agrarökologie und Biodiversität und Ingenieurbüro für Naturschutz und Agrarökonomie), Fit, fair und nachhaltig – Vorschläge für eine neue EU-Agrarpolitik, 2016 sowie Wissenschaftlicher Beirat für Agrarpolitik, Ernährung und gesundheitlichen Verbraucherschutz beim BMEL, (Fn. 1).

Erhaltung und Förderung der biologischen Vielfalt auf landwirtschaftlichen Nutzflächen – Naturschutz durch Nutzung?

Wolfgang Schumacher

I. Einleitung

In Mitteleuropa hat die frühere, extensive Landwirtschaft seit dem Neolithikum trotz Rodung der ursprünglichen Wälder bis ca.1950 als Koppelprodukt auch eine Zunahme der Biodiversität bewirkt, wobei die Nutzflächen im Unterschied zu den Tropen i.d.R. jedoch waldfähig bleiben. Seit 1950/60 sind die Biodiversitätsverluste in Deutschland, europa- und weltweit stark angestiegen. Hierzu hat wesentlich auch die Landwirtschaft beigetragen, die aufgrund ihrer Produktivität heute zwar viel weniger Fläche als früher braucht, jedoch eine relativ hohe Intensität benötigt.

Erfahrungen, Kenntnisse und Faktenwissen über Landwirtschaft, Landnutzung und biologische Vielfalt bzw. Biodiversität sind heutzutage in urbanen wie ländlichen Regionen meist nur noch in geringem Umfang vorhanden, was in abgeschwächter Form auch für Teile der Medien gilt. Dies äußert sich nicht selten in Meinungen und Vorurteilen, die für die Betroffenen – also die Landwirtsfamilien – oft nur schwer zu ertragen sind, z.B. Landwirte vergiften Böden und Grundwasser und sind Hauptverursacher des Rückgangs der biologischen Vielfalt. Weitere Vorwürfe wie Massentierhaltung, Schädigung schutzwürdiger Lebensräume durch Stickstoffimmissionen, industrielle Landwirtschaft, nicht nachhaltige Bewirtschaftung u.a.m. gehören ebenso dazu.

Auch wenn die Vorwürfe lokal oder regional zutreffen, als generelle Aussagen sind sie falsch bzw. irreführend und verhindern eher die notwendige Auseinandersetzung mit den Bedingungen heutiger Landwirtschaft. Daher sollen im Folgenden Fakten und Thesen vorgestellt werden, die für konstruktive Diskussionen hilfreich sein können.[1] Dabei geht es auch um

1 Siehe hierzu auch den grundlegenden Beitrag von *Hampicke* in diesem Band, dem für wertvolle Hinweise und Ergänzungen besonders gedankt sei.

die zentrale Frage, ob und in welchem Umfang Naturschutz durch landwirtschaftliche Nutzung umgesetzt werden kann bzw. muss.

II. Naturnahe und genutzte Ökosysteme

Natürliche und naturnahe Ökosysteme nehmen in Mitteleuropa außerhalb der Alpen nur noch sehr kleine Flächen ein. Es handelt sich um alte Wälder, Felshänge, Blockschutthalden, Moore und nicht genutzte Seen und Flussauen. Diese Ökosysteme brauchen keine Steuerung oder Pflege durch den Menschen, sie erhalten sich in der Regel selbst. Planerische Vorgaben und in bestimmten Fällen Entschädigungsleistungen für Nutzungsverzichte können erforderlich werden.[2] Sie müssen gegen zerstörerische Nutzung, gegen übermäßige Belastung durch Erholungssuchende und gegen Randeinflüsse genutzter Flächen, z.B. Eintrag von Dünger und Agrarchemikalien, geschützt werden.

Nutz-Ökosysteme nehmen die größten Flächen ein, allein die Landwirtschaft nutzt 50 % der Landesfläche in Deutschland. Hinzu kommen Forsten auf 30 %, die nicht Gegenstand dieser Betrachtung sind. Ein Naturschutz, der nur die oben genannten natürlichen und naturnahen Ökosysteme im Fokus hat, würde seine Aufgabe verfehlen, da mehr als die Hälfte der gefährdeten Pflanzen- und Tierarten in extensiv bis halbintensiv genutzten Ökosystemen vorkommen.

Insbesondere das Dauergrünland im weitesten Sinne – Wiesen, Weiden, Magerrasen, Heiden, Feucht- und Sumpfwiesen etc. – ist mit fast 50 % aller gefährdeten Gefäßpflanzenarten von überragender Bedeutung für den Naturschutz.[3] Dazu kommen die an Äcker und Strukturen der Agrarlandschaft gebundenen Arten, zu denen außer den Ackerwildkräutern auch schutzbedürftige Bewohner von Hecken, Feldgehölzen und Kleingewässern gehören. Naturschutz in den genutzten Ökosystemen erlangt weitere Bedeutung dadurch, dass wegen des starken Selektionsdruckes ein hohes

---

2 *Schumacher*, Landwirtschaft und Biodiversität – Widerspruch oder Chance?, in: Hendler et al. (Hrsg.), Jb. UTR 2007, Landwirtschaft und Umweltschutz, S. 53, 56.

3 *Kam/Kühne/Lex/Metzmacher/Fuchs/Schumacher*, Erfolgskontrolle des Vertragsnaturschutzes anhand der Populationsgrößen und -entwicklung seltener und gefährdeter Farn- und Blütenpflanzen. Forschungsbericht Nr. 148, Landwirtschaftliche Fakultät der Universität Bonn, 2006, 160 S.; *Schumacher*, Biodiversität extensiv genutzter Grasländer und ihre Erhaltung durch Integration in landwirtschaftliche Betriebe – Erfahrungen und Ergebnisse 1985-2012. Bundesanstalt für Landwirtschaft und Ernährung, Agrobiodiversität 34, 2014, S. 70-99.

evolutionsbiologisches Potenzial herrscht. Nicht wenige Arten und Unterarten sind dort offenbar erst in historischer Zeit entstanden.

Abbildung 1: Rotenfels-Massiv im Nahetal – Natürliche Ökosysteme mit Felsrasen, Trockenrasen und Buschwald (links und oben rechts), im Unterhang Nutz-Ökosysteme (Weinberge u.a.). Abbildung 1 und alle weiteren Abbildungen: W. Schumacher.

III. Konventioneller und ökologischer Landbau – Acker- und Grünland

1. Biologische Vielfalt konventionell bzw. ökologisch genutzter Äcker

Konventioneller Ackerbau auf ertragreichen Standorten lässt Wildkräutern kaum eine Chance. Herbizide und schon der reine Platz- und Lichtmangel sorgen dafür, dass es dort nur wenige und triviale Arten geben kann, überwiegend auch nur an den Feldrändern. Auf Böden geringerer Produktivität steigt die Artenzahl zwar an, bleibt aber auf relativ geringem Niveau (auf 100 qm meist deutlich < 20 Pflanzenarten). Daher sind Randstreifen oder ganze Parzellen *ohne Herbizide* zur Erhaltung der heimischen Ackerbegleitflora und der davon abhängigen Tierwelt notwendig.[4] Wo ein Potenzial besteht, seltene Wildkraut-Populationen wieder zu entwickeln, sollte die Betriebsweise auf frühere Verhältnisse mit geringeren Erträgen umgestellt werden, vor allem durch den Verzicht auf Herbizide. Das ist nicht nur auf kleineren Flächen möglich wie ungespritzten Randstreifen, sondern auch auf ganzen Äckern, z.B. in Schutzgebieten oder auf Stiftungs- und Kompensationsflächen. Dort lassen sich eindrucksvolle Erfolge vorweisen, wie die Abb. 2-4 zeigen.

Abbildung 2: Herbizidfreie Äcker u. Ackerränder im Ahrtal – Beginn des Vertragsnaturschutzes in der Eifel 1978-1980.

Die nachfolgende Abbildung 3 zeigt auf der linken Bildhälfte extensiven Ackerbau auf einer Fläche von 7,5 ha mit einem Reihenabstand von mindestens 18 cm (keine mineralischen N-Dünger, organische bis 80 kg/N; keine Herbizide/Insektizide). Die rechte Bildhälfte der Abblidung 3 zeigt

4 *Schumacher*, Schutz und Erhaltung gefährdeter Ackerwildkräuter durch Integration von landwirtschaftlicher Nutzung und Naturschutz, Natur und Landschaft 1980, 447-453; *ders.*, Entwicklung, Erfolge und Perspektiven des Vertragsnaturschutzes in Nordrhein-Westfalen, in: NUA-Seminarbericht Band 10, 2012, S. 59-70.

einen Blühstreifen mit einer Größe von 2,5 ha (Einsaat von Wiesenarten; Schröpf- bzw. Pflegeschnitt; Verjüngung/Neuanlage bei Bedarf).

Abbildung 3: Kompensation als dauerhafter Ausgleich/Ersatz für Eingriffe in einer Ackerregion (Zülpicher Börde) – Beispiel Gewerbegebiet Weilerswist.

Der ökologische Landbau kommt wegen seines Verzichts auf Herbizide und andere chemische Pflanzenschutzmittel sowie wegen seiner geringeren Flächenerträge und der viel lockeren Getreidebestände dem Ackerwildkrautschutz schon als System ohne besondere Maßnahmen entgegen. Man sieht dort oft einen Grundbestand an Wildkräutern zwischen den Halmen, was ein Vorteil gegenüber dem konventionellen Landbau ist. Jedoch sind auch seine Unkrautbekämpfungsmaßnahmen keineswegs unwirksam, wie die mechanische Feldbearbeitung mit dem Striegel und vor allem der Einschub von mehrjährigem Kleegras zeigen, sodass bei höheren Ansprüchen an den Wildkrautschutz, etwa bei Vorkommen sehr selten gewordener und schutzwürdiger Arten sowie bei Bodenbrütern, ebenfalls zusätzliche Maßnahmen erforderlich sind. Bereiche ohne Unkrautregulierung sind – vor allem im Hinblick auf die Vogelwelt – sinnvoll.

Abbildung 4: Herbizidfreie Ackerrandstreifen als Kompensation in der Flurbereinigung (30 Jahre) bei Zülpich-Schwerfen.

2. Biologische Vielfalt konventionell bzw. ökologisch genutzter Grasländer

Das Grünland in Deutschland lässt sich grob in *drei Typen* gliedern, wobei der Stickstoff-Umsatz das maßgebliche Kriterium ist. *Konventionelles Hochertrags-Grünland* mit Umsätzen von über 170 kg Stickstoff pro Hektar und Jahr ist unweigerlich artenarm. Hier finden sich nur sehr wenige Stickstoff liebende Pflanzen (auf 10 m^2 i.d.R. < 10 Arten, oft nur 3 bis 5). Es kann somit zur Biodiversität nichts beitragen. Im ökologischen Landbau ist wegen des Verzichts auf Mineraldünger etwas weniger Stickstoff und nur organisch gedüngtes Grünland vorhanden. Bei Umsätzen von 110 bis 150 kg pro Hektar und Jahr ist es etwas artenreicher.[5] Derart *halbintensiv genutztes Grünland* mit 1,4 Großvieheinheit (GV)/ha (keine mineralische, nur organische Düngung: ca. 110-150 kg N/ha) beherbergt auf 10 m^2 mehr als 10 bis < 20 Arten, bietet aber den meist konkurrenzschwachen schutzwürdigen Grünlandarten ebenso wenig Lebensraum. Maximal 20-25 % der na-

5 *Schumacher*, Biodiversität extensiv genutzter Grasländer und ihre Erhaltung durch Integration in landwirtschaftliche Betriebe – Erfahrungen und Ergebnisse 1985-2012. Bundesanstalt für Landwirtschaft und Ernährung, Agrobiodiversität 34, 2014, S. 70-99; *ders.*, Entwicklung, Erfolge und Perspektiven des Vertragsnaturschutzes in Nordrhein-Westfalen, in: NUA-Seminarbericht Band 10, 2012, S. 59-70.

turraumtypischen Flora lassen sich auf diese Weise erhalten. Hier bestehen teilweise Erwartungen an den Ökologischen Landbau, die nicht erfüllt werden können. Wegen der in NRW und anderen Bundesländern sehr erfolgreichen Programme nennen wir den dritten Typ »*Vertragsnaturschutz-Grünland*«.

Gleichgültig ob konventionell oder ökologisch bewirtschaftet, muss hier der Stickstoffeinsatz auf deutlich unter 100 kg begrenzt werden. Die traditionellen bunten »Fettwiesen« oder Frischwiesen mit 30 bis 50 Pflanzenarten auf 10-15 m^2 erhielten früher Stallmist von 50-60 kg pro Hektar und Jahr.[6] Größten Erfolg versprechen heute Bergwiesen, die nie viel intensiver bewirtschaftet wurden und daher keiner langwierigen Extensivierung bedürfen. Ihr Aufwuchs ist im Übrigen keineswegs so energiearm wie zuweilen behauptet wird. Das Vertragsnaturschutz-Grünland geht fließend in noch extensivere Biotope der »Halbkulturlandschaft« über, wie Kalk-, Silikat- und Sandmagerrasen sowie Heiden, die auch früher nicht oder nur marginal gedüngt wurden. Sie wurden und werden meist mit Schafherden beweidet, seltener auch mit Ziegen, Rindern oder Pferden und sind Orte ganz besonders wertvoller Biodiversität. Von den noch gut 4,5 Millionen Hektar Grünland (im weiteren Sinne) in Deutschland sind schätzungsweise 20 %, also um 900.000 Hektar für Biodiversität und Artenschutz noch interessant. Sie liegen überwiegend in den Mittelgebirgen wie z.B. in der Rhön, im Bayerischen und Thüringer Wald, im Erzgebirge und Harz, auf der Schwäbischen Alb, in der Eifel, dem Hunsrück, Westerwald, Sauer- und Siegerland, ferner entlang von Flüssen und Bächen sowie in grundwassernahen Regionen.[7] Höchstens die Hälfte davon, also 450.000 Hektar, sind in Vertragsnaturschutzprogramme eingebunden. Betriebe, die sich verpflichten, ihre Flächen artenreich zu bewirtschaften, erhalten einen finanziellen Ausgleich für Ertragsausfälle und Mehraufwand. Würden alle 900.000 Hektar in effektive Programme eingebunden, so wäre dies ein großer Schritt voran im Naturschutz. Denn derzeit ist keine Form von Land-

---

6 *Schumacher*, Biodiversität extensiv genutzter Grasländer und ihre Erhaltung durch Integration in landwirtschaftliche Betriebe – Erfahrungen und Ergebnisse 1985-2012. Bundesanstalt für Landwirtschaft und Ernährung, Agrobiodiversität 34, 2014, S. 70-99.

7 *Schumacher*, Biodiversität extensiv genutzter Grasländer und ihre Erhaltung durch Integration in landwirtschaftliche Betriebe – Erfahrungen und Ergebnisse 1985-2012. Bundesanstalt für Landwirtschaft und Ernährung, Agrobiodiversität 34, 2014, S. 70-99; *ders.*, Bilanz – 20 Jahre Vertragsnaturschutz. Vom Pilotprojekt zum Kulturlandschaftsprogramm NRW – Naturschutzmitteilungen NRW Heft 1, 2007, S. 21-28.

wirtschaft in der Lage, die Biodiversität der Grasländer systemimmanent auch nur annähernd zu erhalten.

Abbildung 5: Vertragsnaturschutz im Bergland ohne Düngung – Bergwiese mit 38-55 Arten auf 10 m^2 bei Kall-Sistig. Mahd seit 1986.

Abbildung 6: Löwenzahn-Aspekt einer halbintensiven Weide in der Westeifel (montane Stufe) Mitte Mai. Ökolandbau: nur hofeigene organische Dünger, ca. 110-150 kg N/ha, seit 2001.

Abbildung 7: Weißklee-Aspekt einer halbintensiven Mähweide im Juli, Osteifel. Konventioneller Betrieb mit Grünlandextensivierung (MSL) seit 1998. Nur hofeigene organische Dünger (110-150 kg N/h). Alpha-Diversität auf 10 m² wie beim Ökolandbau stets unter 20 Arten.

IV. Landwirtschaftliche Aspekte

1. Naturschutzziele und Betriebsgröße

Größe, Verteilung und Struktur der noch knapp 270.000 landwirtschaftlichen Betriebe in Deutschland sind nach dem Situationsbericht 2017/18 des Deutschen Bauernverbandes je nach Bundesland, Region und Naturraum so unterschiedlich, dass differenziertere Analysen und Bewertungen nötig sind, als dies gemeinhin der Fall ist. Derzeit beläuft sich der Anteil der Betriebe, die unter 10 ha bis maximal 100 ha bewirtschaften, auf rund 85 %. Zählt man die Betriebe bis 200 ha hinzu, steigt der Anteil auf rund 93 %. Dabei handelt es sich ganz überwiegend um bäuerliche Familienbetriebe mit 1-3 Arbeitskräften, deren Einstufung als »industrielle Landwirtschaft« wohl nur selten zutrifft. Inwieweit diese Betriebe umweltverträglich wirtschaften oder sogar substanzielle Beiträge zum Naturschutz leisten, hängt weniger von der Größe der Betriebe ab, sondern vielmehr von persönlichen Einstellungen und Erfahrungen. Faktum ist, dass in den Mittelgebirgen und anderen weniger produktiven Regionen die Naturschutz- und Umweltbilanzen durchweg zufriedenstellend, z.T. sogar gut sind, wie z.B. in Eifel, Siegerland, Westerwald, Schwäbischer Alb u.a.m. Sowohl in großen wie in kleinen, in konventionellen wie auch in ökologisch wirtschaftenden Betrieben lassen sich somit substanzielle Naturschutzziele erreichen, wenn die richtigen Maßnahmen getroffen werden. Dies zeigen jedenfalls jahrzehntelange Erfahrungen[8] nicht nur in der Eifel[9], sondern auch in anderen Mittelgebirgen Deutschlands. Behauptungen, dass hierfür nur bestimmte Betriebstypen in Frage kämen (»kleine«, »ökologische«) sind gegenstandslos.

2. *Naturschutzziele und Betriebsform*

Zu den *Ackerflächen* ist oben (III. 1.) schon das meiste gesagt worden. Der Verzicht auf Herbizide ist die wichtigste Maßnahme. Ebenso wichtig ist eine sorgfältige Auswahl der Flächen. Wildkrautsamen können Jahre bis Jahrzehnte im Boden keimfähig bleiben und bei richtiger Bewirtschaftung schnell große Populationen von verschwunden geglaubten Kräutern keimen lassen. Auf solchen Flächen und Randstreifen sollten übrigens keine der heute verbreiteten Blühstreifen künstlich angesät werden, deren Artenzusammensetzung aus botanischer und rechtlicher Sicht ein eigenes Problem sein kann.

Beim *Grünland* dagegen geht es nicht nur um eine richtige Flächenauswahl, sondern um grundlegende betriebliche Organisationsfragen. Leistungsstarke Milchkühe müssen mit Aufwuchs von gut gedüngten, ertragreichen und damit artenarmen Grünlandflächen gefüttert werden, auch im ökologischen Landbau. Nur auf diese Weise erhalten sie genügend Energie, die sie für die Milchproduktion brauchen. Besonders in Zeiten nachlassender Laktation oder während des »Trockenstehens« kann ihnen Kräuterheu von Vertragsnaturschutzflächen zugefüttert werden. Aber auch in der Tagesration für Milchkühe hat sich dieses Heu mit ca. 1-1,5 kg Kuh/Tag als rohfaserreiches Futter bewährt Die besten Verwerter des Futters artenreicher Wiesen und Weiden sind indessen die Färsen, also Jung-

8 *Schumacher*, Biodiversität extensiv genutzter Grasländer und ihre Erhaltung durch Integration in landwirtschaftliche Betriebe – Erfahrungen und Ergebnisse 1985-2012. Bundesanstalt für Landwirtschaft und Ernährung, Agrobiodiversität 34, 2014, S. 70-99; *ders.*, Entwicklung, Erfolge und Perspektiven des Vertragsnaturschutzes in Nordrhein-Westfalen, in: NUA-Seminarbericht Band 10, 2012, S. 59-70.

9 *Weis*, Naturschutzfachliche Erfolgskontrolle des Vertragsnaturschutzes am Beispiel der nördlichen Eifel – Dissertation, Landwirtschaftliche Fakultät der Universität Bonn, 2001, 270 S.

kühe im Alter von etwa 18 bis 28 Monaten, die zwar trächtig sind, aber noch keine Milch geben. Weniger energiereiches Futter ist für sie nicht nur verwertbar, sondern sogar besonders gut geeignet, um ein frühzeitiges Verfetten zu verhindern. Rein fütterungstechnisch könnten überall in Grünlandregionen mit Milchvieh 10 bis 30 % der Flächen von buntem und artenreichem Grünland eingenommen werden. Das wäre für den Naturschutz eine unvergleichlich bessere Situation als die, die heute besteht. Verhindert wird es nicht nur durch den Zwang vieler (oft zu kleiner) Betriebe, möglichst viel Futter auf ihren Flächen zu produzieren, sondern auch durch reines Routinedenken und schlichte Unwissenheit. Für dauerhaften und großflächigen Vertragsnaturschutz im Mittelgebirge sind Milchviehbetriebe im Haupterwerb von zentraler Bedeutung (siehe auch unter V.). Voraussetzung ist hierbei, dass den Betrieben genügend Grünland zur Verfügung steht oder günstig zugepachtet werden kann. Hier besteht ein weites Feld für Beratung und gut durchdachte Förderprogramme.

V. Naturschutzrelevante Erfolge in den NRW-Eifelkreisen

Abbildung 8: Flügelginster-Borstgrasrasen mit Kleinem Knabenkraut (Orchis morio), extensive Rinderbeweidung seit 1980.

In der nordrhein-westfälischen Eifel begann der Vertragsnaturschutz mit einem Modellvorhaben schon Ende der 1970er Jahre und wurde ab 1985 mit dem Pilotprojekt »Biotoppflege durch Landwirte« schrittweise ausgebaut.[10] Neben der Zielsetzung, seltene und gefährdete Arten durch Integration von landwirtschaftlicher Nutzung und Naturschutz zu erhalten, war es ein wichtiges Anliegen, mit der Landwirtschaft zu kooperieren und ein vertrauensvolles Verhältnis zu entwickeln.

In verschiedenen Projekten wurden bis zur Realisierung des Kulturlandschaftsprogramms NRW allein in den Landkreisen Euskirchen, Düren und Aachen wertvolle Grünlandflächen im Umfang von etwa 5000 Hektar gesichert und von den dortigen Biologischen Stationen bis heute betreut.[11] Die Erfahrung zeigt, dass die Sicherung noch unverändert artenreichen Grünlands erste Priorität haben muss, erst im zweiten Schritt sollten veränderte Flächen, die entweder intensiviert oder sogar aufgeforstet waren, wieder renaturiert werden. Die nunmehr Jahrzehnte langen Erfahrungen lassen sich wie folgt zusammenfassen:

Die Strategie der Integration des Naturschutzes in Betriebsabläufe erfordert von der »Naturschutzseite«, sich in die Denkweisen und Wertvorstellungen der Betriebsleiter hinein zu versetzen. Schon daran mangelt es vielfach. Ferner müssen alle Nutzungsauflagen praxisorientiert sein und flexibel auf betriebliche Notwendigkeiten Rücksicht nehmen. Eine angemessene Vergütung, die mehr als eine Kostenerstattung ist und die Leistung des Betriebes belohnt, sollte selbstverständlich sein.

Obwohl, wie schon erwähnt, hoch leistende Milchkühe selbst nur wenig artenreiches Futter erhalten, sind doch für einen dauerhaften und großflächigen Vertragsnaturschutz im Mittelgebirge Milchviehbetriebe im Haupterwerb von zentraler Bedeutung. Im nordrhein-westfälischen Teil der Eifel sind mehr als 150 Betriebe mit Stalldurchschnitten von 7.500 bis 9.500 kg Milch pro Kuh und Jahr erfasst, die ihr Jungvieh auf dem Ver-

---

10 *Schumacher*, Bilanz – 20 Jahre Vertragsnaturschutz. Vom Pilotprojekt zum Kulturlandschaftsprogramm NRW – Naturschutzmitteilungen NRW 2007, Heft 1, 21-28.

11 Anm. d. Hrsg.: Die ca. 40 Biologischen Stationen in Nordrhein-Westfalen arbeiten als gemeinnützig anerkannte Vereine. Kein anderes Bundesland in Deutschland verfügt über eine vergleichbare Struktur der Verzahnung von ehrenamtlichem Engagement, fachlicher Qualifikation und staatlicher Förderung für den Naturschutz. Eine wichtige Aufgabe der Biologischen Stationen besteht darin, Landwirte als Partner im Naturschutz zu gewinnen. Dabei sollen die Stationen den landwirtschaftlichen Betrieben staatliche Fördergelder vermitteln, die sie als Anreiz für eine an Naturschutzinteressen ausgerichtete und dementsprechend veränderte Nutzung ihrer Flächen erhalten können.

tragsnaturschutz-Grünland aufziehen und Teile des geworbenen Heus sogar an laktierende Kühe verfüttern. Noch einmal dieselbe Anzahl von Betrieben bewirtschaftet Vertragsnaturschutz-Grünland in anderer Weise als mit Färsen, sodass insgesamt 300 Betriebe kooperieren. Die wichtigste Lehre hieraus ist, dass das Kooperationsmodell des betriebsintegrierten Naturschutzes keine am Schreibtisch erdachte Theorie darstellt, sondern in der Praxis erprobt ist. Ein wesentlicher zum Erfolg beitragender Faktor ist dabei die Kontinuität. Naturschützer und Betriebsleiter sollten sich am besten jahrelang kennen, um einander zu vertrauen.

Abbildung 9: Artenreiche Feuchtwiese mit Orchideen/Breitblättriges und Geflecktes Knabenkraut (Dactylorhiza majalis und D. maculata), Mahd seit 1995.

Die Tabelle 1 zeigt eine Auswahl von Fundorten und Populationsgrößen als selten eingestufter und gefährdeter Pflanzenarten in der Eifel. Sechs davon sind Orchideen. Die ungekürzte Tabelle und zahlreiche weitere Ergebnisse finden sich bei Schumacher.[12]

12 *Schumacher*, Bilanz – 20 Jahre Vertragsnaturschutz. Vom Pilotprojekt zum Kulturlandschaftsprogramm NRW – Naturschutzmitteilungen NRW Heft 1, 2007, S. 21-28; ders., Biodiversität extensiv genutzter Grasländer und ihre Erhaltung durch Integration in landwirtschaftliche Betriebe – Erfahrungen und Ergebnisse

Tabelle 1: Vorkommen seltener und gefährdeter Pflanzenarten und wichtige Populationsdaten

Wissenschaftlicher Name	Deutscher Name		Anzahl der Populationen	geschätzte Individuenzahl
Aceras anthopophorum	Hängender Mensch		65	32.000
Arnica montana	Wohlverleih, Arnika		>300	320.000
Dactylorhiza maculata	Geflecktes Knabenkraut		223	142.000
Euphrasia frigida	Nordischer Augentrost		6	620.000
Gentianella germanica	Deutscher Enzian		>200	130.000
Gentiana pneumonanthe	Lungen-Enzian		12	65.000
Gymnadenia conopsea	Große Händelwurz		>200	250.000
Narcissus pseudonarc.	Gelbe Narzisse		50	20.000.000
Narthecium ossifragum	Moorlilie		20	2.455.000
Orchis morio	Kleines Knabenkraut		30	12.000
Orchis tridentata	Dreizähniges Knabenkraut		>20	42.000
Platanthera bifolia	Kuckucksblume		68	36.000
Pulsatilla vulgaris	Küchenschelle		200	156.000

Man erkennt, dass nicht wenige Arten das Kennzeichen »selten« gar nicht mehr verdienen, wie z.B. die Gelbe Narzisse. Ohne die Entfernung der Fichten und des dichten Grasfilzes in den Bachtälern an der belgischen Grenze wären diese Populationsgrößen nicht im Entferntesten zu erreichen gewesen. Nun werden die Wiesen seit 40 Jahren wieder wie früher genutzt, und jedes Jahr zur Blütezeit im April kommen tausende Besucher und Wanderer. Loki Schmidt, die Gattin des Altbundeskanzlers, war Schirmherrin dieses Juwels in der Landschaft.

Die seit Ende der 1970er Jahre unter kontinuierlicher Betreuung getroffenen Maßnahmen haben dazu geführt, dass der nordrhein-westfälischen Eifel als einem der wenigen Naturräume Deutschland bescheinigt werden kann, das seinerzeit in Göteborg formulierte Ziel der Europäischen Gemeinschaft, bis 2010 den Artenrückgang in der Kulturlandschaft zu stoppen, erreicht zu haben. Damit wurden nicht nur die »Hausaufgaben« im Sinne wissenschaftlich unterbauten Naturschutzes erfüllt, sondern es wurde sichtbar auch zur Verschönerung und zum Bildungs- und Erholungswert der Landschaft beigetragen, die in Deutschland bekanntlich eine *Kultur*landschaft ist oder es wieder werden sollte.

1985-2012. Bundesanstalt für Landwirtschaft und Ernährung, Agrobiodiversität 34, 2014, S. 70-99; *ders.*, Entwicklung, Erfolge und Perspektiven des Vertragsnaturschutzes in Nordrhein-Westfalen, in: NUA-Seminarbericht Band 10, 2012, S. 59-70.

Abbildung 10: Wacholderreiche Kalkmagerrasen bei Blankenheim. Seit 1987 im Rahmen des Vertragsnaturschutzes von Schafen beweidet.

Abbildung 11: Kalkmagerrasen bei Bad Münstereifel, Frühjahrsaspekt mit Kuhschelle (Pulsatilla vulgaris). Vertragsnaturschutz mit Mahd/ Beweidung seit 1994.

VI. Naturschutzbilanzen und -strategien des Bundes und der Länder

Wenn Bund und Länder die Ziele der Biodiversitätsstrategien der EU, die schon 2010 verfehlt wurden, mit der 2011 »neu« beschlossenen Biodiversitätsstrategie wenigstens bis 2020 erreichen wollen,[13] ist entscheidend, dass zunächst die noch vorhandenen artenreichen *Wiesen, Weiden, Magerrasen, Heiden und andere Offenlandbiotope* durch Vertragsnaturschutz oder Kompensation dauerhaft gesichert werden. Ohne eine Aufstockung der 2. Säule der EU-Agrarpolitik wird dies aber kaum gelingen. Hier liegt sicher auch eine lohnende Aufgabe für Stiftungen, wie am Beispiel der NRW-Stiftung eindrucksvoll gezeigt werden kann (www.nrw-stiftung.de: Naturschutzprojekte). Wie bereits gesagt: Derzeit ist keine Form von Landwirtschaft in der Lage, Biodiversität systemimmanent auch nur annähernd zu erhalten. Selbst flächendeckender Ökolandbau könnte dies nur zu maximal 20-25 %, weil das zulässige Stickstoffniveau im Grünland mit 110-150 kg N/ha und Jahr auch hier viel höher ist als in der extensiven Landwirtschaft der 1950er Jahre.

Obwohl es seit 1985 unzählige Publikationen, Forschungsprojekte, Gutachten und Untersuchungen zum Rückgang der Biologischen Vielfalt gibt, ist das seit langem beklagte Umsetzungsdefizit im Naturschutz kaum kleiner geworden. Dabei ist zu mehr als 95 % bekannt, was je nach Region getan werden müsste. Hierzu braucht es keine weitere Spezialforschung, vielmehr sollte endlich die *Umsetzung* forciert werden, und zwar mit begleitendem *Monitoring* und *Effizienz-Forschung*. Sonst passiert es wie so oft in der Vergangenheit, dass viele Maßnahmen für Arten, Schutzgebiete und ganze Landschaften zu spät kommen.

Gleichwohl stellt sich die Frage, wieso die Naturschutzbilanzen in Deutschland und den Bundesländern nach wie vor relativ schlecht sind, obwohl seit 1985 von EU, Bund, Ländern, Kreisen, Kommunen und Stiftungen in Deutschland mindestens 10 Milliarden Euro investiert worden sind, z.B. für Flächenkauf, Renaturierung und Erstpflege, Vertragsnaturschutz, Maßnahmen in Nationalparks und FFH-Gebieten (in NRW z.B. 1 Milliarde Euro). Vermutlich hängt dies damit zusammen, dass trotz zahlreicher neuer Schutzgebiete, Landschaftsplanung, Vertragsnaturschutz und vieler anderer Maßnahmen selbst bedeutende Erfolge im »Grundrauschen«

---

13 Danach ist das Ziel der EU-Strategie für 2020 das Aufhalten des Verlustes an biologischer Vielfalt und der Verschlechterung der Ökosystemdienstleistungen in der EU und deren weitestmögliche Wiederherstellung bei gleichzeitiger Erhöhung des Beitrags der Europäischen Union zur Verhinderung des Verlustes an biologischer Vielfalt weltweit.

der intensiv land- und forstwirtschaftlich genutzten Flächen sowie der weiter fortschreitenden Versiegelung für Siedlungen, Gewerbe und Verkehr untergehen.

Anhand der vorliegenden Ergebnisse sowie langjähriger Kartierungen und Monitoring-Erfahrungen empfiehlt sich im Hinblick auf das nun anvisierte 2020-Ziel (und künftige Ziele!) eine andere und differenziertere Vorgehensweise. Neben den bislang auf Bundesebene verwendeten *Indikatoren* (leider fast ausschließlich indirekte oder abgeleitete Indikatoren!) sollte alternativ oder zusätzlich ein *»bottom-up«-Ansatz* auf der Ebene von Naturräumen oder Kreisen gewählt werden, bei dem vor allem aussagekräftige direkte Indikatoren Verwendung finden müssten.[14] Denn die Umsetzung des Naturschutzes, insbesondere im Hinblick auf die Erhaltung der biologischen Vielfalt erfolgt in der Regel regional (Kreise, Naturräume) oder auf kommunaler Ebene (Städte, Gemeinden, Gemeindeverbände). Hier lassen sich viele Indikatoren am ehesten operationalisieren und evaluieren.

Was aber trotz aller Strategien und oft kaum wirksamer Gesetze und Verordnungen[15] fehlt, ist nicht selten der politische Wille von Bund, Ländern, Kreisen und Kommunen, also der öffentlichen Hand, die Biologische Vielfalt auf *eigenen* Flächen dauerhaft zu sichern, vor allem durch Vertragsnaturschutz, Kompensation oder andere Maßnahmen, aber auch durch eine zukunftsorientierte und partizipative Landschaftsplanung.

---

14 Die Pressemitteilung des Verfassers kann unter https://www.naturschutzrechtstag.de/wp-content/uploads/2018/11/Pressemitteilung-Schumacher-2013-%c3%84nd.-Czy-2018-11-28.pdf abgerufen werden.

15 Vgl. hierzu die Beiträge von *Hampicke, Rehbinder, Möckel und Meßerschmidt* in diesem Band.

Abbildung 12: Großflächige Kalkmagerrasen und trockene Glatthaferwiesen bei Blankenheim, Frühjahrsaspekt mit Schlüsselblume (Primula veris). Seit 1990 durch fünf Milchviehbetriebe als Heuwiesen genutzt.

Abbildung 13: Kalkmagerrasen mit Esparsette (Onobrychis viciifolia) und Kugeliger Teufelskralle (Phyteuma orbiculare) bei Blankenheim. Vertragsnaturschutz, Mahd seit 1989.

Schutz der Natur im Rahmen der ersten Säule der Gemeinsamen Agrarpolitik

Bernhard Osterburg

I. Einleitung

In diesem Beitrag werden agrarumweltpolitische Instrumente der sogenannten ersten Säule der Gemeinsamen Agrarpolitik (GAP) der Europäischen Union diskutiert. Unter der ersten Säule der GAP sind die markt- und einkommensorientierten Maßnahmen der EU-Agrarpolitik zu verstehen. Das wichtigste Instrument der ersten Säule sind die flächenbezogenen Direktzahlungen, denen eine hohe Bedeutung für die landwirtschaftlichen Einkommen zukommt (unter II.). Die Direktzahlungen haben sich aus den produktionsgebundenen Preisausgleichszahlungen der 90er Jahre zu heute weitgehend von der Produktion entkoppelten, einheitlichen Flächenzahlungen entwickelt. Im Rahmen der Integration umweltpolitischer Ziele in die EU-Politiken wurden auch in die erste Säule umweltpolitische Elemente aufgenommen, namentlich »Cross Compliance«, das »Greening« (unter III.). Unter Gliederungspunkt IV. wird der Frage nachgegangen, welche Wirkungen diese Instrumente auf die landwirtschaftliche Flächennutzung haben. Der Beitrag schließt mit einer Diskussion (unter V.).

II. Bedeutung der Direktzahlungen der ersten Säule der GAP

Auf die Direktzahlungen, die als einkommenswirksame Beihilfe jährlich pro Hektar Landwirtschaftsfläche an landwirtschaftliche Betriebe ausgezahlt werden, entfällt mit etwa 95 % der weitaus größte Anteil an den Ausgaben des Europäischen Garantiefonds für die Landwirtschaft (EGFL). Für den Zeitraum 2014 bis 2020 stehen für die Direktzahlungen in Deutschland 34,7 Mrd. Euro zur Verfügung. Weiterhin werden 1,1 Mrd. Euro aus der ersten in die zweite Säule der GAP umgeschichtet und zur Finanzierung der Entwicklung ländlicher Räume genutzt. Dies ergibt zusammen ein Budget von 5,1 Mrd. Euro pro Jahr. Die zweite Säule der GAP wird im genannten Zeitraum mit rund 8,3 Mrd. Euro finanziert, zuzüglich der genannten Umschichtungsmittel.[1] Im Gegensatz zur ersten Säule müssen Maßnahmen der zweiten Säule aus nationalen Mitteln von Bund, Ländern und Kommunen kofinanziert werden. Über die zweite Säule der GAP werden unter anderem Agrarumwelt- und Klimamaßnahmen finanziert.

Abbildung 1 zeigt die Entwicklung der Direktzahlungen sowie weiterer Förderungen pro Hektar Landwirtschaftsfläche (LF) im Durchschnitt der landwirtschaftlichen Haupterwerbsbetriebe. Zwischen 2006/06 und 2011/12 erreichten die Direktzahlungen pro Hektar einen Höchststand. Seither gehen sie leicht zurück. Sie machen mit 70 bis 80 % aller Zulagen und Zuschüsse aus öffentlichen Mitteln für landwirtschaftliche Betriebe aus. Auf die Direktzahlungen entfällt ein entscheidender Anteil an den landwirtschaftlichen Einkommen. Der Anteil am betrieblichen Gewinn schwankt zwischen den Jahren je nach Preis- und Ertragssituation für landwirtschaftliche Verkaufsprodukte zwischen 36 bis 60 %. Eine besonders hohe Abhängigkeit der Einkommen von den Direktzahlungen mit Anteilen von über 50 % vom Gewinn besteht in Ackerbau- und Futterbaubetrieben ohne Milchvieh. Mit Anteilen unter 50 % folgen Milchviehbetriebe. Veredlungs-, Gemüse- und Obstbaubetriebe sind deutlich weniger auf Direktzahlungen angewiesen. Weitere Förderungen sind die drei wichtigsten auf landwirtschaftliche Betriebe und Flächen bezogenen Maßnahmen der zweiten Säule: Agrarumwelt- und Klimamaßnahmen, Ausgleichszulage für benachteiligte Gebiete und Investitionsförderung. Hinzu kommt die aus nationalen Mitteln finanzierte Agrardieselvergütung.

---

1 BMEL, Agrarpolitischer Bericht der Bundesregierung 2015, S. 83, abrufbar unter https://www.bmel-statistik.de/fileadmin/user_upload/monatsberichte/DFB-0010010-2015.pdf [zuletzt abgerufen am 15.1.2019].

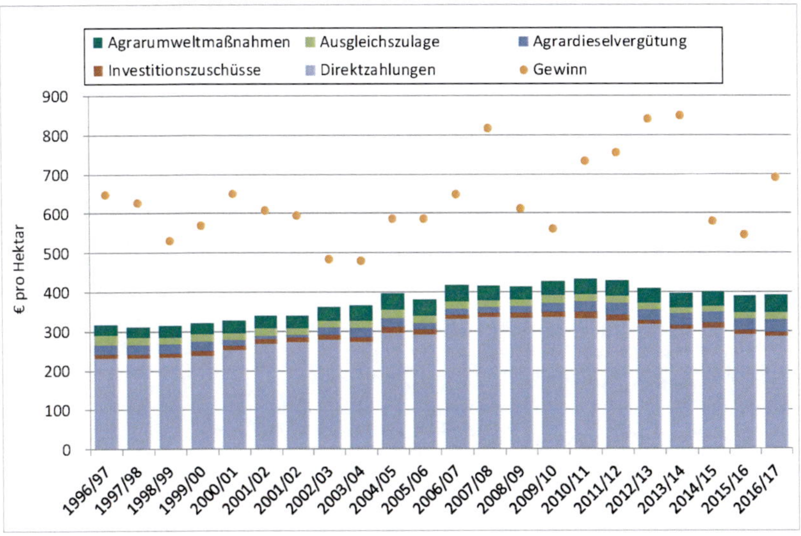

Abbildung 1: Beihilfen und Zuschüsse sowie Höhe des Gewinns in €/ha im Zeitverlauf; Testbetriebe (Haupterwerb)

Quelle: Eigene Darstellung auf Grundlage von Daten des Testbetriebsnetzes für landwirtschaftliche Haupterwerbsbetriebe in Deutschland, im Internet unter: https://www.bmel-statistik.de/landwirtschaft/testbetriebsnetz/testbetriebsnetz-landwirtschaft-buchfuehrungsergebnisse/

Die Abbildung 2 zeigt die Entwicklung der Weltmarktpreise für Rohöl, Weizen, Stickstoff- und Phosphordünger. Nach einer langen Phase stabiler Preisverhältnisse kam es seit Mitte des letzten Jahrzehnts zu starken Preissteigerungen und Schwankungen. Dabei stiegen die Rohöl- und Düngerpreise stärker an als der Weizenpreis. Dies zeigt, dass die Landwirtschaft unter zunehmenden Kostendruck gerät, da sich die Preise für ihre Verkaufsprodukte ungünstiger entwickeln als die Preise für Betriebsmittel. Durch die starke Liberalisierung der Agrarmärkte bestimmen die Weltmarktpreisentwicklungen auch die Situation im EU-Binnenmarkt. Die Direktzahlungen bilden angesichts unsicherer Marktentwicklungen einen gesicherten Grundstock für die landwirtschaftlichen Einkommen und damit für die ökonomische Stabilität der Betriebe. Eine stabilisierende Funktion üben sie auch bei Ernteausfällen aus, etwa in den Dürrejahren 2003 und 2018.

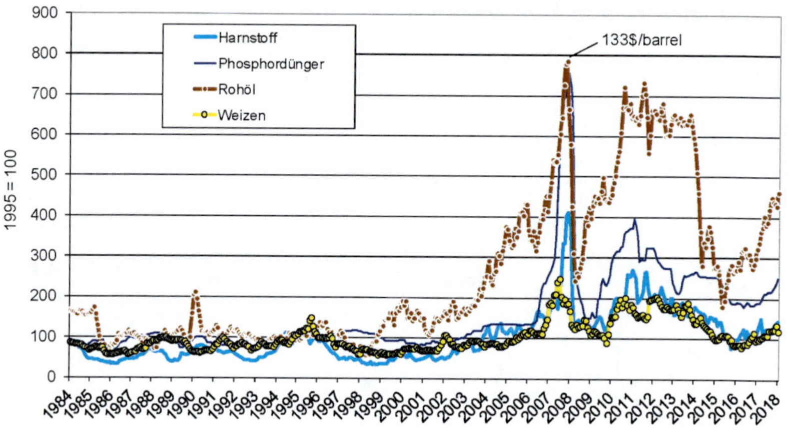

Abbildung 2: Weltmarktpreisentwicklungen 09/1984 - 09/2018

Quelle: Eigene Darstellung nach Angaben aus IndexMundi, im Internet unter http://www.indexmundi.com/commodities.

III. Umweltpolitische Instrumente in der ersten Säule der GAP

In Betrieben, die Direktzahlungen erhalten, müssen seit dem Jahr 2005 Auflagen gemäß »Cross Compliance« eingehalten werden. Die »Grundanforderungen« betreffen ordnungsrechtliche Standards für die Landwirtschaft, die über Richtlinien und Verordnungen der EU festgelegt sind. Die Einhaltung dieser Auflagen soll durch systematische Kontrollen und drohende Prämienabzüge bei Nichteinhaltung verbessert werden. Damit hat die EU die Direktzahlungen zur Verbesserung des Vollzugs von EU-Recht eingesetzt. Durch die neue Bedingung der Einhaltung von EU-Recht, einer systematischen Kontrolle und von Sanktionen im Fördersystem, die neben nationalen Vollzugsinstrumenten wie Bußgeldern stehen, sind die Verwaltungen der Mitgliedstaaten gezwungen, den Vollzug von EU-Recht im Landwirtschaftsbereich auf einer gemeinsamen Basis zu garantieren. Die Direktzahlungen bleiben dabei ein in erster Linie einkommenspolitisches Instrument, denn ihre Höhe und Verteilung richtet sich nicht nach Zahl und Anspruch der einzuhaltenden EU-rechtlichen Auflagen. Zudem ist die Einhaltung von EU-Recht unabhängig vom Erhalt der Direktzahlungen für alle Betriebe obligatorisch. Ein Verzicht auf Direktzahlungen hebt somit die Pflicht zur Einhaltung der Grundanforderungen nicht auf, er verändert allerdings das Kontrollrisiko. Die Kontrollen ordnungsrechtlicher Auflagen werden stark durch die Cross Compliance-Kontrollen bestimmt, und diese finden in von Direktzahlungen begünstigten Betrieben statt.

Weitere Bestandteile von Cross Compliance sind die Definition des »guten landwirtschaftlichen und ökologischen Zustands« landwirtschaftlicher Flächen und bis zum Jahr 2015 die Grünlanderhaltung. Für den »guten landwirtschaftlichen und ökologischen Zustand« (GLÖZ) landwirtschaftlicher Flächen werden weitere, vom sonstigen EU-Recht unabhängige Auflagen festgelegt. Zu einigen EU-weit festgelegten GLÖZ-Anforderungen werden in Deutschland sehr einfache, in der landwirtschaftlichen Praxis weitgehend bereits eingehaltene Auflagen definiert. Beispielsweise wird der Schutz der organischen Bodensubstanz über das ohnehin bestehende Verbot des Abbrennens von Stoppeln umgesetzt. Die Definition und Kontrolle wenig anspruchsvoller Auflagen kann zu »bürokratischem Leerlauf« führen, wenn die Kontrolle nur der formalen Umsetzung von EU-Vorgaben dient.[2] Zum Teil gehen Cross Compliance-Anforderungen in Deutschland aber auch über die im Fach- und Umweltrecht definierte »gute fachliche Praxis« hinaus. Zum Beispiel wurden für den Erosionsschutz als Bestandteil des »guten landwirtschaftlichen und ökologischen Zustands« für Gebietskulissen mit gefährdeten Böden detaillierte Auflagen definiert, die über das bestehende Umweltrecht hinausgehen.

Als dritter Bereich war bis 2015 die Erhaltung des Dauergrünlands Bestandteil von Cross Compliance. Die Umsetzung in Deutschland orientierte sich an den Mindestanforderungen der EU. Diese sehen ein Verbot weiterer Umwandlungen in Ackerland erst dann vor, wenn der Flächenanteil des Grünlands an allen Förderflächen auf Bundeslandebene um über 5 % abgenommen hat. In einigen Bundesländern kam es seit 2005 zu einer deutlich beschleunigten Umwandlung von Grünland in Ackerland, mit negativen Wirkungen auf Wasser-, Klima- und Naturschutzziele.[3] Dieser Trend zur Grünlandumwandlung wurde nach Überschreitung des 5 %-Kriteriums in einigen Ländern, etwa in Schleswig-Holstein, Mecklenburg-Vor-

2 *Nitsch/Osterburg*, Umsetzung von Cross Compliance in verschiedenen EU-Mitgliedstaaten: Bericht im Auftrag des BMELV. Braunschweig: FAL, Arbeitsber. Bereich Agrarökonomie 2007/04.

3 *Osterburg/Nitsch/Laggner/Roggendorf*, Auswertung von Daten des Integrierten Verwaltungs- und Kontrollsystems zur Abschätzung der EU-Agrarreform auf Umwelt und Landschaft: Arbeitsber. vTI-Agrarökonomie 2009/07.

pommern, Niedersachsen und Nordrhein-Westfalen, durch Grünlanderhaltungsverordnungen gestoppt.

Mit der GAP-Reform 2013, die ab dem Jahr 2015 umgesetzt wird, wurde mit dem »Greening« ein weiteres agrarumweltpolitisches Instrument in der ersten Säule der GAP eingeführt. Das Greening besteht aus drei EU-weit einheitlichen, flächenbezogenen Anforderungen: (1) Anbaudiversifizierung im Ackerbau, (2) Grünlanderhaltung und (3) ökologische Vorrangflächen. Für Sonderkulturen sind keine Greening-Auflagen vorgesehen. Betriebe des ökologischen Landbaus sind von den Auflagen ausgenommen, und für kleine und grünlandreiche Betriebe gibt es Ausnahmen. Für das Greening wird formal ein Anteil von 30 % der Direktzahlungen gezahlt. Bei Verstößen drohen Sanktionen in Höhe der anteiligen Greening-Zahlung je Hektar und bis zu maximal 37,5 % der Direktzahlungen. Unter Cross Compliance können im Fall schwerer, vorsätzlicher Verstöße bis zu 100 % der Direktzahlungen als Sanktion einbehalten werden.

Die Anbaudiversifizierung im Ackerbau soll den Anbau von Monokulturen begrenzen. Die Auflagen schreiben maximale Anbauanteile der wichtigsten Kulturen am gesamten Ackerland eines Betriebes vor. Fruchtfolgen auf den einzelnen Flächen werden dadurch nur mittelbar beeinflusst.

Die bisher unter Cross Compliance geregelte Grünlanderhaltung läuft ab 2015 als Greening-Auflage weiter. Die EU-Mitgliedstaaten sollen gewährleisten, dass der Grünlandanteil auf regionaler Ebene auf Basis eines neuen Referenzjahrs (2012 und in 2015 neu gemeldete Flächen) um nicht mehr als 5 % zurückgeht. Damit könnte sich der Grünlandrückgang weiter fortsetzen. Die Umsetzung in Deutschland sieht eine Genehmigungspflicht für die Grünlandumwandlung und den Nachweis einer Ersatzfläche mit neu eingesätem Grünland vor, sie ist damit wesentlich anspruchsvoller als die EU-Mindestabforderung. Weiterhin unterliegen nach den EU-Vorgaben umweltsensible Dauergrünlandflächen in Natura 2000-Schutzgebieten einem Pflug- und Umwandlungsverbot. In Deutschland sind ab dem Jahr 2015 alle Dauergrünlandflächen in Schutzgebieten gemäß Fauna-Flora-Habitat-Richtlinie als umweltsensibel besonders geschützt.

Als dritte Greening-Anforderung sind »ökologische Vorrangflächen« auf 5 % der Ackerflächen nachzuweisen. Anrechenbar sind Stilllegungsflächen, Blüh- und Pufferstreifen, Leguminosen, Zwischenfrüchte, Hecken, Knicks oder Baumreihen. Lineare Landschaftselemente werden mit einem Faktor von 1,5 bis 2 gewichtet, Leguminosen mit 0,7, und Zwischenfrüchte oder Kurzumtriebsplantagen mit 0,3. Besonders Brachen, Blühflächen,

Pufferstreifen und Klee- oder Luzerneanbau haben positive Wirkungen auf die Biodiversität.[4]

IV. Wirkungen auf die landwirtschaftliche Flächennutzung

In Hinblick auf die Kulturartendiversifizierung hat die entsprechende Greening-Auflage keine in der Bundesstatistik ablesbare Wirkung gezeigt. In Abbildung 3 wird gezeigt, dass etwa 70 % der Ackerflächen in Deutschland mit nur vier Anbaukulturen genutzt werden, nämlich Winterweizen, Wintergerste, Mais und Winterraps. Dabei handelt es sich um Kulturen, deren Erträge besonders stark auf Düngung und Pflanzenschutz reagieren und die daher in der Regel im Vergleich zu anderen mit hoher Intensität angebaut werden. Die Ausweitung des Maisanbaus seit 2005 steht im Zusammenhang mit der Förderung von Energiepflanzen für die Biogasproduktion durch das Erneuerbare-Energien-Gesetz (EEG). Ab dem Jahr 2015, dem ersten Geltungsjahr des Greening, haben sich keine Veränderungen der Flächenanteile der vier wichtigsten Ackerkulturen ergeben. Angesichts der schwachen Auflagen zur Kulturartendiversität haben die Anpassungen allenfalls darin bestehen, dass intensive Kulturen wie Mais durch andere Intensivkulturen ersetzt wurden. Relevante Auswirkungen auf Biodiversitätsziele sind von dieser Greening-Maßnahme nicht zu erwarten.

Abbildung 4 zeigt, dass die Dauergrünlandfläche in Deutschland bis zum Jahr 2010 kontinuierlich abgenommen hat. Der Rückgang ist seit 2010 zum Erliegen gekommen, und die Fläche nimmt sogar wieder leicht zu. Insgesamt haben sich die Grünlanderhaltungsverordnungen der Länder und das Greening günstig auf die Erhaltung von Dauergrünland ausgewirkt. Sie haben damit eine deutlichere Wirkung entfaltet als umweltrechtliche Auflagen zum Dauergrünlanderhalt im Natur- und Wasserschutz, die bereits vor dem Jahr 2010 galten.

---

4 *Nitsch/Röder/Oppermann et al.*, Ökologische Vorrangflächen: Gut gedacht – schlecht gemacht? Natur und Landschaft 2018, 93(6):258-265.

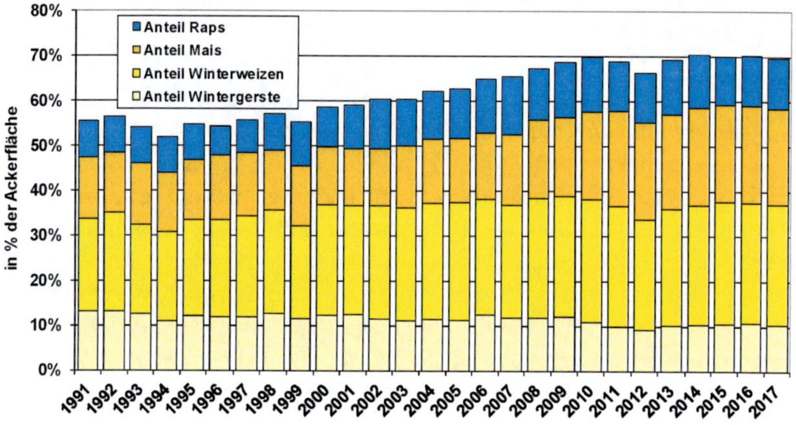

Abbildung 3: Entwicklung der Anbauflächen der wichtigsten Ackerkulturen

Quelle: Eigene Abbildung nach Daten des Statistischen Bundesamtes, Statistisches Bundesamt, Land- und Forstwirtschaft, Fischerei, Fachserie 3, Reihe 3: Landwirtschaftliche Bodennutzung und pflanzliche Erzeugung (diverse Jahrgänge).

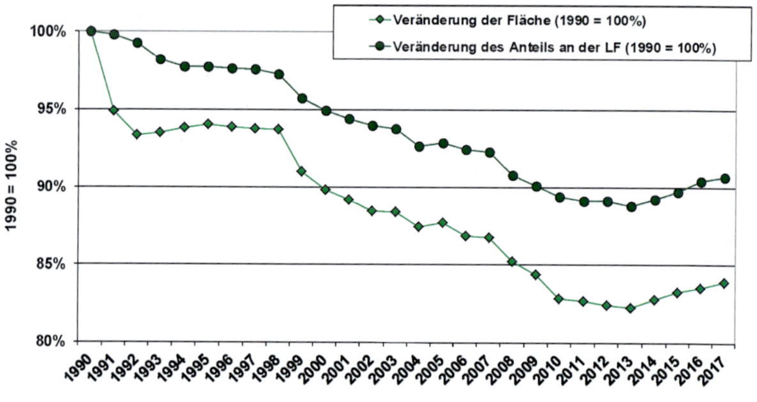

Abbildung 4: Entwicklung der Dauergrünlandfläche in Deutschland

Quelle: Eigene Abbildung nach Daten des Statistischen Bundesamtes, Land- und Forstwirtschaft, Fischerei, Fachserie 3, Reihe 3: Landwirtschaftliche Bodennutzung und pflanzliche Erzeugung (diverse Jahrgänge).

In Deutschland werden die Auflagen zu ökologischen Vorrangflächen vor allem über Zwischenfrüchte, Brachen und Leguminosenanbau erfüllt. Blüh- und Pufferstreifen spielen flächenmäßig eine sehr untergeordnete Rolle.[5] In Abbildung 5 werden die Flächenzuwächse von Hülsenfrüchten (grobkörnige Leguminosen wie Erbsen und Bohnen), Brachen und Zwischenfrüchten vor und nach der Einführung des Greenings im Jahr 2015 dargestellt. In allen drei Kategorien ist es zu deutlichen Flächenzuwächsen gekommen, der Verbesserungseffekt gegenüber der Situation vor 2015 und der zu erwartenden Umwelteffekt bleiben aber sehr begrenzt.

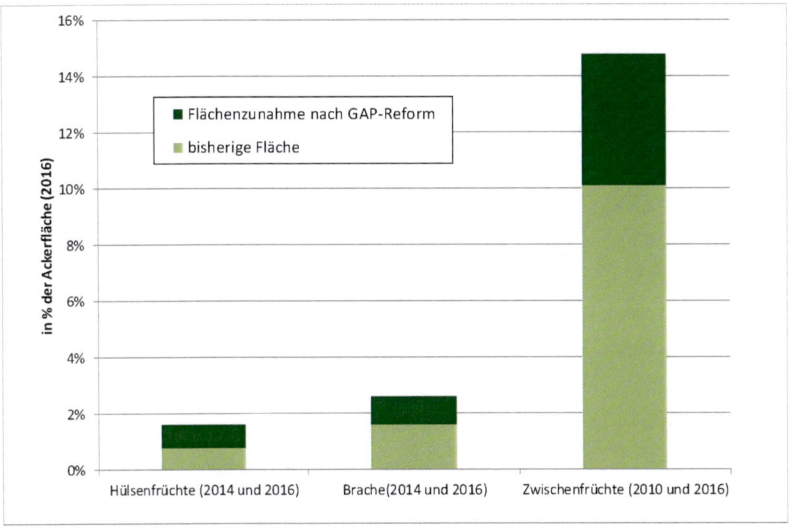

Abbildung 5: Zuwachs von Flächenkategorien im Jahr 2016, die als „ökologischen Vorrangfläche" anrechenbar sind.

Quelle: Eigene Abbildung nach Daten des Statistischen Bundesamtes, Land- und Forstwirtschaft, Fischerei, Fachserie 3, Reihe 3: Landwirtschaftliche Bodennutzung und pflanzliche Erzeugung sowie Fachserie 3, Reihe 2.1.2 Bodennutzung der Betriebe einschließlich Zwischenfruchtanbau, Landwirtschaftszählung/Agrarstrukturerhebung (diverse Jahrgänge).

5 BMEL, Schmidt: „Bauern erbringen zusätzliche Umweltleistungen durch das Greening", Pressemitteilung Nr. 191 vom 8.10.2015.

In Abbildung 6 wird die Entwicklung des Stickstoffbilanzüberschusses je Hektar Landwirtschaftsfläche (LF) in Deutschland dargestellt. Der Überschuss ist zwar seit den 90er Jahren zurückgegangen, liegt aber nach wie vor über dem ab dem Jahr 2010 angestrebten Nachhaltigkeitsziel der Bundesregierung von maximal 80 kg Stickstoff je Hektar.[6] Instrumente der ersten Säule der GAP haben auf diese Entwicklung nur begrenzt Einfluss. Über die Cross Compliance-Auflagen, Kontrollen und Sanktionen wird der Vollzug von Auflagen der Düngeverordnung unterstützt bzw. gewährleistet, die Wirkungen hängen jedoch von der Ausgestaltung der Düngeverordnung ab.

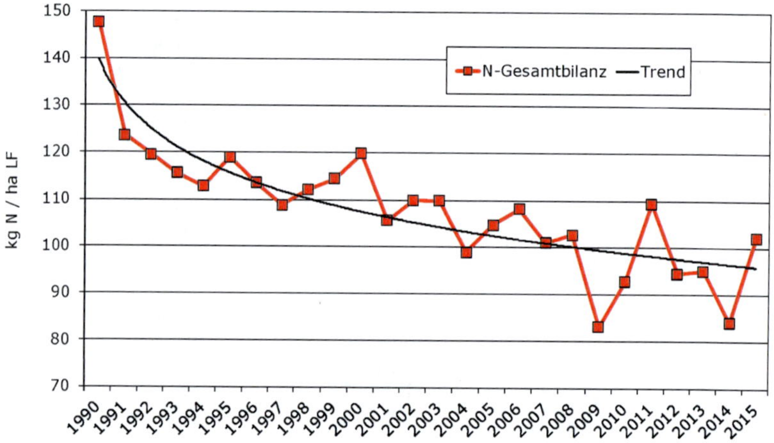

Abbildung 6: Entwicklung der landwirtschaftlichen N-Salden (Gesamtbilanz für Deutschland)

Datenquelle: Institut für Pflanzenbau und Bodenkunde, Julius Kühn-Institut (JKI) und Institut für Landschaftsökologie und Ressourcenmanagement (ILR), Universität Gießen (2017), Nährstoffbilanz insgesamt von 1992 bis 2015.

6 *Osterburg*, Nährstoffeinsatz in der deutschen Landwirtschaft: Situation, Rahmenbedingungen, Herausforderungen, in: Nährstoffeffizienz – zentrales Kriterium im Pflanzenbau. Tagung des Verbandes der Landwirtschaftskammern e.V. (VLK) und des Bundesarbeitskreises Düngung (BAD) am 11. und 12. April 2017 in Würzburg, S. 7-18.

V. Diskussion

Die landwirtschaftliche Einkommenspolitik der ersten Säule stellt sowohl in Hinblick auf ihren Budgetanteil als auch bezüglich ihres politischen Gewichts den zentralen Bestandteil der GAP dar. Einerseits kann argumentiert werden, dass das hohe Budget für die pauschalen, flächenbezogenen Direktzahlungen durch die Umweltinstrumente Cross-Compliance und das Greenings gerechtfertigt werden sollen. Andererseits ist zu konstatieren, dass Cross Compliance und Greening gegenüber fach- und ordnungsrechtlichem Vollzug Vorteile aufweisen und beispielsweise bei der Erhaltung des Dauergrünlands als wirksam erwiesen haben. Als Vorteile sind die enge Verzahnung mit den förderrechtlichen Daten- und Kontrollsystemen, die EU-weite Durchsetzung eines Mindestvollzugs und die unmittelbar wirksamen Sanktionsmöglichkeiten durch Einbehalt von Prämien zu nennen. Bezüglich der Verhinderung von Verschlechterungen scheinen die beiden Instrumente grundsätzlich wirksam zu sein. Allerdings ist das Greening als Dublette von Cross Compliance anzusehen, da sich lediglich die Sanktionsmechanismen unterscheiden. Angesichts des hohen, ausgewiesenen Fördervolumens für das Greening von 30 % der Direktzahlungen sind die tatsächlich erzielten Verbesserungen bei der Anbaudiversifizierung und den ökologischen Vorrangflächen sehr bescheiden. Das Prinzip »öffentliche Gelder für öffentliche Güter« steht in der ersten Säule der GAP nach wie vor hinter dem Ziel der Förderung landwirtschaftlicher Einkommen zurück.

Entwicklungslinien im rechtlichen Verhältnis von Landwirtschaft(srecht) und Naturschutzrecht

Eckard Rehbinder

I. Einleitung

Die Offenlandschaft in ihren vielfältigen Formen mit der daraus resultierenden Anzahl, Zusammensetzung und Vielfalt der Arten ist weitgehend das Produkt landwirtschaftlicher Kultivierung. Bestimmte Arten sind sogar völlig von bestimmten landwirtschaftlichen Nutzungsformen abhängig. Jedoch ist die moderne Landwirtschaft – mit erheblichem Abstand neben Verkehrsinfrastruktur und Siedlungsentwicklung – der Hauptverursacher von dramatischen Verlusten an biologischer Vielfalt und sonstiger Beeinträchtigungen der Naturgüter wie z.B. der Nitratbelastung der Gewässer geworden. Die Verluste an Insekten, Vögeln und Lebensräumen in der Fläche (»Normallandschaft«) in neuerer Zeit sind dramatisch und werden nicht durch Erfolge des Naturschutzes in Schutzgebieten ausgeglichen.[1] Daher ist die Frage nach dem Beitrag des Naturschutzrechts eine Schlüsselfrage des Erhalts der biologischen Vielfalt. Ihr soll im Folgenden in einer entwicklungsgeschichtlichen und rechtspolitischen Perspektive nachgegangen werden.[2]

II. Von der Privilegierung zu einer zaghaften Inpflichtnahme der Landwirtschaft im BNatSchG

1. Allgemeines

Das Instrumentarium des BNatSchG stellt ein komplexes System in einander greifender oder sich gegenseitig unterstützender Regelungen dar, das

1 Hierzu s. *Hampicke*, in diesem Band, S. 34 ff.; ferner BMU, Zweiter Rechenschaftsbericht zur Biologischen Vielfalt, 2017; UBA, Daten zur Umwelt 2017, S. 52 f., 56 ff.; BfN, Daten zur Natur 2016, S. 53 f.; SRU, Umweltgutachten 2008, Tz. 965 ff.

2 Vgl. schon – nicht beschränkt auf die Landwirtschaft – *Rainer Wolf*, Entwicklungslinien und Bilanz des Naturschutzrechts, NuR 2013, 1.

von seinem Anspruch her auf einen umfassenden Schutz von Natur und Landschaft und insbesondere der Biodiversität ausgerichtet ist. Dies gilt gerade auch im Bereich der Landwirtschaft. Anspruch und Einlösung sind freilich verschiedene Dinge. In historischer Sicht lässt sich zeigen, dass das Naturschutzrecht zwar gewisse Anstrengungen unternommen hat, den Konflikt zwischen Naturschutz und Landwirtschaft zu bewältigen, jedoch die größten Herausforderungen bisher noch nicht bewältigt sind.

2. *Das frühe Naturschutzrecht des Bundes im Zeichen pauschaler Privilegierung der Landwirtschaft*

Das Regime der Landwirtschaft im Bereich des Naturschutzrechts war – vor dem Hintergrund des Leitbilds einer weitgehenden Harmonie von Landwirtschaft und Naturschutz – zunächst vom Primat der Landwirtschaft und damit des landwirtschaftlichen Fachrechts beherrscht. In § 1 Abs. 3 BNatSchG 1976 war bestimmt, dass die ordnungsgemäße Landwirtschaft in der Regel nicht den Zielen des Gesetzes widerspricht. Praktisch waren damit die eigenen Bewirtschaftungsregeln der Landwirtschaft auch für die naturschutzrechtliche Beurteilung maßgeblich. Diese Regelung wurde in der Novelle von 1998 allerdings zu einer bloßen Berücksichtigungspflicht für die Behörden abgeschwächt.

Außerdem enthielt das BNatSchG 1976 zwei Landwirtschaftsklauseln im Rahmen der Eingriffsregelung und des Artenschutzes. Die Landwirtschaftsklausel der Eingriffsregelung (§ 8 Abs. 7 BNatSchG 1976) machte mit der Bezugnahme auf die im Sinne des Gesetzes ordnungsgemäße Landwirtschaft nicht deutlich, ob und welchen konkreten ökologischen Bindungen die Landwirtschaft unterliegen sollte. In der artenschutzrechtlichen Landwirtschaftsklausel (§ 22 Abs. 3 BNatSchG 1976) fehlte es selbst an dieser Konkretisierung.

In der Literatur wurden die Landwirtschaftsklauseln des Gesetzes schon früh kritisiert und es wurde der Versuch unternommen, die im Sinne des Gesetzes ordnungsgemäße Landwirtschaft als eine »ökologisch richtige und landschaftsgerechte« Landwirtschaft zu interpretieren.[3] Der Sachverständigenrat für Umweltfragen forderte schon in seinem grundlegenden Sondergutachten »Umweltprobleme der Landwirtschaft«[4] aus dem Jahre

3 *Fischer-Hüftle*, Die Landwirtschaftsklausel im Bundesnaturschutzgesetz, NuR 1981, 21 (22).

4 SRU, Umweltprobleme der Landwirtschaft, 1985, Tz. 135 ff.

1985 die gänzliche Abschaffung der Landwirtschaftsklauseln des BNatSchG und die Einführung einer allgemeinen Sorgfaltspflicht und spezieller Betreiberpflichten mit unmittelbarer Verbindlichkeit und Konkretisierung durch untergesetzliche Regelwerke.

3. *Neuentwicklungen seit 2002: Zaghafte Inpflichtnahme der Landwirtschaft für den Naturschutz*

In der neueren Naturschutzgesetzgebung hat sich ein gewandeltes Leitbild der Rolle der Landwirtschaft im Naturschutz durchgesetzt, das man als – wenngleich unvollkommene – Inpflichtnahme der Landwirtschaft für den Naturschutz bezeichnen kann. Dies kommt insbesondere in der Abschaffung der generellen Konformitätsvermutung durch das BNatSchG 2002 zum Ausdruck. Diese wurde durch das Leitbild der besonderen Bedeutung einer natur- und landschaftsverträglichen Landwirtschaft für die Erhaltung der Kultur- und Erholungslandschaft ersetzt und die Behörden wurden durch § 5 Abs. 1 BNatSchG verpflichtet, bei ihren Maßnahmen diese neue Rolle zu berücksichtigen. Der Gesetzgeber strebte also nicht mehr die Berücksichtigung der Belange einer fachrechtlich ordnungsgemäßen Landwirtschaft schlechthin an, sondern nur einer Landwirtschaft, die natur- und landschaftsverträglich wirtschaftet. Einher damit ging die Einführung eines ansatzweise ökologisch ausgerichteten Maßstabes für die naturschutzrechtliche Bewertung landwirtschaftlicher Aktivitäten in Form der Grundsätze der guten fachlichen Praxis. Diese hat der Landwirt nach dem Wortlaut des Gesetzes zu beachten. Diese Regelung ist in den folgenden Novellierungen beibehalten worden.

Ergänzt werden die naturschutzrechtlichen Anforderungen seit der Novellierung von 2002 durch Verweisung auf die Anforderungen des landwirtschaftlichen Fachrechts und des § 17 Abs. 1 BBodSchG. Diese Verweisung ist nicht rein deklaratorisch, sondern macht die Durchsetzung der betreffenden Regelungen auch zur Aufgabe des Naturschutzes.[5]

Zum anderen ist die Landwirtschaftsklausel der Eingriffsregelung durch Bezugnahme auf die Ziele des Naturschutzes und der Landschaftspflege (bis 2009: Ziele und Grundsätze) ökologisch angereichert worden. Das Gesetz sah und sieht nunmehr zwar vor, dass bei Berücksichtigung der Grundsätze der guten fachlichen Praxis nach § 5 BNatSchG eine Regelver-

5 *Agena*, Der Vollzug der landwirtschaftlichen „Grundsätze der guten fachlichen Praxis“ nach § 5 Abs. 2 BNatSchG, NuR 2012, 297 (306).

mutung für Zielkonformität von Eingriffen besteht. Diese Vermutung ist jedoch auf Vereinbarkeit mit den Zielen des Naturschutzes zu überprüfen und kann widerlegt werden.[6] Im Gegensatz zu § 5 BNatSchG verlangt das Gesetz merkwürdiger Weise insoweit nicht die Beachtung, sondern nur die Berücksichtigung der Ziele, so dass jedenfalls Abweichungen, die ein Landwirt mit Verständnis für den Naturschutz für vertretbar halten darf, zulässig sind.[7] Mit diesen Einschränkungen erlangen die Grundsätze der guten fachlichen Praxis und die bodenschutzrechtlichen Grundsätze indirekt eine gewisse Verbindlichkeit.

4. Besonderer Artenschutz, Schutzgebiete, FFH-Regime

Auch hinsichtlich des besonderen Artenschutzes hat der Gesetzgeber seit dem BNatSchG 2002 eine gewisse Ökologisierung der entsprechenden Landwirtschaftsklausel durch Bezugnahme auf die Grundsätze der guten fachlichen Praxis gemäß § 5 BNatSchG vollzogen (§ 43 Abs. 4 BNatSchG 2002/2007, § 44 Abs. 4 BNatSchG 2009).

Was Schutzgebiete betrifft, fehlt es im klassischen Schutzgebietsregime seit 1976 (§§ 12-18 BNatSchG 1976) an gesetzlichen Privilegierungen durch eine Landwirtschaftsklausel überhaupt. Das Gleiche gilt für den gesetzlichen Biotopschutz, der durch die Novelle von 1987 eingeführt wurde (§ 20c BNatSchG 1987/1998, § 30 BNatSchG 2002/2009). Eine gewisse Ausnahme gilt seit jeher für Landschaftsschutzgebiete (§ 15 Abs. 2 BNatSchG 1976, § 26 BNatSchG 2002/2009) sowie Gebiete, die wie Landschaftsschutzgebiete geschützt sind. Diese Regelung verleiht den Belangen der Landwirtschaft, sofern diese der guten fachlichen Praxis entspricht und natur- und landschaftsverträglich ist, ein besonderes Gewicht bei der Abwägung über die Ausgestaltung von Verboten, mehr aber auch nicht.[8] Noch weitergehende Einschränkungen der Landwirtschaft können sich aus dem FFH-Regime ergeben, das allerdings gerade im Bereich der Land-

---

6 Statt aller s. *Guckelberger*, in: Frenz/Müggenborg (Hrsg.), BNatSchG, 2. Aufl. 2016, § 14 Rn. 63; *Gellermann*, in: Landmann/Rohmer, Umweltrecht, Bd. II, § 14 BNatSchG Rn. 23.

7 Dazu *Guckelberger* (Fn. 6), § 14 Rn. 64.

8 OVG Lüneburg, Urt. vom 30.10.2017 – 4 KN 275/17, NuR 2018, 51 (56 ff.); VGH Mannheim, Urt. vom 30.8.2017 – 8 S 17/16, NuR 2018, 62 (65); Hendrischke, in: Schlacke (Hrsg.), GK-BNatSchG 2017, § 26 Rn. 28; *Gellermann* (Fn. 6), § 26 BNatSchG Rn. 16 f.; *Schumacher/Czybulka*, in: Schumacher/Fischer-Hüftle, BNatSchG, 2. Aufl. 2011, § 26 Rn. 30.

wirtschaft eine wechselvolle Entwicklung genommen hat und dessen Anwendungsbereich auch heute noch nicht wirklich geklärt ist.[9]

III. Ökologische Fortentwicklung durch Gesetzesauslegung: Macht und Ohnmacht der Interpreten

Der Schlüsselbegriff des Naturschutzrechts für den Zugriff auf die Landwirtschaft ist die »gute fachliche Praxis«. Sie soll zu gutem Wirtschaften, nach heutigem Verständnis auch mit Rücksichtnahme auf die Erfordernisse von Natur und Landschaft, anhalten. Die Regelung klingt zunächst gut. Sie ist aber inhaltlich, d. h. aufgrund ihrer wenig konkreten Ausgestaltung und zu geringen Reichweite, defizitär. Darüber hinaus ist sie mangels entsprechender Anordnungsbefugnisse wenig vollzugstauglich.[10] Diese Mängel sind trotz vielfältiger Forderungen nach Abhilfe auch in den jüngsten Reformen nicht behoben worden.

Wenn schon der Gesetzgeber nicht die Leistungen bei der Regulierung der Landwirtschaft erbracht hat, die man naturschutzfachlich eigentlich erwarten konnte, so liegt es nicht ganz fern, Nachbesserungen im Wege der Gesetzesauslegung anzustreben. Dafür gibt es zwei Ansatzpunkte: zum einem die Rechtsqualität der Grundsätze der guten fachlichen Praxis, zum anderen der Eingriffsbegriff der Eingriffsregelung, von der die gute fachliche Praxis ihre wesentliche rechtliche Relevanz bezieht. Allerdings wird bei näherer Betrachtung doch deutlich, dass die theoretische Macht des Interpreten im Naturschutzrecht mit praktischer Ohnmacht einhergehen kann.

1. Rechtsqualität der Grundsätze der guten fachlichen Praxis

Der Gesetzgeber hat die Grundsätze der guten fachlichen Praxis im Vergleich zum BNatSchG 2002, das noch auf der Rahmenkompetenz beruhte, bei der Inanspruchnahme der konkurrierenden Gesetzgebungszuständig-

---

9 Vgl. BVerwG, Urt. vom 6.11.2012 – 9 A 17/11, BVerwGE 145, 40 Rn. 89 = NuR 2014, 344 einerseits; Möckel, in: Schlacke (Hrsg.), GK-BNatSchG 2017, § 14 Rn. 42 ff.; *Gellermann* (Fn. 6), § 34 BNatSchG Rn. 7 andererseits. Hierzu eingehend *Fischer-Hüftle/Gellermann*, in diesem Band, S. 126 ff.

10 Zusammenfassend *Möckel*, Agrarumweltrecht heute und morgen, ZUR 2015, 131 (133).

keit durch das BNatSchG 2009 nicht verändert. Ein Teil des Schrifttums[11] hat den Versuch unternommen, die Schlagkraft der guten fachlichen Praxis durch eine Uminterpretation zu erhöhen, wonach die Auswechslung des Kompetenztitels zu einer inhaltlichen Änderung geführt habe. Danach soll es sich nunmehr um Regeln im Sinne von Verboten und nicht nur um Grundsätze oder (Handlungs)Direktiven handeln. Nach anderer Auffassung[12] ergibt sich aus der Bezeichnung als Grundsätze, der Unbestimmtheit ihres Regelungsgehalts und dem völligen Verzicht auf eine Ermächtigung zur Konkretisierung (die früher dem Landesrecht oblag, aber auch nur zum Teil genutzt wurde) und auf eine Sanktionierung von Verstößen, dass der Gesetzgeber an der bisherigen Rechtslage nichts ändern wollte. Dieser Auffassung hat sich das BVerwG[13] in einer neueren Entscheidung angeschlossen.

Die Begründung der Entscheidung des BVerwG, die der Argumentation der letztgenannten Auffassung folgt, erscheint jedenfalls dogmatisch durchaus vertretbar, wenngleich auffällt, dass das BVerwG sich nicht mit dem Wortlaut des Eingangssatzes von § 5 Abs. 2 BNatSchG auseinandersetzt, der vom Wortsinn her (»beachten«) eigentlich für eine Verbindlichkeit spricht. Dagegen, dass man wenigstens den einzigen konkret gefassten Grundsatz nach § 5 Abs. 2 Nr. 5 BNatSchG als Regel ansehen könnte, sprechen systematische Erwägungen. In teleologischer Perspektive bleibt anzumerken, dass, wie das BVerwG betont, die gute fachliche Praxis ja nicht wirkungslos bleibt, da sie in der Eingriffsregelung und im Artenschutz als Tatbestandselement der Freistellung der Landwirtschaft anwendbar ist. Naturschutzfachlich ist die Entscheidung allerdings bedauerlich. Sie reduziert

---

11 *Agena* (Fn. 5), NuR 2012, 297 ff.; *Fischer-Hüftle*, in: Schumacher/Fischer-Hüftle, BNatSchG, 2. Aufl. 2011, § 5 Rn. 16; *Möckel/Köck/Rutz/Schramek*, Rechtliche und andere Instrumente für vermehrten Umweltschutz in der Landwirtschaft, UBA-Texte 42/2014, S. 121 f.; *Möckel*, Novellierungsbedarf beim BNatSchG aus ökologischer und europarechtlicher Sicht, ZUR 2017, 195 (196).

12 *Endres*, in: Frenz/Müggenborg (Hrsg.), BNatSchG, 2. Aufl. 2016, § 5 Rn. 8, 13; *Heugel*, in: Landmann/Rohmer, Umweltrecht, Bd. II, § 5 BNatSchG Rn. 35; *Vagedas*, in: Lütkes/Ewer (Hrsg.), BNatSchG, 2. Aufl. 2018, § 5 Rn. 15; *Rehbinder*, Biodiversitäts- und Klimaschutz in der Landwirtschaft – Reichen die gesetzlichen Rahmenbedingungen?, in: Czybulka (Hrsg.) Das neue Naturschutzrecht des Bundes, 9. Warnemünder Naturschutzrechtstag, 2011, S. 249 (251) und NuR 2011, 241 (242); tendenziell ebenso, aber letztlich unentschieden Krohn, in: Schlacke (Hrsg.), GK-BNatSchG 2017, § 5 Rn. 39 f.

13 BVerwG, Urt. vom 1.9.2016 – 4 C 4/15, BVerwGE 156, 94 Rn. 17 ff., besonders Rn. 24, 25, 27 = NuR 2017, 329; gegen Verbotscharakter auch die Vorinstanz OVG Lüneburg, Urt. vom 30.6.2015 – 4 LC 285/13, NuR 2015, 639 ff.

die rechtliche Bedeutung der guten fachlichen Praxis auf die Funktion als bloßes Tatbestandselement von Regelungen, die für sich wenig wirksam sind. Gleichwohl verdient sie m.E. nicht das Verdikt als »Offenbarungseid«,[14] da es nicht unbedingt Aufgabe der Gerichtsbarkeit ist, unliebsame Entscheidungen des Gesetzgebers zu korrigieren.

Als Rettungsanker wird in einem Teil des Schrifttums[15] die Auffassung vertreten, dass die Behörden sich wenigstens auf die allgemeine Einschreitensermächtigung des § 3 Abs. 2 BNatSchG zur Konkretisierung und Durchsetzung der guten fachlichen Praxis stützen könnten. Das BVerwG hat in der genannten Entscheidung jedoch auch Zweifel daran angemeldet, dass die Behörden auf § 3 Abs. 2 BNatSchG rekurrieren können – die Vorschrift sei »allenfalls« anwendbar. In der Tat erscheint das Konstrukt eines Grundsatzes, der sich durch Verwaltungsakt in eine Regel wandelt, systematisch problematisch, es sei denn, der Gesetzgeber entschiede sich ausdrücklich für eine solche Lösung. § 3 Abs. 2 BNatSchG ermächtigt aber lediglich zu Verwaltungsakten, um die »Einhaltung« der Vorschriften des Gesetzes sicherzustellen, was wohl die Existenz eines Verbots voraussetzt.

2. *Der Eingriffsbegriff als Auslöser rechtlicher Verbindlichkeit der GfP*

Wenn man die Grundsätze der guten fachlichen Praxis nicht als Regeln begreift, bleibt nur als Rückfallposition übrig, deren Durchsetzung wenigstens durch eine extensive Interpretation des Eingriffsbegriffs der Eingriffsregelung (§ 14 Abs. 1 BNatSchG) anzustreben. Änderungen der Gestalt oder der Nutzung von Grundflächen (sowie Veränderungen des Grundwasserspiegels) machen je nach Auslegung der Begriffe nur einen relativ geringen oder aber einen Großteil der potentiellen Beeinträchtigungen von Natur und Landschaft durch die Landwirtschaft aus.

Den Auftakt zur Diskussion über die Auslegung des Begriffs der Gestaltänderung bildete schon das Urteil des BVerwG vom 13. April 1983[16] zum Landschaftsschutzgebiet »Rötsee«, in dem das Gericht die Auffassung vertrat, dass der Wechsel von der landwirtschaftlichen zur forstwirtschaftlichen Nutzung keine ordnungsgemäße land- und forstwirtschaftliche Bodennutzung im Sinne von § 8 Abs. 7 BNatSchG 1976 darstelle, weil das Ge-

---

14 So *Möckel* (Fn. 11).

15 *Agena* (Fn. 5), NuR 2012, 300; *Möckel/Köck/Rutz/Schramek* (Fn. 11), S. 121 f.; *Fischer-Hüftle* (Fn. 11), § 5 Rn. 16; a.M. etwa *Hendrischke* (Fn. 8), § 3 Rn. 25; *Vagedas* (Fn. 12), § 5 Rn. 15; *Rehbinder* (Fn. 12), S. 249 (251) und NuR 2011, 241 (242).

16 BVerwG, Urt. vom 13.4.1983 – 4 C 76/80, BVerwGE 67, 93 (94) = NuR 1983, 272.

setz nur die »tägliche Wirtschaftsweise« des Landwirts freistelle. Obwohl sich das Urteil nicht mit dem Eingriffsbegriff, sondern mit der Reichweite der Landwirtschaftsklausel (im Rahmen der Eingriffsregelung) befasst, schien damit eine Richtschnur auch für die Auslegung des Eingriffsbegriffs gesetzt. In der Literatur ist jedoch mittlerweile eine starke Tendenz zu einer sehr weiten Auslegung zu erkennen, die praktisch die gesamte tägliche Wirtschaftsweise der Landwirtschaft als (potenziellen) Eingriff deklariert.[17] Dies gilt sowohl für den Begriff »Änderung der Gestalt von Natur und Landschaft« als auch für den Begriff »Änderung der Nutzung«, wobei sich beide Begriffe überschneiden können.

Auf Einzelheiten kann ich nicht eingehen. Nur so viel: Die ausdehnende Auslegung, die den Eingriffsbegriff von den möglichen Wirkungen der Maßnahme her bestimmt, kann sich sicherlich auf den Gesetzeszweck stützen. Im Ergebnis mutiert der Eingriffsbegriff aber von einem gegliederten Tatbestand, bestehend aus gesetzlich definierter Eingriffshandlung und Eignung zur erheblichen Beeinträchtigung, zu einem allgemeinen Beeinträchtigungsverbot. So hat das Gesetz die Eingriffsregelung aber – im Gegensatz zum Habitat- und Artenschutzregime – nicht ausgestaltet. Das beruhigende Argument, die weite Auslegung werde ja spätestens durch die Regelvermutung der guten fachlichen Praxis korrigiert,[18] übergeht, dass der Anwendungsbereich der Grundsätze der guten fachlichen Praxis bei Weitem nicht alle Handlungen der täglichen Wirtschaftsweise erfasst, die als Eingriffe verstanden werden. Jedenfalls steht der intellektuelle Aufwand zur Begründung der verschiedenen »Auslegungstheorien« außer Verhältnis zum praktischen Ertrag für den Naturschutz in der Landwirtschaft. Selbst die Unzulässigkeit von Handlungen, die unzweifelhaft einen Eingriff darstellen, wie etwa der Grünlandumbruch, wird von den landwirtschaftlichen Betrieben, aber auch von den zuständigen Naturschutzbehörden meist »souverän« ignoriert. Solange dies der Fall ist, erübrigt sich eigentlich jede Ausweitung des Eingriffsbegriffs mittels interpretativer Verren-

17 S. etwa *Möckel*, Landwirtschaft und naturschutzrechtliche Eingriffsregelung, NuR 2012, 225 (226 f.); *Gellermann* (Fn. 6), § 14 BNatSchG Rn. 9 (s. aber auch Rn. 7); *Gassner/Heugel*, Das neue Naturschutzrecht 2010, Rn. 261; *Prall*, in: Schlacke (Hrsg.), GK-BNatSchG 2017, § 14 Rn. 32 (s. aber auch Rn. 59); *Guckelberger* (Fn. 6), § 14 Rn. 18, 22; tendenziell für engere Auslegung etwa *Fischer-Hüftle/Czybulka*, in: Schumacher/Fischer-Hüftle, BNatSchG, 2. Aufl. 2011, § 14 Rn. 11, 64 f.; *Lütkes*, in: Lütkes/Ewer (Hrsg.), BNatSchG, 2. Aufl. 2018, § 14 Rn. 8, 8a, 9, 15; *Lau*, Die naturschutzrechtliche Eingriffsregelung, NuR 2011, 680 (682); *Rehbinder* (Fn. 12), NuR 2012, 256.

18 *Prall* (Fn. 17), § 14 Rn. 32; *Meßerschmidt*, Bundesnaturschutzrecht, § 14 Rn. 17; *Guckelberger* (Fn. 6), § 14 Rn. 22.

kungen. Es kommt hinzu, dass § 17 Abs. 8 S. 1 BNatSchG ohnehin nur die (weitere) Durchführung eines Eingriffs verbietet, der ohne die erforderliche Eingriffsgenehmigung erfolgt, während eine vorsorgliche Untersagung nicht vorgesehen ist.[19]

IV. Landwirtschaftliches Fachrecht und Agrarbeihilferecht

1. Allgemeines

Das BNatSchG wird ergänzt und unterstützt durch das landwirtschaftliche Fachrecht, soweit dieses den Schutz von Natur und Landschaft im Bereich der landwirtschaftlichen Bodennutzung anstrebt. Dies gilt insbesondere teilweise für das Dünge- und Pflanzenschutzrecht. Die hier in Betracht kommenden Regelungen wurden seit dem BNatSchG 2002 schrittweise durch Verweisungen zum »sekundären« Bestandteil der guten fachlichen Praxis erhoben, stellen also auch Naturschutzrecht im materiellen Sinne dar. Die Naturschutzbehörden können daher im Rahmen der ihnen obliegenden Entscheidungen (Eingriffsregelung und Artenschutz) grundsätzlich auch die Einhaltung der fachrechtlichen Normen, auf die verwiesen wird, überprüfen. Weitergehende Anforderungen können sich aus § 5 Abs. 2 Nr. 2 BNatSchG ergeben.[20] Große praktische Bedeutung hat all dies aber bisher nicht erlangt.

2. Dünge- und Pflanzenschutzrecht

Schlüsselbegriff für die Regelung potenzieller Umweltbelastungen durch die Landwirtschaft ist auch im Düngerecht und Pflanzenschutzrecht die gute fachliche Praxis, im Düngerecht seit 1983, im Pflanzenschutzrecht seit 1986. Als regelungstechnisch vorbildlich kann man insoweit das Düngerecht bezeichnen, das seit dem Düngemittelgesetz 2005 Ermächtigungen zur Konkretisierung durch Rechtsverordnung (s. DüngeV 2006) sowie seit jeher Anordnungsbefugnisse enthält. Auch inhaltlich hat man im Düngerecht in neuester Zeit durch Einführung von Bilanzierungspflichten (§ 11a DüngeG 2017) und Verschärfung der maximalen Ausbringungsmengen (§ 6 DüngeV 2017) Anstrengungen unternommen, um der Gülleüber-

19 BVerwG, Urt. vom 1.9.2016 – 4 C 4/15, BVerwGE 156, 94 Rn. 25 = NuR 2017, 329.
20 So mit Recht *Vagedas* (Fn. 12), § 5 Rn. 30.

schüsse aus der Tierhaltung Herr zu werden. Die betreffenden Regelungen sind allerdings immer noch nicht zufriedenstellend, weil sie zu eng konzipiert sind, insbesondere nicht ausreichend auf umweltsensible Flächen Rücksicht nehmen.[21]

Im Pflanzenschutzrecht besteht dagegen nur eine Ermächtigung zum Erlass von unverbindlichen Leitlinien zur guten fachlichen Praxis. Immerhin wird dieses Defizit zum Teil durch gesetzliche Verbote zum Schutz von Freiflächen, des Grundwassers und des Naturhaushalts (§ 12 Abs. 2, §§ 13, 17 Abs. 1 PflSchG) und Verordnungsermächtigungen für Anwendungsverbote oder -beschränkungen (§ 14 PflSchG) ausgeglichen. Die Schutzkonzeption des integrierten Pflanzenschutzes ist seit 1986 Standard des Pflanzenschutzrechts. Art. 55 EG-PflSchV verlangt nunmehr die Befolgung der Grundsätze des integrierten Pflanzenschutzes, hebt die scheinbare Stringenz dieser Anforderungen aber durch weiche Formulierungen in Form von »Sollte-Vorschriften« praktisch wieder auf (Art. 14 und Anhang III Nr. 1 und 4 der Richtlinie 2009/128, auf die verwiesen wird). Die Pflichtengeneralklausel des § 3 Nr. 1 PflSchG 2012 schreibt zwar ebenfalls die Einhaltung der Grundsätze vor, jedoch kann dies nur in dem Umfang gelten, wie dies in dem in Bezug genommenen Anhang III der EG-Richtlinie vorgesehen ist.[22] In der landwirtschaftlichen Praxis sind die an sich gebotenen nichtchemischen Alternativen zum massiven Einsatz von Pflanzenschutzmitteln, insbesondere von Herbiziden, außerhalb der ökologischen Landwirtschaft niemals ausreichend berücksichtigt und von den Behörden trotz bestehender Anordnungsbefugnisse und Bußgelddrohungen (§ 3 Abs. 1 S. 3, § 68 Nr. 1 PflSchG) nicht erzwungen worden. Die Quittung für derartiges Recht mit bloßem Symbolcharakter bekommen wir gegenwärtig mit dem massiven Schwund an Insekten und Vögeln.

3. *Bodenschutzrecht*

Der in den neueren Versionen des BNatSchG (§ 5 Abs. 4 BNatSchG 2002, § 5 Abs. 2 BNatSchG 2009) ebenfalls in Bezug genommene § 17 Abs. 2 S. 2 BBodSchG enthält einen – aus fachlicher Sicht unvollständigen, aber auch nicht abschließenden – Katalog der Grundsätze der guten fachlichen

---

21 Vgl. SRU, Stickstoff: Lösungsstrategien für ein drängendes Umweltproblem, Sondergutachten, 2015, Tz. 411 ff., 476 ff.; *Möckel/Köck/Rutz/Schramek* (Fn. 11), S. 283 f.

22 Ohne Problematisierung: Begr. Entwurf PflSchG, BT-Drucks. 17/7317, S. 43; *Möckel/Köck/Rutz/Schramek* (Fn. 11), S. 254.

Praxis, die sich am Ziel der Sicherung der Bodenfruchtbarkeit und der Erhaltung des Bodens als Ressource orientieren. Diese Grundsätze stellen keine Verbote dar und können nicht einmal durch Verordnung konkretisiert werden (vgl. § 7 S. 5, § 17 Abs. 1 S. 1 BBodSchG). Es bleibt die Durchsetzung im Rahmen der Eingriffsregelung und des besonderen Artenschutzes sowie der Gefahrenabwehr und des vorrangigen Dünge- und Pflanzenschutzrechts (§ 3 Abs. 1 Nr. 4, § 17 Abs. 3 i.V.m. § 4 BBodSchG). Damit entspricht das Niveau der Privilegierung der Landwirtschaft weitgehend dem des Naturschutzrechts.[23]

4. *Agrarbeihilferecht*

Schließlich ist als Teil des landwirtschaftlichen Fachrechts auch auf das Agrarbeihilferecht im Rahmen der Gemeinsamen Agrarpolitik hinzuweisen, das in zunehmendem Maße nicht mehr wie früher das Naturschutzrecht zu konterkarieren sucht, sondern die Beihilfen an ökologische Bedingungen knüpft und in neuerer Zeit zum Teil gar aktiv in den Dienst des Naturschutzes stellt.[24] In der ersten Säule der Gemeinsamen Agrarpolitik bestehen vielfältige Verschränkungen zwischen dem Agrarbeihilferecht und zentralen ordnungsrechtlichen Anforderungen nach den einschlägigen umweltrechtlichen Vorschriften der EU (insbesondere Naturschutz-, Dünge- und Pflanzenschutzrecht). Darüber hinaus gibt es jedoch auch selbständige, quasi-ordnungsrechtliche Standards für die Gewährung von Betriebsprämien, die nach den Reformen von 2013 (welche im Jahre 2014, z.T. auch erst 2015 in Kraft getreten sind) zum Teil umstrukturiert und verschärft wurden. Dabei kommt es nunmehr zu einem Nebeneinander der Standards der Erhaltung von Agrarflächen in einem guten landwirtschaftlichen und ökologischen Zustand im Rahmen der für alle Betriebsbeihilfen geltenden Cross Compliance (Art. 43 ff. VO 1307/2013, Art. 94 VO 1306/2013) und der neueingeführten ökologischen Prämie, die

23 Vgl. *Möckel* (Fn. 10), ZUR 2015, 132; *Nies*, in: Landmann/Rohmer, Umweltrecht, Bd. II, § 17 BBodSchG Rn. 32 ff.; *Ekardt/Heym/Seidel*, Die Privilegierung der Landwirtschaft im Umweltrecht, ZUR 2008, 169 (175).

24 Dazu *Martinez*, in: Calliess/Ruffert (Hrsg.), EUV/AEUV, 5. Aufl. 2016, Art. 40 AEUV Rn. 95; *Klink*, Agrarumweltrecht im Wandel 2012, S. 36 ff., 135 ff.; *Busse*, Das Instrument des Greening im Rahmen der GAP-Reform 2014/2015, DVBl. 2015, 337 (339 ff.); *Möckel*, Schutz von Dauergrünland vor Umwandlung, Umbruch oder Intensivierung, Teil 1: Förderrecht, ZUR 2016, 741 (744 ff.); *Kloepfer*, Dimensionen der Umweltagrarpolitik, NuR 2018, 11 (13 f.).

für 30 % der Betriebsbeihilfen gilt (Art. 46 VO 1307/2013). Hinzukommen stärker auf die einzelnen Standortbedingungen zugeschnittene Beihilfen aus der zweiten Säule der Gemeinsamen Agrarpolitik (Ländliche Entwicklung) für völlig freiwillige Agrarumweltmaßnahmen (Art. 28 VO 1305/2013). Das Agrarbeihilferecht zeichnet sich allerdings durch Überkomplexität und Bürokratisierung sowie – auch nach der Reform von 2013 – durch Defizite im ökologischen Anspruchsniveau und in der Finanzierung aus.

V. Künftige Entwicklungsmöglichkeiten

1. Zielrichtung von Reformen und Reformoptionen

Wie bereits dargelegt, sind die Grundsätze der guten fachlichen Praxis inhaltlich, d. h. aufgrund ihrer wenig konkreten Ausgestaltung und zu geringen Reichweite, defizitär. Darüber hinaus sind sie mangels entsprechender Anordnungsbefugnisse wenig vollzugstauglich. Primäre Zielrichtung einer Reform muss es sein, diese Defizite zu beheben. Zur Begründung kann man sich insbesondere auf das Verursacherprinzip, die Sozialbindung bzw. als deren Fortentwicklung die »Ökologiepflichtigkeit« des Grundeigentums und das Postulat einer Gleichstellung der Pflichtenlage der Landwirtschaft und der Industrie stützen.[25]

Ernsthaft in Betracht zu ziehen wären nach dem gegenwärtigen Stand der Diskussion die Ausgestaltung der Grundsätze der guten fachlichen Praxis als Regeln im Sinne von Betreiberpflichten und die Einführung von ausdrücklichen Anordnungsbefugnissen zu deren Durchsetzung. Ergänzend bedürfte es der Schaffung von Konkretisierungsaufträgen, die insbesondere auch eine Quantifizierung durch Belastungsobergrenzen und durch Untergrenzen für die Ausstattung landwirtschaftlicher Betriebsflächen mit Naturgütern vorsehen sollten.[26]

---

25 *Rehbinder* (Fn. 12), NuR 2012, 249; *Möckel*, Land- und Forstwirtschaft im UGB – Wird der Referentenentwurf den ökologischen Anforderungen gerecht?, NuR 2008, 831 (833); Köck, Rechtlicher Handlungsrahmen und Instrumente für die Erhaltung der Biodiversität in Kulturlandschaften, NuR 2010, 530 (537).

26 *Czybulka*, Zur Ökologiepflichtigkeit des Eigentums, in: Bauer/Czybulka/Kahl/Voßkuhle, Umwelt, Wirtschaft und Recht, 2002, S. 89 (102 ff.); *Möckel*, Verbesserte Anforderungen an die gute fachliche Praxis der Landwirtschaft, ZUR 2014, 14 (15 ff.); ferner *Möckel/Köck/Rutz/Schramek* (Fn. 11), S. 337 ff., 436, 458 f.; Köck (Fn. 25), NuR 2010, 534.

Die Verknüpfung der Betreiberpflichten mit der Eingriffsregelung müsste ebenfalls überdacht werden. Sinnvoll wäre ein System, in dem potentiell gravierende Regelverstöße einer Präventivkontrolle und weniger gravierende einem Regime nachträglicher Korrektur unterlägen. Diskutabel ist daher nicht so sehr eine Erweiterung des Eingriffsbegriffs im Hinblick auf Nutzungsintensivierungen durch den Gesetzgeber, sondern die weitgehende Ersetzung der Eingriffsregelung im Bereich landwirtschaftlicher Bodennutzung durch ein allgemeines Beeinträchtigungsverbot.[27]

Daneben erscheint insbesondere ein thematischer Ausbau der Regeln der guten fachlichen Praxis bzw. der Betreiberpflichten wohl unumgänglich. In der Literatur wird zum Teil eine große Zahl neuer Betreiberpflichten genannt, die allerdings überwiegend nicht oder nicht ausschließlich naturschutzspezifisch sind, sondern darauf abzielen, Grundsätze der guten fachlichen Praxis des Naturschutz-, Dünge-, Pflanzenschutz-, Bodenschutz- und Wasserrechts zusammenzuführen.[28] Viel hilft aber nicht immer auch viel. Ein Übermaß an kleinteiligen Regeln kann auch akzeptanzfeindlich wirken. Es liegt daher nahe, sich auf Regeln von zentraler Bedeutung zu konzentrieren. Aus der Sicht des Naturschutzes sollten der umfassende, auch Nutzungsintensivierungen einschließende in-situ-Schutz von Grünland und der Erhalt der biologischen Vielfalt in intensiv genutzten Agrarlandschaften durch Neuanlegung und Schutz von Landschaftselementen und Schonflächen im Vordergrund stehen.[29]

Für die gesetzestechnische Umsetzung derartiger Reformen gibt es im Wesentlichen fünf (teilweise auch kombinierbare) Optionen:

- Ausgestaltung der Grundsätze der guten fachlichen Praxis in den einzelnen Umweltgesetzen als Betreiberpflichten;
- Kodifikation sämtlicher Betreiberpflichten im Landwirtschaftsgesetz;
- Kodifikation sämtlicher Betreiberpflichten in § 5 BNatSchG;
- Qualitäts- und Mengensteuerung durch Planung;
- stärkere Ökologisierung des Agrarbeihilferechts.

Ich kann hier nicht auf alle Optionen eingehen.

---

27 So insbesondere *Möckel* (Fn. 17), NuR 2012, 227.

28 So etwa *Möckel* (Fn. 26).

29 SRU, Umweltgutachten 2016, Tz. 299 f., 454; ders., Für eine Stärkung und Neuorientierung des Naturschutzes, Sondergutachten, 2002, Tz. 27.

2. *Reformoptionen im Einzelnen*

a) *»Kleine« Lösung*

Zunächst besteht die Möglichkeit einer »kleinen« Lösung, die entsprechend dem systematischen und strategischen Ansatz des bisherigen Rechts die Grundsätze der guten fachlichen Praxis in den einzelnen Umweltgesetzen als Betreiberpflichten mit entsprechenden Konkretisierungs- und Vollzugsinstrumenten ausgestaltet. Daneben wäre nach diesem Ansatz auch eine Erweiterung dieser Pflichten über die bisherigen gesetzlichen Kataloge der guten fachlichen Praxis möglich. Diese »kleine« Lösung stellt sicherlich keinen großen Wurf dar. Sie würde nichts an der Zersplitterung des Agrarumweltrechts einschließlich der Behördenzuständigkeiten ändern. Sie hätte aber den Vorteil, dass die Eingriffe in den bisherigen Normenbestand schonend wären und vielleicht am ehesten Aussicht auf politische Akzeptanz bestünde.

b) *»Neues« Ordnungsrecht durch Kodifikation*

Ein anderer, anspruchsvollerer Reformansatz wäre eine Teilkodifikation des Agrarumweltrechts durch Zusammenfassung der bisher zersplitterten, auf mehrere mediale, anlagen- und stoffbezogene Gesetze verteilten Betreiberpflichten der Landwirte in einem einzigen Gesetz. In Betracht käme hierfür insbesondere das Landwirtschaftsgesetz von 1955, das ökologisch angereichert werden könnte.[30] Als Alternative wäre auch ein Ausbau von § 5 BNatSchG zu erwägen. Aus legistischer Perspektive bestehen keine zwingenden Grundsätze für die Wahl eines bestimmten systematischen Konzepts für die Regelung eines Normkomplexes in einem bestimmten Umweltgesetz. Mit anderen Worten: Es gibt keinen per se systematisch richtigen Ort für umweltrechtliche Regelungen. Das Umweltmedium (z.B. Natur und Landschaft), der Ursprungsbereich von Belastungen (Anlage, Betrieb) oder der Stoff sind als Anknüpfungskonzept prinzipiell gleichwertig.[31] Es ist jeweils im Einzelfall zu entscheiden, was sinnvoll ist. Geschlos-

30 So die „Leipziger Erklärung" des Deutschen Naturschutzrechtsages, April 2018, in diesem Band, S. 213 ff.; *Möckel* (Fn. 10), S. 134 f.

31 Vgl. *Kloepfer*, Umweltrecht, 4. Aufl. 2016, § 1 Rn. 112 ff.; *Breuer*, Strukturen und Tendenzen des Umweltschutzrechts, Der Staat 1981, 393 (396 ff.).

sene Regelungen, die alle relevanten Umweltprobleme lückenlos abdecken, sind wohl bei keinem systematischen Ansatz möglich.

Eine Regelung im Landwirtschaftsgesetz böte am ehesten die Möglichkeit, die ökologische Verantwortung der Landwirtschaft durch Anhebung des Anspruchsniveaus zu akzentuieren und die dieser Verantwortung entsprechenden Pflichten übersichtlich und konsistent und damit vollzugstauglich und potenziell akzeptanzfördernd zusammenzustellen. Darüber hinaus ist dieses Modell geeignet, auch andere Inhalte wie etwa die Förderung naturschutzfreundlicher Betriebsformen aufzunehmen. Aus systematischer Sicht bestehen jedenfalls keine grundsätzlichen Einwände gegen die Aufnahme solcher Grundregeln in ein ökologisch fortentwickeltes Landwirtschaftsgesetz. Zwar hat der Gesetzgeber bei Industrieanlagen schon seit langem darauf verzichtet, wie noch in der alten Gewerbeordnung die Regelung aller Umweltbelastungen, die Industrieanlagen zurechenbar sind, in einem einzigen tätigkeitsbezogenen Gesetz zusammenzufassen. Jedoch kann man das BImSchG schon als Stammgesetz für Industrieanlagen bezeichnen. Daneben könnte man sich auf die Parallele zum Waldrecht (BWaldG und Landeswaldgesetze) und zum Teil auch zu landesrechtlichen Regelungen stützen.

Das BNatSchG ist, wie dies insbesondere in den Zielen und Unterzielen nach § 1 BNatSchG, aber auch in der Ausdehnung der Eingriffsregelung auf den Landschaftswasserhaushalt zum Ausdruck kommt, als gebietsübergreifende, gesamthafte Regelung für alle Umweltmedien konzipiert. Die Verweisung des § 5 Abs. 2 BNatSchG auf das landwirtschaftliche Fachrecht und das Bodenschutzrecht verdeutlicht, dass die Durchsetzung dieser Regelungen auch Sache des Naturschutzrechts ist. Es wäre daher ein relativ kleiner Schritt, statt der bisherigen bloßen Verweisungen die Grundregeln der guten fachlichen Praxis bzw. die Betreiberpflichten des DüngeG, PflSchG, BBodSchG sowie ggf. zusätzlich des WHG in § 5 BNatSchG zu überführen. Allerdings spricht gegen diese Lösung, dass das BNatSchG auch und wohl in erster Linie eine Spezialregelung für den Naturschutz im engeren Sinne darstellt und sich nicht gerade für Konkretisierungen des bisherigen landwirtschaftlichen Fachrechts anbietet.

Die Konsequenz einer zusammenfassenden Kodifikation wäre allerdings, dass bestimmte Normblöcke aus dem bisherigen Stoffrecht, insbesondere dem PflSchG und dem DüngeG, aber je nach Kodifikationsansatz auch aus dem anlagenbezogenen und medialen Umweltrecht herausgelöst werden müssten. Dies könnte zu einer Aushöhlung insbesondere der bisherigen Stoffgesetze sowie der anlagen- und medienbezogenen Gesetze, zur Notwendigkeit von Doppelregelungen und selbst zu Regelungskollisionen führen.

Ein wesentlicher Vorteil der Ökologisierung des Landwirtschaftsgesetzes wäre, dass bei Inanspruchnahme von Art. 74 Abs. 1 Nr. 17 GG die Länder keine Abweichungskompetenz besitzen. Dafür handelt man sich allerdings Zweifel daran ein, ob die Gesetzgebungskompetenz zur Förderung der Landwirtschaft tatsächlich eine umfassende tätigkeitsbezogene Regelung der Umweltauswirkungen der Landwirtschaft abdeckt.

Nach allgemeiner Auffassung sind im Rahmen von Art. 74 Abs. 1 Nr. 17 GG zwar auch Lenkungsmaßnahmen zulässig, dieser Kompetenztitel stellt aber im Gegensatz zu Art. 74 Abs. 1 Nr. 11 GG keine umfassende Kompetenzzuweisung für die Landwirtschaft dar.[32] Das BVerfG hat in seinem Beschluss vom 23. Juni 1981[33] entschieden, dass Regelungen über die Organisation und Auflösung eines Wasser- und Bodenverbands, der auch der Sicherung der Trinkwasserversorgung diente, durch die Landwirtschaftskompetenz gedeckt seien. Es hat aber gleichzeitig betont, dass für Einwirkungen des Verbands auf Gewässer das auf die Rahmenkompetenz nach Art. 75 Nr. 4 GG a. F. gestützte Wasserhaushaltsgesetz gelte. Dies dürfte eher dagegen sprechen, dass das BVerfG eine umfassende Kompetenz für die Regelung der Umweltauswirkungen der Landwirtschaft bejahen würde. Die neuere Staatspraxis zu Art. 91a GG scheint allerdings von einer weiteren Auslegung auszugehen. Das neue GAK-Gesetz sieht auch die Förderung der umweltgerechten Landwirtschaft einschließlich des Vertragsnaturschutzes und der Landschaftspflege als Maßnahme zur Verbesserung der Agrarstruktur an.[34] Allerdings beschränkt sich die Gemeinschaftsaufgabe auf die finanzielle Förderung, während es bei der Gesetzgebungszuständigkeit um die Frage geht, was dem Bund neben der finanziellen Förderung an Regulierung gestattet ist. Gleich wie man dies rechtlich bewertet, stellen die kompetenzrechtlichen Zweifel aber eine hohe Hürde im politischen Prozess dar.

---

32 BVerfG, Beschl. vom 25.3.1993 – 1 BvR 345/83, BVerfGE 88, 366 (379); Beschl. vom 23.6.1981 – 2 BvL 14/79, BVerfGE 58, 45 (61); Beschl. vom 27.1.1965 – 1 BvR 213/58 und 715/58, 66/60, BVerfGE 18, 315 (329); aus der Literatur s. etwa *Degenhardt*, in: Sachs (Hrsg.), Grundgesetz, 8. Aufl. 2018, Art. 74 Rn. 68; *Stettner*, in: Dreier (Hrsg.), Grundgesetz, Bd. 2, 3. Aufl. 2015, Art. 74 Rn. 79, 81; *Kunig*, in: v. Münch/Kunig (Hrsg.), Grundgesetz-Kommentar, Bd. 2, 6. Aufl. 2012, Art. 74 Rn. 76; *Oeter*, in: v. Mangoldt/Klein/Starck (Hrsg.), Grundgesetz, Bd. 2, 7. Aufl. 2018, Art. 74 Rn. 131; a.M. wohl *Jarass/Pieroth*, Grundgesetz, 15. Aufl. 2018, Art. 74 Rn. 41 (parallel zu Art. 74 Abs. 1 Nr. 11 GG).

33 BVerfG, Beschl. vom 23.6.1981 – 2 BvL 14/79, BVerfGE 58, 45 (61).

34 Vgl. *Mager*, in: von Münch/Kunig (Hrsg.), Grundgesetz-Kommentar, Bd. 2, 6. Aufl. 2012, Art. 91a Rn. 96 (Mehrkosten der unionsrechtlich gebotenen Ökologisierung seien Gemeinschaftsaufgaben).

Es bleiben die Behördenzuständigkeiten. Eine Teilkodifikation im Landwirtschaftsgesetz wäre grundsätzlich mit einem Übergang der Behördenzuständigkeit auf die Landwirtschaftsverwaltung verbunden. Dies hätte eine erwünschte Zusammenfassung der Zuständigkeiten und eine Entlastung der – personell ausgedünnten – Naturschutzbehörden zur Folge. Die Landwirtschaftsverwaltung hat durch den Vollzug der Cross Compliance, der Regeln über die ökologische Betriebsprämie und der Agrarumweltmaßnahmen auch naturschutzfachliche Kenntnisse gewonnen und ihr Engagement für den Naturschutz in der Landwirtschaft scheint gestiegen zu sein. Allerdings hat sich der Vollzug des Umweltordnungsrechts, insbesondere des Dünge- und Pflanzenschutzrechts, durch die Landwirtschaftsbehörden bisher nicht durch besondere Umweltfreundlichkeit ausgezeichnet. Jedenfalls bleibt als bedeutsamer wunder Punkt zumindest die Ressortzuständigkeit des Landwirtschaftsministeriums. Wer kann nach den Erfahrungen mit der großzügigen Zulassung naturschutzfachlich minderwertiger Projektkategorien bei der ökologischen Betriebsprämie und mit der laxen Praxis des Pflanzenschutzes, in der die Zustimmung des Ministeriums zur weiteren EU-Zulassung von Glyphosat nur die kleine Spitze eines riesigen Eisbergs darstellt, eigentlich dem Landwirtschaftsministerium ohne Skrupeln das Terrain des Schutzes der Natur in der »Normallandschaft« gegen die Interessen der Landwirtschaft überlassen wollen?

c) *Reformen im Agrarbeihilferecht*

Die von Vielen befürwortete massive »Aufrüstung« des Ordnungsrechts zur Eindämmung naturbeeinträchtigender Praktiken der modernen Landwirtschaft ist nicht problemlos. Die Vermehrung von als bürokratisch empfundenen Anforderungen, die den gesamten Betriebsablauf betreffen, wird beinahe unausweichlich auf Akzeptanzprobleme stoßen, die sich bereits in einer Minderung der politischen Durchsetzungschancen, auf jeden Fall aber auf der Vollzugsebene auswirken werden. Bisher ist man immer davon ausgegangen, dass in der an Subventionen gewöhnten Landwirtschaft die Macht des Geldes der des staatlichen Befehls überlegen ist. Es gibt daher gute Gründe dafür, nicht ausschließlich das Ordnungsrecht, sondern auch das Agrarbeihilferecht ökologisch zu ertüchtigen, etwa durch Ausbau der anderweitigen Verpflichtungen (Cross Compliance) und/oder der Ökoprämien. Der Vorteil des beihilferechtlichen Regelungsansatzes liegt darin, dass er praktisch flächendeckend ist und im Hinblick darauf, dass die

Landwirte aus wirtschaftlichen Gründen kaum auf die Beihilfe verzichten werden, eine erhebliche faktische Verpflichtungswirkung besitzt.[35]

Nach den Reformen von 2013 gibt es gegenwärtig auf Unionsebene eine neue Reformdiskussion für die Zeit nach 2022, in der die völlige Abschaffung von Einkommensbeihilfen zugunsten einer Entlohnung ökologischer Leistungen zu Debatte steht. Der Sachverständigenrat für Umweltfragen hatte schon Ende 2002 eine radikale Abkehr von einer reinen, nicht naturverträglichen Einkommensfinanzierung hin zu einer bloßen Finanzierung ökologischer Leistungen vorgeschlagen.[36] Auf nationaler Ebene wird in neuerer Zeit zunehmend eine ökologische Agrarwende oder ein gesellschaftlicher Agrarkonsens gefordert[37] und es werden praktizierbare Modelle für eine ausschließliche Entlohnung von Naturschutz- und Klimaschutzleistungen der Landwirtschaft anstelle bloßer Einkommensbeihilfen präsentiert.[38]

Die Europäische Kommission[39] plädierte zunächst ebenfalls für eine Erhöhung der Naturschutz- und Klimawirksamkeit der Anforderungen für die Gewährung von Beihilfen im Rahmen der Gemeinsamen Agrarpolitik, insbesondere durch Zusammenlegung von Cross Compliance und Ökoprämien in der Ersten Säule und Verbesserungen bei den Agrarumweltmaßnahmen in der Zweiten Säule. Ihre Legislativvorschläge zur Reform des Agrarbeihilferechts vom Juni 2018[40] laufen jedoch auf eine Schwä-

---

35 *Busse* (Fn. 24), DVBl. 2015, 338.

36 SRU, Sondergutachten, Fn. 29, Tz. 215 ff.; in gleicher Richtung *ders.*, Umweltgutachten 2016, Tz. 446.

37 BMU, Wir brauchen einen Agrarkonsens, BMU-Pressedienst Nr. 006/18 vom 16.1.2018; BMU, Naturschutzoffensive 2020 des BMU, 4. Aufl. 2018, abrufbar unter https://www.bmu.de/naturschutz-offensive-2020; Wissenschaftlicher Beirat für Agrarpolitik, Ernährung und gesundheitlichen Verbraucherschutz beim BMEL, Für eine gemeinwohlorientierte Gemeinsame Agrarpolitik der EU nach 2020, Grundsatzfragen und Empfehlungen, April 2018, abrufbar unter https://www.bmel.de/…/Agrarpolitik/GAP-GrundsatzfragenEmpfehlungen.html; Wissenschaftlicher Beirat für Biodiversität und genetische Ressourcen beim BMEL, Für eine Gemeinsame Agrarpolitik, die konsequent zum Erhalt der biologischen Vielfalt beiträgt, April 2018, abrufbar unter https://www.bmel/DE/Ministerium/…/Beiraete/_.../BioDivVeroeffentlichungen.html [alle zuletzt abgerufen am 15.1.2019].

38 Arbeitsgemeinschaft bäuerliche Landwirtschaft, Vorschlag für eine gerechte EU-Agrarpolitik nach 2020, 2. Aufl., Januar 2018, abrufbar unter https://www.abl-ev.de/publikationen [zuletzt abgerufen am 15.1.2019].

39 Kommission, Ernährung und Landwirtschaft in der Zukunft, COM (2017) 713, S. 18 ff.

40 COM (2018) 392: Änderung der VO 1305/2013 und der VO 1307/2013; COM (2018) 393: Änderung der VO 1306/2013.

chung des Naturschutzes in der 1. Säule durch Abbau der Verbindlichkeit der ökologischen Anforderungen und weitgehende Delegation an die Mitgliedstaaten und durch massive Kürzungen in der 2. Säule hinaus.[41] Man muss die Ergebnisse der politischen Verhandlungen über die Kommissionsvorschläge abwarten. Der angepeilte Systemwechsel wird sich jedenfalls kaum in einem Schritt und möglicherweise auch unterschiedlich in den einzelnen Mitgliedstaaten vollziehen. Insbesondere kann zunächst auch nur eine Option der Mitgliedstaaten auf Anreicherung der Einkommensbeihilfen durch anspruchsvolle Ausgestaltung der ökologischen Grundanforderungen (»Konditionalität«) und der neuen Öko-Regelungen (die an die Stelle der Ökoprämien treten sollen) herauskommen. Dann würde sich der Konflikt zwischen Landwirtschaft und Naturschutz mehr noch als bisher auf die nationale Ebene verlagern.

VI. Schlussbetrachtung: Ökologisches Licht am Horizont?

Es ist leider offensichtlich und durch die Geschichte des Naturschutzrechts belegt, dass im Verhältnis zwischen Naturschutzrecht und Landwirtschaft ein erhebliches ungelöstes Konfliktpotenzial besteht. Die in jüngerer Zeit beobachteten, zum Teil dramatischen Rückgänge des Insekten- und Vogelbestands, aber auch der Anstieg der Gewässerbelastungen durch Nitrat, die größtenteils der modernen Landwirtschaft zuzuschreiben sind, könnten zu einem Umdenken beitragen. Was über Jahrzehnte nicht erreicht worden ist, nämlich die Landwirtschaft einem ihrer Verantwortung entsprechenden Umweltregime zu unterwerfen, könnte nunmehr vielleicht doch in einem Umfang gelingen, der naturschutzfachlichen Erfordernissen einigermaßen entspricht. Insofern kann man von einem ökologischen Licht am Horizont sprechen. Dass dieses nicht erlischt, sondern immer kräftiger wird, daran gilt es weiter zu arbeiten.

---

41 Kritisch: Stellungnahme der Verbändeplattform zum Bund-Länder-Gespräch mit dem Kommissaren Hogan und Oettinger am 10. Juli 2018, 3. Juli 2018, abrufbar unter https://www.bund.net/.../verbaendeplattform_zukuenftige_eu_agrarpolitik ...[zuletzt abgerufen am 15.1.2019].

Gute fachliche Praxis, Eingriffsregelung und Landwirtschaft

Stefan Möckel

I. Einleitung

In Fortsetzung ihrer bisherigen Regierungskoalition wollen CDU, CSU und SPD laut ihrem Koalitionsvertrag alles neu machen. In der Umwelt- und Klimapolitik möchte man zeigen, dass anspruchsvoller Klimaschutz, die Bewahrung der Schöpfung und der Schutz natürlicher Ressourcen mit wirtschaftlicher Prosperität und sozialer Verantwortung erfolgreich zu vereinbaren ist.[1] Die Regierungsparteien wollen »für unsere Kinder und Enkelkinder eine intakte Natur bewahren«[2], wobei intakte Natur schon seit Jahrzehnten in Deutschland Seltenheitswert hat. Hierfür soll das Prinzip der Nachhaltigkeit umfassend beachtet und wirksame Maßnahmen ergriffen werden, um den Artenschwund zu stoppen, die Landnutzung umweltgerechter zu gestalten, Wasser und Böden besser zu schützen, die Luft sauberer zu halten und unsere Ressourcen im Kreislauf zu führen. Große Potenziale für den Klimaschutz und die Bewahrung der Biodiversität sieht man bei der Land-, Forst- und Fischereiwirtschaft.[3] Die Agrarpolitik soll daher auf eine nachhaltige flächendeckende Landwirtschaft hin ausgerichtet werden.[4] Das Insektensterben will man umfassend bekämpfen, indem u.a. die Zulassung von Pflanzenschutzmitteln durch mehr Personal bei den Behörden beschleunigt sowie der Einsatz chemisch-synthetischer Mittel durch ein »Innovationsprogramm für digital-mechanische Methoden« und mehr Forschung bei Pflanzenschutzmitteln reduziert werden.[5] Rechtlich bleibt die Koalition allerdings eher verhalten und will auf keinem Fall über eine 1:1-Umsetzung des EU-Rechts im Umweltbereich hinausgehen.[6]

---

1 CDU, CSU und SPD, Koalitionsvertrag zwischen CDU, CSU und SPD: Ein neuer Aufbruch für Europa, Eine neue Dynamik für Deutschland, Ein neuer Zusammenhalt für unser Land, 2018, S. 137 ff.

2 CDU, CSU und SPD (Fn. 1), S. 137.

3 CDU, CSU und SPD (Fn. 1), S. 139.

4 CDU, CSU und SPD (Fn. 1), S. 84.

5 CDU, CSU und SPD (Fn. 1), S. 85, 139.

6 Zur inhaltlichen Dimension dieser Sprachregelung Krohn, Die Eins- zu Eins-Umsetzung des europäischen Umweltrechts, oder: Wenn für Deutschland das Nötigste

Gleichzeitig will man aber angeblich die deutsche EU-Präsidentschaft im Jahr 2020 nutzen, um das Ambitionsniveau des europäischen Umweltschutzes weiter zu steigern.

II. Unbestimmtheit und Unverbindlichkeit der Grundsätze zur guten fachlichen Praxis der landwirtschaftlichen Bodennutzung

Welche Potenziale der Bund bisher im Regelungsbereich Landwirtschaft und Naturschutz nicht nutzt, hat 2016 das Bundesverwaltungsgericht (BVerwG) aufgezeigt. Wie das niedersächsische Oberverwaltungsgericht urteilte auch das BVerwG, dass die in § 5 Abs. 2 Bundesnaturschutzgesetz (BNatSchG) normierten Grundsätze der guten fachlichen Praxis (gfP) keine verbindlichen Ge- und Verbote enthalten, sondern nur unverbindliche (Handlungs-)Direktiven für Landwirte seien.[7] Hierfür verweist das BVerwG auf die Formulierung »beispielhafte Grundsätze« im Einleitungssatz von § 5 Abs. 2 BNatSchG. Auch die Entstehungsgeschichte der nahezu unveränderten, ehemaligen Rahmenvorschrift spräche gegen einen Paradigmenwechsel des Bundesgesetzgebers. Schließlich würde nach dem Gericht ein Ge- und Verbotscharakter dem Sinn und Zweck des § 5 Abs. 1 und 2 BNatSchG nicht gerecht werden, wonach durch gegenseitige Berücksichtigungspflichten die widerstreitenden Interessen von Naturschutz und Landschaftspflege einerseits und landwirtschaftlicher Bodenertragsnutzung andererseits zu einem Ausgleich gebracht werden sollten. Das BVerwG sieht die rechtliche Bedeutung von § 5 Abs. 2 BNatSchG v.a. im Zusammenhang mit der Eingriffsregelung.[8] Indem die freistellende Regelvermutung in § 14 Abs. 2 Satz 1 und 2 BNatSchG auf die Grundsätze zur gfP Bezug nimmt, »gibt der Gesetzgeber den Naturschutzbehörden ein Instrumentarium an die Hand, um effektiv gegen eine landwirtschaftliche Bodennutzung vorgehen zu können, die nicht den Grundsätzen der guten fachlichen Praxis im Sinne von § 5 Abs. 2 BNatSchG entspricht und nicht gemäß § 17 Abs. 1, 3 BNatSchG zugelassen ist,« weshalb auch keine Notwendigkeit für verbindliche Grundsätze bestehe.

---

gut genug ist, ZUR 2018, 385 ff.; s. auch *Czybulka*, Schlusswort, in diesem Band, S. 209 ff.

7 BVerwG, Urt. v. 1.9.2016 – 4 C 4.15; OVG Niedersachen, Urt. v. 30.6.2015 – 4 LC 285/13.

8 BVerwG, Urt. v. 1.9.2016 – 4 C 4.15, Rn. 21.

Über die Richtigkeit der Argumentationen des BVerwG lässt sich streiten.[9] Da die Grundsätze im BNatSchG – ähnlich den ebenfalls unverbindlichen Grundsätzen in § 17 Abs. 2 Bundesbodenschutzgesetz (BBodSchG)[10] – sehr abstrakt formuliert sind und die verwendeten unbestimmten Begriffe (z.B. »standortangepasst«, »nachhaltige Bodenfruchtbarkeit«, »nachhaltiger Ertrag« oder »ausgewogenen Verhältnis zum Pflanzenbau«) im BNatSchG nicht definiert werden, geht von ihnen so gut wie keine handlungsanleitende Wirkung aus. Zwar sind unbestimmte Begriffe in Gesetzen oder Verordnungen weder ungewöhnlich noch unzulässig, sofern sie sich mittels der anerkannten Auslegungsmethoden durch behördliche Anordnungen oder gerichtliche Entscheidungen im Einzelfall konkretisieren lassen.[11] Eine solche Konkretisierung, die im Fall höchstrichterlicher Entscheidungen eine generelle Gesetzeskonkretisierung bewirkt, wäre auch bei § 5 Abs. 2 BNatSchG möglich, sofern die Behörde nach § 3 Abs. 2 BNatSchG Anordnungen zur Durchsetzung der Grundsätze erlassen können.[12] Genau dies ist aber mit der Einstufung der Grundsätze als unverbindlich verwehrt, da Unverbindliches nicht durch Verwaltungsakte einverlangt werden kann, auch wenn das BVerwG die Frage nach der Anwendbarkeit von § 3 Abs. 2 BNatSchG offen gelassen hat und nur die Ermessensausübung bei § 3 Abs. 2 BNatSchG im konkreten Fall als fehlerhaft einstufte.[13] Ohne behördliche Anordnungen zu § 5 Abs. 2 BNatSchG kommt es auch nicht zu Klagen über die Richtigkeit der Anordnungen und entsprechenden gerichtlichen Entscheidungen über die begriffliche Auslegung der Grundsätze. In Folge dessen ist der sonst übliche Weg, unbestimmte Rechtsbegriffe praktisch handhabbar zu machen, bei § 5 Abs. 2 BNatSchG verschlossen. Gemäß dem verfassungsrechtlichen Bestimmtheitsgrundsatz müssen Gesetzesnormen so bestimmt sein, dass die

---

9 Andere Ansicht z.B. *Agena*, Der Vollzug der landwirtschaftlichen „Grundsätze der guten fachlichen Praxis“ nach § 5 Abs. 2 BNatSchG, NuR 2012, 297 ff.

10 Die Unverbindlichkeit folgt aus §§ 7, 17 Abs. 1 BBodSchG (vgl. nur *Müller*, Die gute fachliche Praxis der landwirtschaftlichen Bodennutzung im Bundes-Bodenschutzgesetz, Agrarrecht 2002, 237 ff.).

11 St. Rspr. vgl. nur BVerfG, Beschl. v. 4.6.2012 – 2 BvL 9, 10, 11, 12/08, BVerfGE 131, 88 (122, 125); Beschl. v. 14.11.1989 – 1 BvL 14/85, 1 BvR 1276/84, BVerfGE 81, 70 (88); Beschl. v. 7.7.1971 – 1 BvR 775/66; BVerfGE 31, 255 (264).

12 Ausführlich zu möglichen behördlichen Konkretisierungen *Agena* (Fn. 9).

13 BVerwG, Urt. v. 1.9.2016 – 4 C 4.15, Rn. 24. Zum Urteil des BVerwG und zur (fraglichen) Anwendbarkeit des § 3 Abs. 2 BNatSchG ausführlich *Rehbinder*, in diesem Band, unter III.1., S. 81.

Adressaten sich nach den Anforderungen richten können.[14] Dies gilt umso mehr, wenn sie sich direkt an die Bürger wenden und weder behördliche noch gerichtliche Konkretisierungen möglich sind.[15] Ob die Verhaltensregeln in § 5 Abs. 2 BNatSchG dem Bestimmtheitsgrundsatz gerecht werden, ist daher sehr zweifelhaft, weshalb ein Verstoß gegen Art. 20 Abs. 3 GG in Raum steht.

III. Folgen für die Eingriffsregelung

Die Unverbindlichkeit und Unbestimmtheit der natur- und bodenschutzrechtlichen Grundsätze zur guten fachlichen Praxis hat auch für die Eingriffsregelung Konsequenzen, allerdings andere als vom BVerwG angenommen. Entgegen dem BVerwG befördern weder die Eingriffsregelung im Allgemeinen noch die freistellende Regelvermutung in § 14 Abs. 2 BNatSchG im Besonderen die Durchsetzung der Grundsätze.

Zum einen geben auch §§ 14-17 BNatSchG den Behörden und Gerichten keine Gelegenheit, die Grundsätze der guten fachlichen Praxis einzelfallbezogen zu konkretisieren, da die Grundsätze ein Tatbestandsmerkmal der Regelvermutung von § 14 Abs. 2 BNatSchG sind. Denn im gesetzlich mit der Regelvermutung vorgesehenen Regelfall kommt es gerade nicht zu einer Eingriffsprüfung und -genehmigung, sondern ist die betreffende Bodennutzung ohne eine behördliche Zulassungsentscheidung freigestellt. Insofern gibt es für landwirtschaftliche Betriebe auch keinen Anlass, das Vorliegen der Tatbestandsvoraussetzungen der Regelvermutung durch die Gerichte überprüfen zu lassen, so dass es auch zu keiner gerichtlichen Auslegung mit – gegebenenfalls – einer Konkretisierung der Grundsätze kommt. Aber selbst im Fall einer Eingriffsprüfung ist eine behördliche oder gerichtliche Auslegung und Konkretisierung der Grundsätze kaum möglich, da die gesetzlich vorgesehenen Rechtsfolgen nicht darauf zielen, einen Eingriff zu verhindern. Vielmehr sollen mit der Eingriffsprüfung gemäß § 15 BNatSchG vermeidbare Beeinträchtigungen bei Eingriffen verhindert und unvermeidbare Beeinträchtigungen in Form von Ausgleich und Ersatz kompensiert werden. Nur im seltenen Fall, dass unvermeidbare Beeinträchtigungen nicht kompensiert werden können, darf die Behörde

---

14 St. Rspr. vgl. nur BVerfG, Beschl. v. 4.6.2012 – 2 BvL 9, 10, 11, 12/08, BVerfGE 131, 88 (123); Urt. v. 27.7.2005 – 1 BvR 668/04, BVerfGE 113, 348 (375 f.); Beschl. v. 12.6.1979 – 1 BvL 19/76, BVerfGE 52, 1 (41).

15 Vgl. *Sachs*, in: Sachs, GG, 7. Aufl., 2014, Art. 20 Rn. 129.

gemäß § 15 Abs. 5 BNatSchG nach einer Abwägung der widerstreitenden Belange einen Eingriff verbieten. Soweit § 17 Abs. 8 BNatSchG darüber hinaus die Möglichkeit vorsieht, im Fall eines nicht angezeigten und damit formell illegalen Eingriffs die weitere Durchführung desselben zu untersagen, so dient dies der verfahrensrechtlichen Sicherung der Eingriffsprüfung vor Umgehung und vollendeten Tatsachen.[16] Wie das BVerwG in seiner Entscheidung festhält, dürfen die Behörden noch nicht begonnene Eingriffe nicht vorsorglich gemäß § 17 Abs. 8 S. 1 BNatSchG, sondern allenfalls nach § 3 Abs. 2 BNatSchG untersagen.[17] Etwas anderes kann abweichend aber landesrechtlich normiert sein (z.B. Art. 3 Abs. 3 BayNatSchG). Letzteres ist bei § 5 Abs. 2 BNatSchG aber ausgeschlossen, wenn die Grundsätze keine verbindlichen Ge- und Verbote enthalten.

Zum anderen geht auch von der freistellenden Regelvermutung kein rechtlicher Anreiz aus, die unverbindlichen Grundsätze zur guten fachlichen Praxis einzuhalten. Zwar regelt § 14 Abs. 2 BNatSchG, dass die land-, forst- und fischereiwirtschaftliche Bodennutzung in der Regel nicht den Zielen des Naturschutzes und der Landschaftspflege widerspricht und damit kein Eingriff i.S.v. § 14 Abs. 1 BNatSchG ist, wenn sie den in § 5 Abs. 2 bis 4 BNatSchG genannten Anforderungen sowie den sich aus § 17 Abs. 2 BBodSchG und dem Recht der Land-, Forst- und Fischereiwirtschaft ergebenden Anforderungen an die gute fachliche Praxis entspricht. Es kann aber nichts vollzogen werden, was im Gesetz nicht hinreichend klar benannt ist und im Einzelfall weder im Rahmen der Eingriffsregelung noch nach § 3 Abs. 2 BNatSchG mittels behördlicher Anordnungen und diesbezüglicher gerichtlicher Entscheidungen konkretisierbar ist. Ob und wie eine landwirtschaftliche Bodennutzung die Grundsätze der guten fachlichen Praxis einhält, ist aufgrund der unbestimmten Rechtsbegriffe in § 5 Abs. 2 BNatSchG und § 17 Abs. 2 BBodSchG und der fehlenden Konkretisierbarkeit durch Anordnungen völlig offen und somit schon rechtlich nicht gewährleistet, geschweige denn überprüfbar. Schließlich bestehen erhebliche Bedenken hinsichtlich der Vereinbarkeit der freistellenden Regelvermutung mit Art. 3 und 20a GG.[18]

Damit sind aber auch der freistellenden Regelvermutung die rechtlichen Grundlagen entzogen. Denn die Behörden können nicht davon ausgehen, dass landwirtschaftliche Bodennutzungen in Deutschland in der

---

16 Vgl. *Prall*, in: Schlacke, GK-BNatSchG, 2017, § 17 Rn. 27 ff.

17 BVerwG, Urt. v. 1.9.2016 – 4 C 4.15, Rn. 25.

18 *Möckel*, Landwirtschaft und naturschutzrechtliche Eingriffsgenehmigung – Anwendungsbereich und Verfassungsmäßigkeit der Regelvermutung sowie Erforderlichkeit pauschaler Kompensationspflichten, NuR 2012, 225 (229 f.).

Regel nicht den Zielen des Naturschutzes und der Landschaftspflege widersprechen, wenn die landwirtschaftlichen Betriebe gar nicht wissen, was der Gesetzgeber genau mit den Grundsätzen möchte und auch keine Verpflichtung zu deren Umsetzung besteht, sowie die Behörden die Grundsätze nicht sinnvoll überprüfen oder gar durchsetzen können. Unverbindliche, allgemeine Appelle an eine nachhaltige, ausgewogene und angemessene Bewirtschaftung sind Sonntagsreden in Gesetzesform, aber keine vollzugstauglichen Handlungsanleitungen. Derartige Appelle können rechtlich nicht sicherstellen, dass die landwirtschaftliche Praxis in der Regel nicht die Ziele des Naturschutzes und der Landschaftspflege beeinträchtigt. Damit ist die Regelvermutung schon rechtlich obsolet.[19]

Des Weiteren zeigen die seit Jahrzehnten anhaltenden negativen Entwicklungen der biologischen Vielfalt, der Ökosysteme und ihrer Funktionen in deutschen Agrarlandschaften, dass die Grundsätze auch ökologisch weitgehend wirkungslos sind und die Realität (landwirtschaftliche Praxis) schon länger nicht mehr der Regelvermutung entspricht.[20] So ist der Anteil des Dauergrünlands an der Landwirtschaftsfläche von 40 Prozent im Jahr 1970 auf 13 Prozent im Jahr 2014 zurückgegangen.[21] Auch die dramatisch sinkenden Bestandszahlen an typischen Vogelarten der Feldflur (minus 20 Prozent seit 1990) und Insekten (minus 75 Prozent seit 1989) sind trotz aller Grundsätze zur guten fachlichen Praxis und der Regelvermutung wesentliche negative Folgen der anhaltenden landwirtschaftlichen Intensivierung der letzten Jahrzehnte.[22] Auch der Umstand, dass die Behörden viele Ausgleichs- und Ersatzmaßnahmen für bauliche Eingriffe auf landwirtschaftlichen Flächen genehmigen, verdeutlicht, dass landwirtschaftliche Flächen aufgrund ihrer Bewirtschaftung oftmals große Defizite hinsichtlich Leistungs- und Funktionsfähigkeit des Naturhaushaltes und beim Landschaftsbild aufweisen. Die aus diesem Grund 2009 vom Gesetzgeber in § 15 Abs. 3 BNatSchG aufgenommene Schutzklausel für landwirtschaftliche Flächen ist allerdings kontraproduktiv für die Schutzziele des

---

19 Ausführlich *Möckel* (Fn. 18), NuR 2012, 225 ff.

20 Zuletzt BfN (Hrsg.), Daten zur Natur 2016; BMUB/BMEL, Nitratbericht 2016; UBA, Die Wasserrahmenrichtlinie: Deutschlands Gewässer 2015.

21 *Röder/Schmidt/Osterburg*, Grünland: Mehr als nur Viehfutter, 2015, S. 2 ff.; *Knickel*, Nachhaltige Nahrungsmittelproduktion: Szenarien und Prognosen für die Landwirtschaft bis 2030 – Handlungsbedarf und Langfriststrategien für die Umweltpolitik, 2002, S. 26.

22 *DESTATIS*, Nachhaltige Entwicklung in Deutschland: Indikatorenbericht 2016, 2017, S. 100; *Hallmann* u. a., More than 75 percent decline over 27 years in total flying insect biomass in protected areas, PLOS ONE 2017, 1 ff.

BNatSchG, da sie die dringend gebotene ökologische Aufwertung stark ausgeräumter landwirtschaftlicher Gunstregionen erschwert.

Ist aber die vom Gesetzgeber für den Regelfall behauptete Vereinbarkeit der landwirtschaftlichen Bodennutzung mit den Zielen des Naturschutzes und der Landschaftspflege sowohl rechtlich als auch tatsächlich unbegründet, dürfen die zuständigen Behörden sich hierauf nicht mehr berufen, sondern sind sie nach § 14 Abs. 1 BNatSchG verpflichtet, in jedem Einzelfall landwirtschaftliche Bewirtschaftungsmaßnahmen auf ihre Eingriffsqualität (Charakter der Maßnahme und Erheblichkeit der Folgen) zu überprüfen und im Fall eines Eingriffs die Maßnahme entsprechend den Vorgaben in § 15 BNatSchG zu untersagen oder mit der Auflage von Ausgleich- oder Ersatzmaßnahmen zu genehmigen. Im Regelfall trifft diese Pflicht nach § 17 Abs. 3 BNatSchG die zuständige Naturschutzbehörde, da die meisten landwirtschaftlichen Bewirtschaftungsmaßnahmen genehmigungsfrei sind. Die landwirtschaftlichen Betriebe sind umgekehrt verpflichtet, für ihre eingreifenden Bewirtschaftungsmaßnahmen gemäß § 17 Abs. 3 und 4 BNatSchG eine Eingriffsgenehmigung zu beantragen und alle zur Prüfung erforderlichen Angaben mitzuteilen. Da regelmäßig erst die Naturschutzbehörde beurteilen kann, ob die Bewirtschaftungsmaßnahme schon Eingriffsqualität im Sinne von § 14 Abs. 1 BNatSchG hat oder nicht, sind Bewirtschafter nach § 17 Abs. 3 BNatSchG angehalten, alle Maßnahmen der Behörde anzuzeigen, für die eine Eingriffsqualität nicht offensichtlich oder durch konkretisierende Rechtsakte ausgeschlossen ist.

1. *Eingriffsqualität landwirtschaftlicher Bewirtschaftungsmaßnahmen*

Welche landwirtschaftlichen Bewirtschaftungsmaßnahmen den Eingriffstatbestand von § 14 Abs. 1 BNatSchG erfüllen, ist allenfalls teilweise geklärt.[23] Weitgehende Einigkeit besteht darin, dass Veränderungen der Gestalt (z.B. Beseitigung von Landschaftselementen; Umbruch von Dauergrünland; Bodenbewegungen; Beseitigung oder Veränderungen der Ufer und Gewässerbetten von Oberflächengewässern), Veränderungen der Nutzung (z.B. die Umwandlung von Dauerkulturen wie Dauergrünland, Streuobst, Weinstöcke in Acker oder andere Dauerkulturen) und Veränderungen des Grundwasserspiegels (z.B. durch Entwässerungsmaßnahmen wie Gräben und Drainagen oder durch die Entnahme zu Bewässerungszwecken) Eingriffe darstellen, wenn sie die Erheblichkeitsschwelle über-

23 Vgl. *Möckel* (Fn. 18), NuR 2012, 226 f.

schreiten.[24] Auch wenn grundsätzlich ein weites Eingriffsverständnis breitere Zustimmung findet, ist die Subsumtion von Maßnahmen der so genannten täglichen Bewirtschaftung (z.B. Bodenbearbeitung mittels Pflug-, Dünge- und Pflanzenschutzmaßnahmen), welche der Gesetzgeber mit der Regelvermutung in § 14 Abs. 2 BNatSchG weitestgehend von der Eingriffsregelung freistellen wollte, hoch umstritten. Insbesondere wird trotz der begrifflichen Offenheit von § 14 Abs. 1 BNatSchG angezweifelt, ob eine Nutzungsänderung auch bei einer Intensivierung einer bestehenden Nutzung (z.B. durch höheren Düngemittel- oder Pestizideinsatz) vorliegt oder erst bei einer neuen Nutzungsart.[25] Letzteres wird v.a. mit Praktikabilitätserwägungen bei stofflichen Einträgen gefordert, obwohl gerade die durch höhere Düngung und stärkeren Pestizideinsatz ermöglichte landwirtschaftliche Intensivierung mit die wichtigste Ursache für Beeinträchtigungen des Naturhaushaltes und den Rückgang der biologischen Vielfalt ist. Letztlich ist die gesamte Abgrenzung zwischen Nutzungsänderung und Nutzungsintensivierung v.a. eine Frage der Betrachtung. So mag für den Nichtlandwirt Grünland gleich Grünland sein, für Landwirte, Biologen und Ökologen bestehen aber große Unterschiede zwischen einem extensiv bewirtschafteten, mageren und dadurch artenreichen aber ertragsschwachen Grünland und einem intensiv gedüngten, ertragsstarken Grünland, bei dem nährstoffliebende Pflanzen dominieren. In Anbetracht des Umfangs grundstücksbezogener Stoffeinträge der Landwirtschaft und ihrer weitreichenden Auswirkungen auf die Ökosysteme und die biologische Vielfalt kann bei der Frage der Eingriffsqualität nach § 14 Abs. 1 BNatSchG nur die Erheblichkeit der Auswirkungen von Nutzungsänderungen maßgebend sein und nicht dem Gesetz völlig unbekannte Nutzungskategorien. Dies entspricht dem europäischen Eingriffsverständnis in der Umweltverträglichkeitsprüfung und der Natura 2000-Verträglichkeitsprüfung. Zu bedenken ist weiterhin, dass nur das Naturschutzrecht das wichtige Gebot der Realkompensation kennt, welches entsprechend Art. 20a GG den Bestand

---

24 Vgl. Beispiele bei *Gassner/Heugel*, Das neue Naturschutzrecht, 2010, Rn. 260 ff.; *Lütkes/Ewer*, BNatSchG, 2011, § 14 Rn. 6 f., 9, 12; *Gellermann*, in: Landmann/Rohmer, Umweltrecht, Bd. II, Loseblatt, 2017, § 14 Rn. 6, 9.

25 Auch bei Intensivierung *Gellermann* (Fn. 244), § 14 Rn. 9; Möckel (Fn. 18), NuR 2012, 225 ff.; *Gassner/Heugel* (Fn. 24), Rn. 261; *Gassner*, in: Gassner/Bendomir-Kahlo/Schmidt-Räntsch, BNatSchG, 2. Auflage, 2003, § 18 BNatSchG a.F. Rn. 6; Louis/Engelke, BNatSchG, 2. Auflage, 2000, § 8 BNatSchG a.F. Rn. 4. Nur Nutzungswechsel Bundesregierung 1998, BT-Drs. 13/6441, S. 51; *Lütkes*, in: Lütkes/Ewer, BNatSchG, 2011, § 14 Rn. 9, 31; *Fischer-Hüftle/Czybulka*, in: Schumacher/Fischer-Hüftle, BNatSchG, 2. Auflage, 2011, § 14 Rn. 11, 64.

unserer natürlichen Lebensgrundlagen nicht nur qualitativ, sondern v.a. auch quantitativ sichert.[26] Es ist daher von einem weiten Eingriffstatbestand auch hinsichtlich landwirtschaftlicher Bewirtschaftungsmaßnahmen auszugehen.

2. *Rechtsfolgen für landwirtschaftliche Eingriffe*

Liegt ein Eingriff nach § 14 Abs. 1 BNatSchG vor und ist dieser nach § 15 Abs. 1 BNatSchG vermeidbar, muss die Naturschutzbehörde ihn untersagen. Bei unvermeidbaren Eingriffen müssen die Behörden gemäß § 15 Abs. 2 BNatSchG Ausgleichs- oder Ersatzmaßnahmen anordnen (z.B. Anlage von Hecken, Blühstreifen oder produktionsintegrierte Maßnahmen).[27] Da landwirtschaftliche Betriebe regelmäßig aufwertbare Flächen in ihrem Eigentum haben, dürfte eine Kompensation nur in wenigen Fällen nicht möglich sein. Nur in diesen Fällen haben die Behörden gemäß § 15 Abs. 5 BNatSchG eine Abwägung zwischen den Interessen des landwirtschaftlichen Betriebes sowie den Belangen des Naturschutzes vorzunehmen und bei Überwiegen der Naturschutzbelange die Bewirtschaftungsmaßnahme zu untersagen. Bei überwiegenden landwirtschaftlichen Interessen ist der Eingriff zulässig, allerdings muss der Bewirtschafter dann nach § 15 Abs. 6 BNatSchG einen Ausgleich in Geld leisten.

IV. Fazit und Lösungsvorschlag

Spätestens seit der Entscheidung des BVerwG im Jahr 2016 ist offensichtlich, dass ohne eine gesetzgeberische Novellierung und v.a. auch Konkretisierung die Grundsätze zur guten fachlichen Praxis in § 5 Abs. 2 BNatSchG diese für den Naturschutz in Agrarlandschaften bedeutungslos sind, da sie weder den Landwirten umsetzbare Hinweise geben noch die zuständigen Behörden deren Umsetzung kontrollieren können oder mittels behördlicher Anordnungen konkretisieren dürfen. Damit geht von ihnen lediglich

---

26 *Degenhart*, Regelungsmöglichkeiten des Bundes zur Gleichstellung von Ersatzgeld und Naturalkompensation im Rahmen der naturschutzrechtlichen Eingriffsregelung, 2011, S. 32 ff., 57 ff.; *Gassner/Heugel* (Fn. 244), Rn. 279 f.; *Kerkmann/Koch*, in: Schlacke, GK-BNatSchG, 2017, § 13 Rn. 7 f.

27 *Möckel* (Fn. 18), NuR 2012, 230 f.; umfassend zu PIK Czybulka/Hampicke/Litterski (Hrsg.), Produktionsintegrierte Kompensation. Rechtliche Möglichkeiten, Akzeptanz, Effizienz und naturschutzgerechte Nutzung, 2012.

ein appellierender, symbolischer Charakter aus. Trotzdem sieht der aktuelle Koalitionsvertrag keine erneute Novellierung des BNatSchG vor, obwohl CDU, CSU und SPD darin eine nachhaltigere Landwirtschaft anstreben. Die Unverbindlichkeit und Unbestimmtheit der Grundsätze hat auch Folgen für die Eingriffsregelung, aber andere als vom BVerwG angenommen. Statt einer Durchsetzung und Konkretisierung der Grundsätze im Rahmen der Eingriffsregelung lässt vielmehr deren Unverbindlichkeit und Unbestimmtheit die freistellenden Regelvermutung in § 14 Abs. 2 BNatSchG leerlaufen, da derart vollzugsuntaugliche Handlungsanleitungen schon rechtlich nicht sicherstellen können, dass die landwirtschaftliche Bodennutzung in der Regel nicht den Zielen des Naturschutzes und der Landschaftspflege widerspricht. Die rechtliche Unbegründetheit der Regelvermutung wird durch die tatsächlichen negativen ökologischen Entwicklungen – insbesondere der biologischen Vielfalt – in oder in der Nähe von Agrarlandschaften bestätigt, die erwiesenermaßen durch die landwirtschaftliche Bewirtschaftung und die weiterhin stattfindende Intensivierung verursacht sind.

Ist die Regelvermutung in § 14 Abs. 2 BNatSchG normativ unbegründet und praktisch widerlegt, können sich Landwirte und Behörden nicht darauf berufen, sondern sind auch bei landwirtschaftlichen Bodennutzungen Eingriffsprüfungen erforderlich, sofern landwirtschaftliche Maßnahmen den Eingriffstatbestand des § 14 Abs. 1 BNatSchG erfüllen. Letzterer ist dabei entgegen der früheren herrschenden Meinung weder auf nichtstoffliche Eingriffe beschränkt noch klammert er in sonstiger Weise die landwirtschaftliche Bodennutzung aus. Für die Praxis bedeutet die rechtliche Bestandsaufnahme, dass ohne eine gesetzliche Änderung bei §§ 5 Abs. 2 oder 14 Abs. 2 BNatSchG auf die Landwirte und Behörde ein erheblicher Verwaltungsaufwand in Form von Eingriffsprüfungen bei landwirtschaftlichen Bodennutzungen zukommt.

Will man diesen Verwaltungsaufwand vermeiden und die Naturschutzbelange, statt sie durch einen Rückfall in eine ausdrückliche Freistellung in Agrarlandschaften aufzugeben, in Zeiten von weltweiten Biodiversitätsverlusten und Klimawandel deutlich stärken, bedarf es folgender gesetzgeberischer Verbesserungen, entweder im BNatSchG oder in einem neuen Landwirtschaftsgesetz, und darüber hinaus in weiteren gesetzlichen und untergesetzlichen Konkretisierungen:

- Verbindliche und konkrete ordnungsrechtliche Anforderungen an die landwirtschaftliche Bodennutzung einschließlich nachprüfbarer Ober- und Untergrenzen sowie spezifischer Anforderungen an den Artenschutz,[28] welche sich wie in anderen Wirtschaftsbereichen an der besten verfügbaren Technik und Bewirtschaftungsweise orientieren sollten.[29]

- Eine bundesrechtliche Möglichkeit für Kommunen, planerisch standortbezogene Vorgaben für die landwirtschaftliche Bodennutzung verbindlich festzulegen (z.B. mittels verbindlicher Landschaftspläne oder einer Erweiterung der Bauleitplanung zu einer umfassenden örtlichen Bodennutzungsplanung).[30]
- Für die verbleibenden, als unvermeidbar einzustufenden Eingriffe der landwirtschaftlichen Bodennutzung statt einer Eingriffsprüfung mit Ausgleichs- und Ersatzpflichten im Einzelfall eine pauschale Kompensationsverpflichtung in Form z.B. eines bestimmten Anteils ökologischer Vorrangflächen oder produktionsintegrierter Maßnahmen, auch wenn damit die negativen Auswirkungen landwirtschaftlicher Bodenbewirtschaftung nicht vollständig ausgleichbar sind.[31]

Mit dieser grundlegenden Novellierung des naturschutzrechtlichen Konzepts und Anforderungsniveaus hinsichtlich der landwirtschaftlichen Bodenbewirtschaftung ließe sich nicht nur der Koalitionsvertrag umsetzen, sondern v.a. auch die Erfüllung der internationalen und europäischen Verpflichtungen Deutschlands zum Schutz der Biodiversität, Gewässer und des Klimas sowie die Erreichung der nationalen Zielsetzungen zu Nachhaltigkeit und zum Erhalt der biologischen Vielfalt deutlich befördern.

---

28 Detaillierter *Möckel*, Verbesserte Anforderungen an die gute fachliche Praxis der Landwirtschaft, ZUR 2014, 15 ff.

29 Vgl. *Möckel*, 'Best available techniques' as a mandatory basic standard for more sustainable agricultural land use in Europe?, Land Use Policy 2015, 342 ff.

30 Ausführlicher *Möckel*, Erfordernis einer umfassenden außenverbindlichen Bodennutzungsplanung auch für nichtbauliche Bodennutzungen, DÖV 2013, 424 ff.

31 *Möckel* (Fn. 18), NuR 2012, 231 f.

Biodiversitätsschutz in Agrarlandschaften durch (planerische) Nutzungssteuerung

Ingmar Piroch[*]

I. Ausgangslage

Die das »Insektensterben« in den Fokus der Öffentlichkeit gerückte Studie von *Hallmann* et al.[1] zeigt eindrucksvoll, dass Schutzgebiete keine Inseln wohlgeordneter Naturzustände sind. Der Naturschutz muss sich daher auf die gesamte Fläche beziehen. Das gilt insbesondere für das Ziel, die biologische Vielfalt zu erhalten. In den Blickpunkt treten damit die landwirtschaftlich genutzten Flächen, deren Flächenanteil in Deutschland über 50 % beträgt.[2] Ziel muss es in Bezug auf die Agrarlandschaften sein, den Schutz der Biodiversität mit der ökologisch nachhaltigen Nutzung der biologischen Ressourcen zu verknüpfen.[3]

Was bedeutet es, Biodiversitätsschutz in der Fläche umzusetzen? Biodiversität ist zunächst als ein Maß der Unterschiedlichkeit biologischer Einheiten im Raum und in der Zeit zu verstehen,[4] wobei zwischen qualitati-

---

* Der Beitrag gibt ausschließlich die persönliche Auffassung des Verfassers wieder und wurde nicht in dienstlicher Eigenschaft erstellt.

1 More than 75 percent decline over 27 years in total flying insect biomass in protected areas, 2017, PloS ONE 12(10).

2 Bundesamt für Naturschutz (Hrsg.), Daten zur Natur 2012, S. 59.

3 Siehe zum dementsprechenden Schutzansatz Art. 1 der Konvention über die Biologische Vielfalt (Convention on Biological Diversity – CBD) v. 5.6.1992, BGBl. II 1993, S. 1741; vgl. dazu *Marauhn*, Die Erhaltung der biologischen Vielfalt und die nachhaltige Nutzung ihrer Bestandteile, in: Lange (Hrsg.), Nachhaltigkeit im Recht – Eine Annäherung, 2003, S. 91 ff.; *Wolfrum*, Völkerrechtlicher Rahmen für die Erhaltung der Biodiversität, in: Wolff/Köck (Hrsg.), 10 Jahre Übereinkommen über die biologische Vielfalt – Eine Zwischenbilanz, 2004, S. 20; *Czybulka*, Erhaltung der Biodiversität bei der landwirtschaftlichen Nutzung, in: Wolff/Köck (Fn. 3), S. 152 ff.; *Fritz*, Integrierter Umweltschutz im Völkerrecht, 2009, S. 142 ff.

4 *Wiegleb*, Was sollten wir über Biodiversität wissen? Perspektiven einer angewandten Biodiversitätsforschung, in: Weimann/A. Hoffmann/S. Hoffmann (Hrsg.), Messung und ökonomische Bewertung von Biodiversität: Mission impossible?, 2003, S. 158 ff.; *Beierkuhnlein*, Der Begriff Biodiversität, in: Hempel et al. (Hrsg.), Biodiversität und Landschaftsnutzung in Mitteleuropa, Leopoldina-Symposium vom 2. bis 5. Oktober 2001, Nova Acta Leopoldina NF 87, Nr. 328, 2003, S. 54 ff. insb.

ver (Vielfalt innerhalb eines Bezugsobjektes), quantitativer (Vielfalt unterschiedlicher Bezugsobjekte im Raum) und funktioneller Vielfalt (Vielfalt von Prozessen und Wechselbeziehungen in der Natur) unterschieden werden kann.[5] Die in den normativen Biodiversitätsbegriffen[6] genannten drei Ebenen der biologischen Vielfalt sind charakteristische Beispiele oder sinnbildliche Merkmale der qualitativen, quantitativen und funktionellen Vielfalt.[7] Biologische Vielfalt umschreibt somit eine bestimmte Eigenschaft der Natur. Diese Eigenschaft kann durch unterschiedliche Maßnahmen gefördert werden.[8] Für den flächenbezogenen Schutz der biologischen Vielfalt kann das Leitbild der differenzierten Umweltnutzung als Bewertungsmaßstab dienen, das darauf abzielt, unterschiedliche Umweltbedingungen im Raum und in der Zeit zu erhalten und zu schaffen, die Grundlage für evolutionäre Prozesse und damit für Biodiversität sind.[9] Die Naturraumausstattung Deutschlands ist historisch betrachtet durch die menschliche Landnutzung geprägt. Vor allem extensive Nutzungsformen haben eine struktur- und artenreiche Kulturlandschaft hervorgebracht.[10] Daher sind die anthropogenen Nutzungen und Beeinflussungen der Umwelt so zu gestalten, dass eine durch vielfältige Umweltbedingungen gekennzeichnete Kulturlandschaft entsteht und damit die Voraussetzungen für biologische Vielfalt geschaffen werden.

S. 66; *Haber*, Biodiversität – Ein neues Leitbild und seine Umsetzung in die Praxis, Vortrag am 30. Oktober 2002 im Blockhaus Dresden, herausgegeben von der Sächsischen Landesstiftung Natur und Umwelt Akademie, 2003, S. 36.

5 *Beierkuhnlein* (Fn. 4), S. 63 ff.

6 Etwa in § 1 Abs. 1 Nr. 1 i.V.m. § 7 Abs. 1 Nr. 1 BNatSchG oder in Art. 2 Abs. 2 CBD.

7 Siehe dazu umfassend *Piroch*, Schutzziel Biodiversität. Flächenbezogener Schutz der Biodiversität nach dem Leitbild der differenzierten Umweltnutzung und unter besonderer Berücksichtigung des Planungsrechts, 2017, S. 39 ff.

8 Solcherart biodiversitätsfördernde Maßnahmen können sehr unterschiedlich sein. Biodiversitätsschutz wird daher zutreffend als Querschnittsaufgabe unterschiedlicher Politikbereiche betrachtet; vgl. nur BMU (Hrsg.), Nationale Strategie zur biologischen Vielfalt, 2007, S. 110.

9 Siehe dazu *Piroch* (Fn. 7), S. 91 ff.

10 *Haber* (Fn. 4), S. 37 ff.; *Dierßen/Huckauf*, Biodiversität – Karriere eines Begriffs, APuZ 2008, 3 (4 f.); *Ellenberg/Leuschner*, Vegetation Mitteleuropas mit den Alpen in ökologischer, dynamischer und historischer Sicht, 6. Aufl. 2010, S. 28 ff.; umfassend dazu *Küster*, Geschichte der Landschaft in Mitteleuropa, 4. Aufl. 2010, S. 231 ff. und S. 389 ff.; *Reichholf*, Eine kurze Naturgeschichte des letzten Jahrtausends, 2. Aufl. 2008, S. 87 ff.

Seit Jahren wird jedoch darauf hingewiesen,[11] dass sich die intensive, industrialisierte und homogene Flächennutzung der Agrarwirtschaft negativ auf die Biodiversität[12] auswirkt. Dazu zählen beispielsweise: intensive Pflanzenschutzmaßnahmen und intensive Düngung, Vereinfachung der Fruchtfolge sowie die Entfernung von Landschaftselementen wie Feldgehölze, Hecken, Baumreihen und Sölle. Monokulturen sind für zahlreiche Wildpflanzen und -tiere lebensfeindliche Gebiete.[13] Weitreichende Folgen hat auch die Trennung in industrielle Acker- und Viehwirtschaft. Mit dem Ausbringen der Exkremente ist ein Nährstoffüberschuss in der Flur verbunden, der sich nachteilig auf den Boden, die Humusschicht und den Wasserhaushalt auswirkt.[14] Auch die strikte Trennung zwischen Offenland und Wald hat zum Verlust von Lebensräumen geführt.[15] Schließlich wirkt sich der übermäßige und homogene Stoffeintrag in die Umweltmedien nachteilig auf die Biodiversität aus.[16]

---

11 Vgl. nur BMU (Hrsg.) (Fn. 8), S. 17 f.; *Riecken/Finck/Raths/Schröder/Ssymank*, Ursachen der Gefährdung von Biotoptypen in Deutschland, NuL 2010, 181 (182 f.); einen allgemeinen Überblick mit internationalen Bezügen geben *Dierßen/Huckauf* (Fn. 10), APuZ 2008, 4 ff.; vgl. auch *Kaule*, Arten- und Biotopschutz, 2. Aufl. 1991, S. 14, 19; *Haber* (Fn. 4), S. 37 sowie *Härtel*, Biologische Vielfalt zwischen Nachhaltigkeit und Nutzung, ZUR 2008, 233 (234); nach *Reichholf*, Naturschutz. Krise und Zukunft, 2010, S. 100, ist die Landwirtschaft zu 90 % für den Biodiversitätsverlust verantwortlich.

12 Biodiversität als Eigenschaft eines bestimmten Naturausschnittes kann *an sich* nicht beeinträchtigt werden. Betroffen von Eingriffen sind stets Individuen und/ oder ihre Lebensräume. Bezogen auf die landwirtschaftliche Bodennutzung wirken sich die durch die Bodennutzung verbundenen Änderungen der Umweltbedingungen auf den Zustand der Lebensräume und Arten und damit auf die Biodiversität aus.

13 Plakativ gesprochen führt dies zur „Landflucht der Tiere“, da ihnen urbane Räume zum Teil als Rückzugsorte dienen, vgl. weiterführend *Kersten*, „Im Dickicht der Städte“ – Biodiversität und Stadtentwicklung, UPR 2012, 15 (17 f.); zum Schutz der Biodiversität in Siedlungsräumen *Roden*, Urbane Biodiversität als städtebauliches Nachhaltigkeitskonzept. Analyse, Umsetzung und Perspektiven, 2017, passim.

14 *Ellenberg/Leuschner* (Fn. 10), S. 47 und 59 ff.; zu den Auswirkungen der Massentierhaltung siehe nur *Reichholf*, Der Tanz um das goldene Kalb, 2006, passim.

15 Vgl. nur *Krawczynski/Wagner*, Störung als Ziel des Managements, in: Brickwedde/ Stock/Wahmhoff (Hrsg.), Das Nationale Naturerbe in der Praxis – Impulse, Herausforderungen, Perspektiven, 2012, S. 120.

16 Vgl. dazu *Riecken/Finck/Raths/Schröder/Ssymank* (Fn. 11), NuL 2010, 182 ff.; *Ellenberg/Leuschner* (Fn. 10), S. 59 ff.

Im historischen Vergleich ist die Landwirtschaft zugleich Garant einer hohen biologischen Vielfalt als auch deren Gefährdungsfaktor.[17] Es ist jedoch nicht zielführend, Nutzungsformen und Naturzustände aus der Vergangenheit zum Topos moderner Naturschutzpolitik zu erheben.[18] Denn auf welche Seite das Pendel schlägt, hängt maßgeblich von der Art und Weise der landwirtschaftlichen Produktion ab. Und dies ist nicht allein eine Entscheidung des einzelnen Landwirtes. Vielmehr werden die Produktionsbedingungen durch vielfältige Einflussfaktoren bestimmt, wie Bodenpreise, Pachtzinsen (also die Eigentumsverteilung), klimatische Bedingungen, Absatzmärkte, Verbraucherverhalten, Technikeinsatz, Abschreibungszeiträume und schließlich die finanziellen und rechtlichen Rahmenbedingungen. Eine differenzierte Umweltnutzung als Instrument des Biodiversitätsschutzes in Agrarlandschaften muss sich daher an den heutigen Produktionsbedingungen und den naturräumlichen und klimatischen Gegebenheiten orientieren. Nicht der historisierende Rückbezug auf ein vermeintliches Ideal ist daher erforderlich, sondern die Suche nach geeigneten und umsetzbaren Instrumenten, um der Homogenisierung unserer Landschaft entgegenzuwirken.[19]

II. Defizitanalyse

Die rechtliche Steuerung der qualitativen und quantitativen Flächennutzung im Freiraum ist mit Blick auf einen effektiven Biodiversitätsschutz unzureichend.[20] Der Naturschutz ist fokussiert auf den Erhalt des Status quo. Naturschutzrechtliche Schutzvorgaben in Form von Verboten werden von den Betroffenen oft als Einschränkung ihrer Handlungsfreiheit und »Kostenfaktor« angesehen. Für sie besteht regelmäßig kein Vorteil, »hochwertige« Naturgüter auf den Flächen vorzuhalten (»negative Anreizwirkung«)[21]. Als Beispiel sei hier nur der Arten- und Biotopschutz genannt. Dieser hat einen flächendeckenden Geltungsanspruch. Es bedarf keiner behördlichen Unterschutzstellung. Sobald eine geschützte Art oder die Bio-

---

17 Siehe dazu etwa *Reichholf* (Fn. 10), passim; zur historischen Entwicklung der Landnutzung und den Auswirkungen auf die Natur vgl. *Küster* (Fn. 10), passim.

18 Vgl. dazu *Piroch* (Fn. 7), S. 74 ff.

19 Vgl. nur *Haber* (Fn. 4), S. 37 ff.

20 Vgl. zum Ganzen *Piroch* (Fn. 7), S. 150 ff.

21 Allgemein zur negativen Steuerungswirkung SRU, Konzept einer dauerhaft umweltgerechten Nutzung ländlicher Räume, Sondergutachten 1996, BT-Drs. 13/4109, Tz. 147; siehe auch *Haber* (Fn. 4), S. 30 f.

topeigenschaft festgestellt ist, sind störende oder beeinträchtigende Handlungen verboten (vgl. etwa § 44 Abs. 1 Nr. 1 und 2 BNatSchG). Der Schutz folgt den Arten oder richtet sich nach dem Vorkommen bestimmter Lebensräume. Dafür ist es jedoch notwendig zu wissen, wo sich die zu schützenden Arten aufhalten, wo sich Biotope befinden oder wo eine Beeinträchtigung der Umweltgüter stattgefunden hat. Ohne diese Kenntnis laufen die gesetzlichen Regelungen ins Leere. Für eine flächendeckende Bestandserhebung des Naturzustands ist die Umweltverwaltung jedoch überfordert. Grundstückseigentümer bzw. Flächennutzer haben gegenwärtig aber keine Vorteile, wenn sie sich an der Erfassung des Naturzustands beteiligen. Denn sie sind unmittelbar von den naturschutzrechtlichen Verboten betroffen, sollte sich auf ihrer Fläche eine geschützte Art oder ein Biotop befinden. Sie haben die finanziellen Nachteile zu tragen, indem sie die entsprechenden Flächen nicht beliebig nutzen können. Darüber hinaus wird durch den ordnungsrechtlichen Zugriff des Naturschutzes die Separation in naturschutzfachlich »wertvolle« und »uninteressante« Flächen gefördert. Schließlich werden in Bezug auf die Flächennutzung kumulative Auswirkungen (Wirkungen im Raum) und schleichende Veränderungen (Wirkungen in der Zeit) von den naturschutzrechtlichen Instrumenten nur unzureichend erfasst.[22]

Die ordnungsrechtliche Steuerung der landwirtschaftlichen Bodennutzung erfolgt bislang – neben konkreten Handlungsvorgaben, deren Verletzung sanktioniert ist – vor allem durch die Einhaltung der guten fachlichen Praxis.[23] Bei den Vorgaben zur guten fachlichen Praxis handelt es sich um einen gesetzlichen Privilegierungstatbestand: Werden die Vorgaben der guten fachlichen Praxis eingehalten, wird gesetzlich vermutet, dass damit beispielsweise die Vorsorgepflichten des Bodenschutzrechts (§ 17 Abs. 1 BBodSchG) eingehalten sind, es sich regelmäßig um keinen Eingriff in Natur und Landschaft (§ 14 Abs. 2 BNatSchG) handelt oder nicht gegen artenschutzrechtliche Zugriffsverbote (§ 44 Abs. 4 und 5 BNatSchG) verstoßen wird.[24] Werden die Vorgaben nicht eingehalten, entfallen die gesetzli-

---

22 Siehe *Piroch* (Fn. 7), S. 171.

23 Regelungen zur guten fachlichen Praxis finden sich in § 17 Abs. 2 BBodSchG, § 5 Abs. 2 BNatSchG, § 3 DüngG oder in § 3 PflSchG; siehe dazu *Rehbinder* und *Möckel* S. 85 ff. und 98 ff. in diesem Band.

24 Die Agrarwirtschaft ist aber nicht durchweg privilegiert, so sind Beeinträchtigungen der Schutzziele eines Schutzgebietes nicht durch die Einhaltung der guten fachlichen Praxis gerechtfertigt, BVerwG, Urt. v. 13.4.1983 – 4 C 76/80, NVwZ 1985, 41 f.; VGH Kassel, Urt. v. 21.8.1997 – 6 UE 4842/96, NuR 1998, 271 (272).

chen Konformitätsvermutungen. Es erfolgt jedoch keine automatische Sanktionierung.[25] Ein Verstoß gegen die gute fachliche Praxis führt in der Regel nicht zu einem Ordnungswidrigkeitenverfahren,[26] die Einhaltung der guten fachlichen Praxis kann im Einzelfall auch nicht angeordnet werden.[27] Zudem fehlt den Vorgaben zur guten fachlichen Praxis die zur Steuerung der landwirtschaftlichen Bodennutzung erforderliche inhaltliche Bestimmtheit, da sie keinen Flächenbezug aufweisen und eine Konkretisierung anhand der lokalen Bedingungen bislang nicht erfolgt ist.[28] Im Ergebnis kommt den Vorgaben zur guten fachlichen Praxis weitgehend keine Steuerungswirkung der landwirtschaftlichen Bodennutzung zu; sie haben lediglich einen Appell-Charakter.[29]

Auch die Agrarförderung der Europäischen Union kann in der gegenwärtigen Form die landwirtschaftliche Flächennutzung mit Blick auf den Biodiversitätsschutz nur unzureichend steuern. Die Agrarförderung besteht zu etwa 75 % (erste Säule) aus den Direktzahlungen an die Landwirte, eine Flächenprämie, die an die Einhaltung bestimmter Grundanforderungen zum Umwelt- und Tierschutz geknüpft ist (cross compliance oder »Überkreuzverpflichtungen«).[30] Bei Verstößen gegen die geltenden cross compliance-Anforderungen können die Beihilfen gekürzt und bei (mehrfa-

---

25 Vgl. nur *Peine*, Landwirtschaftliche Bodennutzung und Bundes-Bodenschutzgesetz, NuR 2002, 522 (525) am Beispiel von § 17 Abs. 3 BBodSchG.

26 Für das Naturschutzrecht etwa *Louis*, Das neue Bundesnaturschutzgesetz, NuR 2010, 77 (79); *Köck*, Rechtlicher Handlungsrahmen und Instrumente für die Erhaltung der Biodiversität in Kulturlandschaften, NuR 2010, 530 (534), der auch darauf hinweist, dass Geldbußen angesichts der mangelnden Konkretisierung der guten fachlichen Praxis auch nicht zulässig wären. Anordnungs- und Sanktionsbefugnisse enthalten aber die DüV und das PflSchG.

27 Kritisch *Rehbinder*, Biodiversitäts- und Klimaschutz in der Landwirtschaft: Reichen die gesetzlichen Rahmenbedingungen?, in: Czybulka (Hrsg.), Das neue Naturschutzrecht des Bundes. 9. Warnemünder Naturschutzrechtstag, 2011, S. 249, 251 f., abgedruckt auch in NuR 2011, 241 (242).

28 Vgl. SRU, Für eine Stärkung und Neuorientierung des Naturschutzes, Sondergutachten 2002, BT-Drs. 14/9852, Tz. 337 und 357; *Peine* (Fn. 25), NuR 2002, 524 f.; *Gassner/Heugel*, Das neue Naturschutzrecht, 2010, Rn. 188; *Köck* (Fn. 26), NuR 2010, 534; *Rehbinder* (Fn. 27), NuR 2011, 244.

29 Allgemeine Ansicht und seit Jahren kritisiert, vgl. nur SRU (Fn. 28), Tz. 359 ff. und 703; *Peine* (Fn. 25), NuR 2002, 525 f.; *Louis* (Fn. 26), NuR 2010, 79; *Köck* (Fn. 26), NuR 2010, 534; *Hafner*, Rechtliche Rahmenbedingungen für eine an den Klimawandel angepasste Landwirtschaft, UPR 2010, 371 (373 f.); *Rehbinder* (Fn. 27), NuR 2011, 242, 244 und 249).

30 Die cross compliance-Anforderungen beziehen sich u.a. auf die Vermeidung von Bodenerosionen, die Erhaltung von organischen Substanzen und den Schutz der Bodenstruktur, den Gewässerschutz, den Erhalt von Dauergrünland sowie auf Be-

chen) vorsätzlichen Verstößen sogar ausgeschlossen (zurückgefordert) werden (Sanktionsgefahr).[31] Demgegenüber setzen die Agrarumweltmaßnahmen als zweite Säule der Agrarförderung im Rahmen der GAP in der Theorie einen positiven Anreiz für die Landwirte, soweit sie überobligatorische Maßnahmen zum Umwelt- und Naturschutzschutz durchführen.[32] Die monetäre Unterstützung folgt hier dem »Public-Good-Modell«, wonach die naturverträgliche Landwirtschaft für die Erhaltung öffentlicher Güter[33] durch öffentliche Gelder honoriert wird.[34]

Mit den monetären Instrumenten der Agrarförderung ist es grundsätzlich möglich, Biodiversitätsschutz in der Agrarlandschaft wirkungsvoll umzusetzen. Dafür müssten die finanziellen Anreize für eine an ökologischen Kriterien orientierte Landnutzung jedoch ausgebaut werden.[35] Weiterhin sind die cross compliance-Anforderungen und die Agrarumweltmaßnahmen nicht bzw. kaum an die Standortbedingungen und die ortsübliche landwirtschaftliche Bewirtschaftung angepasst. Es fehlt an einer lokalen Steuerung, die allein durch Finanzmittel nicht möglich ist.[36] Darüber hinaus leidet die Agrarförderung an strukturellen Problemen, etwa in Form des zunehmenden Verwaltungsaufwandes, der Behörden und Landwirte gleichermaßen betrifft, der fehlenden Flexibilität der Vorgaben[37] bei gleichzeitiger monetärer Sanktionsgefahr für den Landwirt sowie der Unsi-

---

seitigungsverbote von Landschaftselementen (Hecken, Teiche, Gräben, Bäume, Feldränder etc.), vgl. dazu *Hafner* (Fn. 29), UPR 2010, 376 sowie *Rehbinder* (Fn. 27), NuR 2011, 243.

31 Zum ordnungsrechtlichen Einschlag der EU-Beihilfen siehe *Rehbinder* (Fn. 27), NuR 2011, 243.

32 *Köck* (Fn. 26), NuR 2010, 537. Zu Agrarumweltmaßnahmen im Rahmen der GAP und dem Schutz der Natur im Rahmen der Gemeinsamen Agrarpolitik insgesamt siehe Bestandsaufnahme, Bewertung und Ausblick von *Osterburg*, in diesem Band, S. 65 ff.

33 Als Agrarumweltmaßnahme können etwa gefördert werden: das Anlegen von Feld- und Uferrandstreifen, die Biotoppflege, ökologischer/biologischer Landbau, vgl. dazu *Hafner* (Fn. 26), UPR 2010, 376 f.; *Rehbinder* (Fn. 27), NuR 2011, 244.

34 *Köck* (Fn. 26), NuR 2010, 537; SRU, Umweltschutz im Zeichen des Klimawandels, Umweltgutachten 2008, Tz. 1045.

35 Siehe dazu etwa SRU, Für eine zeitgemäße Gemeinsame Agrarpolitik (GAP), Stellungnahme Nr. 14, 2009; *Ekardt/Holzapfel*, Nachhaltigkeit im Bodenschutz – Landnutzung und Ressourcenschonung, UPR 2010, 260 (267 f.); *Haber/Bückmann/Endres*, Anpassung des Landmanagements in Europa an den Klimawandel, NuR 2010, 377 (381 f.); *Köck* (Fn. 26), NuR 2010, 537; *Rehbinder* (Fn. 27), NuR 2011, 248 ff.

36 Siehe *Piroch* (Fn. 7), S. 180 f.

37 Etwa in Bezug auf die Abmessung der Schläge, die Förderung von Agrarumweltmaßnahmen nur in einer begrenzten Gebietskulisse, die strikten Vorgaben zu

cherheit zum langfristigen Fortbestand der Agrarumweltmaßnahmen und der damit verbundenen Planungsunsicherheit.

III. Aufgabenstellung

Biodiversitätsschutz ist ohne Berücksichtigung der Agrarlandschaften nicht erfolgreich. Um den Biodiversitätsschutz in der Fläche zu gewährleisten, muss der bewahrende Regelungsansatz des Naturschutzes durch entsprechende Gestaltungsinstrumente ergänzt werden.[38] Erforderlich ist eine lokale und dynamische Nutzungssteuerung[39] zu Art und Maß der Flächennutzung. Eine solche standörtliche Nutzungssteuerung ist nur im Zusammenwirken mit den Landnutzern zu realisieren. Dafür muss den Landnutzern ein positiver Anreiz gegeben werden, um mehr Verantwortung für den Schutz der biologischen Vielfalt zu übernehmen.[40] Ziel muss es sein, dass Landnutzer den Naturschutz nicht mehr als Einschränkung sehen, sondern beispielsweise für den Erhalt von Biotopen aus eigenem und aus wirtschaftlichem Interesse eintreten. Der Fokus des Steuerungsinstrumentes sollte auf handlungsbasierte Vorgaben gelegt werden, um über eine differenzierte Landnutzung einen Beitrag zum Biodiversitätsschutz zu leisten.[41] Die jeweiligen Landnutzer sollten dabei aktiv eingebunden werden. Denn eine regionale bzw. standörtliche Nutzungssteuerung kann ohne unzumutbaren Verwaltungsaufwand nicht durch das Ordnungsrecht (Verbote und Kontrollen) umgesetzt werden.

Weideterminen oder Tierbesatz ohne Berücksichtigung der Wetterlage bzw. der standörtlichen Gegebenheiten, die Vorgaben zur Anlage von Schonstreifen mit bestimmten Saatmischungen und einjährigen Standzeiten.

38 Vgl. dazu allgemein mit Blick auf Art. 20a GG *Piroch* (Fn. 7), S. 74 ff. sowie 84 ff.

39 Zur erforderlichen Dynamisierung des Rechtssystems siehe *Kloepfer*, Dimensionen der Umweltagrarpolitik, NuR 2018, 11 (15 f.).

40 Zur erforderlichen Umkehr der Anreizwirkung durch entsprechende rechtliche Instrumente bereits SRU (Fn. 21), Tz. 102 und 151.

41 Vgl. zur finalen und kausalen Steuerung des Biodiversitätsschutzes *Piroch* (Fn. 7), S. 87 ff. und 91 ff.

IV. Vorschlag einer Bodennutzungsplanung

Die im Folgenden in Grundzügen vorzustellende Bodennutzungsplanung[42] zielt darauf ab, spezifische Anforderungen an die gute fachliche Praxis flächenbezogen zu konkretisieren. Damit würde ein allgemeines Umweltqualitätsziel i.S.d. »flächenbezogenen Biodiversitätsschutzes« in die Rechtsordnung aufgenommen. Die planerische Steuerung erfolgt auf lokaler Ebene. Eine mehrstufige Planung ist daher nicht erforderlich. Vielmehr könnten vorbereitende Inhalte der Bodennutzungsplanung in die Raumordnung bzw. Landschaftsplanung aufgenommen werden – soweit dies erforderlich und möglich ist.[43]

Anknüpfungspunkt der Bodennutzungsplanung ist daher das Ordnungsrecht, indem sie Vorgaben zur guten fachlichen Praxis flächenbezogen und unter Einbeziehung der Flächennutzer konkretisiert.[44] Für die Verknüpfung mit dem Ordnungsrecht wäre zunächst eine gesetzliche Klarstellung erforderlich, dass die landwirtschaftliche Bewirtschaftung nicht nur hinsichtlich der Nutzungsart, sondern auch mit Blick auf das Maß der Nutzung grundsätzlich einen Eingriffstatbestand verwirklicht (§ 14 BNatSchG).[45] Weiterhin müsste in § 5 BNatSchG und § 17 BBodSchG ein Verweis aufgenommen werden, dass die standortbezogene Konkretisierung der guten fachlichen Praxis über die neu zu schaffende Bodennutzungsplanung erfolgt. Eine Privilegierung der Landwirtschaft würde nur noch dann erfolgen, wenn landwirtschaftliche Betriebe die Anforderungen der Bodennutzungsplanung erfüllen. Den Nachweis müssen die Landnut-

---

42 Zum Folgenden siehe *Piroch* (Fn. 7), S. 334 ff.

43 Vgl. dazu *Piroch* (Fn. 7), S. 341 ff.

44 Bei der planungsrechtlichen Konkretisierung der guten fachlichen Praxis handelt es sich um eine zulässige Inhalts- und Schrankenbestimmung des Eigentums nach Art. 14 Abs. 1 Satz 2 GG, grundlegend BVerfG, Beschl. v. 15.7.1981 – 1 BvL 77/78 (Nassauskiesung), BVerfGE 58, 300 (331); siehe auch BVerwG, Urt. v. 24.6.1993 – 7 C 26/92, BVerwGE 94, 1 (5 f.). Zur „Ökologiepflichtigkeit" des Grundeigentums *Czybulka,* Zur Ökologiepflichtigkeit des Eigentums. Herausforderung für Dogmatik und Gesetzgeber, in: Bauer/Czybulka/Kahl/ Voßkuhle (Hrsg.), Umwelt, Wirtschaft und Recht, 2002, S. 89 ff.

45 Vgl. zu dieser umstrittenen Frage *Möckel*, Landwirtschaft und naturschutzrechtliche Eingriffsgenehmigung, NuR 2012, 225 (227) sowie *ders.* S. 103 ff. und *Rehbinder* S. 83 ff. in diesem Band. Eine gesetzliche Klarstellung könnte in § 14 Abs. 2 BNatSchG wie folgt ausgestaltet werden: Die landwirtschaftliche Bodennutzung ist – unabhängig von den Voraussetzungen des Absatzes 1 – ein Eingriff, soweit nicht angezeigt wird, dass die Anforderungen aus den Bodennutzungsplänen eingehalten werden.

zer erbringen: Ohne Information keine Privilegierung![46] Darüber hinaus sollte eine Verknüpfung mit der Agrarförderung erfolgen. Die Inhalte der Bodennutzungsplanung würden dann z.B. die cross compliance-Anforderungen konkretisieren.

Für die Aufstellung der Bodennutzungsplanung sollte ein integrativer und iterativer Ansatz gewählt werden. Das heißt, die Flächennutzer (also die Landwirte) sind bei der Planaufstellung und -fortschreibung einzubeziehen. Wie oben bereits dargestellt, führt die mangelnde Kenntnis der Naturraumausstattung und der tatsächlichen Bewirtschaftung vor Ort zu Defiziten bei der Umsetzung und Kontrolle der naturschutzrechtlichen Vorgaben und der Agrarförderung. Werden die Landnutzer in die Planerstellung einbezogen, können Wissenslücken geschlossen werden. Für den Landnutzer besteht der Vorteil einer möglichst umfassenden Zustandsmeldung darin, dass auf dieser Grundlage auch zielgenaue und standortangepasste Maßnahmen in den Bodennutzungsplan aufgenommen werden können.

Wie sollte dieses Verfahren ausgestaltet sein? In der Umwelt- und Landwirtschaftsverwaltung liegen sehr heterogene und vielfältige Informationen zu den einzelnen Flächen vor (naturräumliche Gliederung, Feldblöcke, Gewässer, Biotopkartierungen, Schutzgebiete mit speziellen Bewirtschaftungsvorgaben, Vorkommen bestimmter Arten etc.). Diese Informationen sollten zusammengeführt werden und die Grundlage für eine Bodennutzungsplanung bilden.[47] Daneben ist ein Katalog flächen- und betriebsbezogener Maßnahmen für die Planung zu erstellen. Bei der Zusammenstellung des Maßnahmenkatalogs kann auf vielfältige Untersuchungen und Maßnahmenvorschläge zum Thema Landwirtschaft und Naturschutz zurückgegriffen werden.[48] Zu nennen sind hier etwa: Blühstreifen, Schonstreifen, Vogelinseln, Ackerwildkrautschutz, Drilllücken, Stilllegungsflä-

---

46 Zur Umkehr der Beweislast als Instrument des Vorsorgeprinzips am Beispiel der REACH-VO siehe nur *Calliess*, Zur Maßstabswirkung des Vorsorgeprinzips im Recht, VerwArch 2003, 389 ff. In Bezug auf das Chemikalienrecht bedeutet die Beweislastumkehr: „Ohne Daten kein Markt".

47 Konkrete gesetzliche Anforderungen an die Bewirtschaftung, etwa in einem Schutzgebiet oder in Bezug auf ein gesetzlich geschütztes Biotop, sind auch im Rahmen der Bodennutzungsplanung zu beachten. Damit wird die Sicherung des Status quo gewährleistet.

48 Siehe insbesondere die Ergebnisse des Projektes F.R.A.N.Z, abrufbar unter http://www.franz-projekt.de; beispielhaft auch *Gottwald/Stein-Bachinger*, Landwirtschaft für Artenvielfalt, 2015; *Stommel* et al., Maßnahmen- und Artensteckbriefe zur Förderung der Vielfalt typischer Arten und Lebensräume der Agrarlandschaft, Abschlussbericht zum DBU-Projekt 91017/19, 2018.

chen, vielfältige Fruchtfolgen etc.[49] Darüber hinaus gibt es regionale Besonderheiten, die entweder naturbedingt (etwa Sölle) oder kulturhistorisch gewachsen sind (beispielsweise Knicks und Feldhecken). Deren Erhalt sollte ebenfalls in den Katalog aufgenommen werden. Der Katalog ist von den Ländern (unter Vorgabe bundeseinheitlicher Standards) zu erstellen.

Weiterhin bedarf die Bodennutzungsplanung einer Steuerung zum Maß der umzusetzenden Bewirtschaftungsinhalte. Das heißt, es muss ein Bezugspunkt geschaffen werden, bis zu dem Maßnahmen umzusetzen sind. Dies erfolgt in Form eines Punktesystems.[50] Es sind einzelne Bezugsflächen zu bilden, denen ein Sollwert in Form von Bodennutzungspunkten zugeordnet wird. Die in dem Maßnahmenkatalog enthaltenen flächen- und betriebsbezogenen Maßnahmen sind ihrerseits auch mit einem entsprechenden Punktwert (Maßnahmenpunkte) zu versehen. Im Rahmen der Bodennutzungsplanung sind dann durch den Flächennutzer/die Flächennutzer so viele Maßnahmen aus dem entsprechenden Katalog auszusuchen und zu melden, bis die Summe der Maßnahmenpunkte den Sollwert der Bodennutzungspunkte für den Bezugsraum erreicht. Der Sollwert eines Bezugsraums ist im Vorfeld festzulegen. Er richtet sich nach den naturräumlichen Gegebenheiten und dem Ertragspotential der Agrarflächen. Auf landwirtschaftlichen Gunststandorten müsste daher ein geringerer Sollwert gewählt werden als auf Grenzstandorten. Die Sollwerte werden jedoch nicht für eine konkrete Fläche, sondern einheitlich für bestimmte Kategorien von Nutzflächen festgelegt. So ergibt sich beispielsweise der Sollwert für Ackerflächen mit hohem Bodenwert und einem Anteil von weniger als x % Landschaftselementen aus der Summe der flächen- und betriebsbezogenen Maßnahmen(-punkte), die regelmäßig auf einer solchen Fläche umzusetzen sind. So muss der Sollwert für diese Nutzflächenkategorie mindestens den Maßnahmenwert, der zum Erhalt des genannten Anteils an Landschaftselementen erforderlich ist, übersteigen. Sinn und Zweck der Sollwertfestlegung ist nicht, das jeweilige naturschutzfachliche Potential einer konkreten Fläche abzubilden. Die Sollwertfestlegung zielt vielmehr darauf ab, ein ökologisches Mindestniveau für eine bestimmte Nutzungskategorie überregional abzusichern. Die eigentliche flächenspezifische Steuerung

49 Der Maßnahmenkatalog sollte unterscheiden zwischen standortbezogenen/flächenbezogenen Maßnahmen einerseits und bewirtschaftungsbezogenen Anforderungen andererseits.

50 Die Berechnung der Sollwerte und der Maßnahmenwerte müsste in einem Planspiel erarbeitet werden, damit sie einerseits naturschutzfachlichen Mindestanforderungen genügen und andererseits eine wirtschaftliche Betätigung ermöglichen.

der Maßnahmenumsetzung erfolgt anhand der Feinplanung mit den Landnutzern. Auf lokaler Ebene soll die Möglichkeit bestehen, eine Sollwertüberschreitung in einem Bezugsraum einem anderen Bezugsraum zuzuschlagen. Dadurch kann die Flächennutzung dahingehend gesteuert werden, dass Naturschutzmaßnahmen dort umgesetzt werden, wo sie fachlich sinnvoll sind. Das Punktesystem ist daher ein Steuerungsinstrument der Flächennutzung. Die Steuerung erfolgt überregional durch die Festlegung der Sollwerte für bestimmte Kategorien von Nutzflächen. Im Rahmen der Aktualisierung der Bodennutzungsplanung kann mit neuen Sollwerten das ökologische Mindestniveau reguliert werden. Auf lokaler Ebene erfolgt die Nutzungssteuerung mit den Landnutzern in Form der flächenspezifischen Maßnahmenmeldung und -festlegung.

V. Bodennutzungsplanung am Beispiel

Die fachlichen Fragen, etwa zur Auswahl eines geeigneten Bezugsraums, der Festlegung der Sollwerte und der Maßnahmenkataloge einschließlich der Maßnahmenwerte, müssen durch Experten der Umwelt-, Agrar- und Planungswissenschaft einschließlich der jeweiligen Praktiker beantwortet werden. Das folgende Beispiel soll die Funktionsweise des Planungsmodells verdeutlichen.

Die Planung beginnt mit der Definition eines Bezugsraums (erster Schritt). Hier könnte zunächst ein einfaches Raster über die Landschaft gelegt werden. Diejenigen Feldblöcke, die ganz oder zu einem überwiegenden Teil in dem Raster, d. h. im Bezugsraum liegen, werden einbezogen; andernfalls fallen sie den benachbarten Bezugsräumen zu. Für das Beispiel wird angenommen, dass es sich im Vergleich zu anderen Standorten um eine strukturreiche Fläche mit einem mittleren Bodenwert handelt. Im Beurteilungsgebiet befinden sich vier Feldblöcke, die als Ackerland genutzt werden. Drei Feldblöcke sind an Landwirt A verpachtet. Der vierte Feldblock befindet sich im Eigentum des landwirtschaftlichen Betriebes B und wird von diesem auch bewirtschaftet. Im Norden angrenzend befindet sich eine Allee. Im Süden grenzt das Ackerland an Wald. Die Feldblöcke werden von Nord nach Süd durch einen historischen Weg geteilt. Dieser wird zwar nicht mehr genutzt, ist zum Teil aber noch erkennbar. Im nördlichen Drittel formt er ein Feldgehölz (Biotop). Dieses ist als Landschaftselement gemeldet. Der restliche Teil wird als Ackerland genutzt. Der Sollwert für den Bezugsraum ergibt sich aus der vordefinierten Nutzflächenkategorie. Für das Beispiel soll die Kategorie für den Bezugsraum lauten: Ackerland mit einem mittleren Bodenwert sowie einem Anteil von 8 % Landschaftselementen und Landschaftsbestandteilen (Alleen, Baumreihen). Der vorgegebene Sollwert muss daher mindestens die Maßnahmen(-punkte) umfassen, die für den Erhalt des genannten Anteils an Landschaftselementen notwendig sind.

Diese Informationen sind Ergebnis der verwaltungsinternen Datenzusammenstellung. Die Darstellung erfolgt mittels geografischer Informationssysteme. Entsprechend dieser Informationen lassen sich aus dem Katalog der möglichen Maßnahmen zur Erreichung des Sollwertes bereits erste betriebsbezogene (z.B. Reduktion des Düngereintrags, Zwischenfruchtanbau) und standortbezogene Anforderungen (z.B. Erhalt des Biotops und der Allee durch Anlage von Schonstreifen) ableiten.

Im Rahmen der Planaufstellung und Maßnahmenfestlegung werden nun die Landnutzer eingebunden (zweiter Schritt). Dies könnte über einen speziellen Zugang über die Geoportale der Länder geschehen.[51] Aus den Rückmeldungen der landwirtschaftlichen Betriebe ergeben sich folgende zusätzliche Informationen: Im südöstlichen Bereich befindet sich eine feuchte Bodensenke, die die Ackernutzung erschwert. Weiterhin kommt es in diesem Bereich vermehrt zur Bodenerosion. Aufgrund der getrennten Bewirtschaftung der Feldblöcke ist eine erosionsvorbeugende Bodenbearbeitung nicht möglich.

Als dritter Schritt des Planungsprozesses werden die Maßnahmen durch die Landnutzer vorgeschlagen und behördlich bestätigt, die zusammen den Sollwert für den Bezugsraum erfüllen. Diese Festlegung konkretisiert für eine bestimmte Periode die gute fachliche Praxis und die cross compliance-Anforderungen für den Bezugsraum. Der Planungsprozess ist daher dynamisch angelegt und nach einer gewissen Zeit neu durchzuführen.

Szenario 1 (flächenbezogene Maßnahmen):

Mit den vorhandenen Landschaftselementen kann der Sollwert für den Bezugsraum fast vollständig erreicht werden. Die Landwirte werden eine Beeinträchtigung vermeiden, da es für sie schwierig sein wird, ohne diese

---

51 So erfolgt die Agrarförderung – beispielsweise in Mecklenburg-Vorpommern – auf Grundlage eines georeferenzierten Antragsverfahrens in digitaler Form, siehe dazu http//:www.agrarantrag-mv.de. Dieses Verfahren könnte auf die Bodennutzungsplanung übertragen werden.

Landschaftselemente den Sollwert zu erreichen. Zur Sollwerterreichung können verschiedene flächenbezogene Maßnahmen umgesetzt werden:[52]

- Zwischen Acker und Allee wird ein Schonstreifen eingerichtet.
- Der historische Weg wird wieder hergerichtet, indem das bisher überpflügte Teilstück aus der Produktion genommen wird. Dadurch entsteht ein Verbindungselement als Beitrag für den lokalen Biotopverbund zwischen Wald und Allee.
- Die feuchte Bodensenke wird aus der Produktion genommen. Die Fläche wird sich selbst überlassen; es entsteht ggf. ein temporäres Kleingewässer oder ein natürlicher Waldübergang durch den Aufwuchs von Kleingehölz. In beiden Fällen muss eine Nutzung der Fläche weiterhin möglich sein. Das heißt, die Fläche wird auch in Zukunft – jedenfalls solange angrenzend eine landwirtschaftliche Nutzung stattfindet – als nutzbare Fläche und nicht als gesetzlich geschütztes Biotop eingestuft.[53]

Szenario 2 (betriebsbezogene Maßnahmen):

Betriebsbezogene Maßnahmen können ergänzend zu den standortbezogenen Maßnahmen oder davon unabhängig ausgewählt und festgelegt werden. In Betracht kommt etwa die Bewirtschaftung in vielfältiger Fruchtfolge, eine teilflächenspezifische Bewirtschaftung (precision farming) zur Verringerung des Nährstoffeintrags, der Verzicht von Dünger und/oder Pflanzenschutzmitteln. Denkbar wäre auch ein Pflugtausch zwischen den Landwirten, um eine erosionsvorbeugende Ackerbewirtschaftung im südöstlichen Bereich zu ermöglichen.

---

52 Sollten die festgesetzten Maßnahmen nur Feldblöcke des Landwirts A betreffen, müsste er einen finanziellen Ausgleich mit Landwirt B vereinbaren. Können sich die Landwirte nicht einigen, müssten sie die Maßnahmen nur für ihre Feldblöcke melden oder ihre Flächen eigenen, angrenzenden Bezugsräumen zuschlagen, um so die Sollwerterreichung nachzuweisen.

53 Damit entstehen zwar Biotope „1. und 2. Klasse". Dabei sollte aber nicht übersehen werden, dass durch die Bodennutzungsplanung erst der Anreiz gesetzt wird, dass eine Fläche mit Biotopeigenschaft entsteht. Da auch zukünftig die Stilllegungsfläche zur Sollwerterreichung gemeldet werden kann, besteht auch eine gewisse rechtliche Sicherung.

Szenario 3 (externe Maßnahmen):

Es werden zahlreiche flächen- und betriebsbezogene Maßnahmen von den Landwirten gemeldet. Der Sollwert für den Bezugsraum wird deutlich überschritten. Den Landwirten ist es daher möglich, angrenzende Ackerflächen dem Bezugsraum zuzuschlagen, damit sie in den benachbarten Bezugsräumen mit intensiv genutzten Flächen den Sollwert leichter erreichen können. Denkbar wäre auch, die überschüssigen Sollwerte betriebsbezogen anzurechnen. Dadurch könnte die Attraktivität und der Wert von landwirtschaftlichen Grenzstandorten gesteigert werden. Nicht einzuführen wäre jedoch eine generelle Handelbarkeit der überschüssigen Sollwerte. Dadurch würde die lokale Steuerung der Flächenbewirtschaftung unterlaufen.

VI. Fazit

Die vorgeschlagene Bodennutzungsplanung lässt sich zusammenfassend wie folgt beschreiben:

Die Bodennutzungsplanung und damit die flächenbezogene Festlegung der guten fachlichen Praxis sowie der cross compliance-Anforderungen erfolgt unter Einbeziehung der Landnutzer. Sie haben die Möglichkeit, die jeweiligen Anforderungen flächen- und/oder betriebsbezogen mitzugestalten. Der Anreiz für den Landnutzer zur Mitwirkung besteht darin, von den gesetzlichen Privilegierungen zu profitieren und die cross-compliance Anforderungen flächenscharf und situationsgerecht zu konkretisieren. Als Maßstab wird ein Punktwert für eine bestimmte Flächeneinheit vergeben (Sollwert). Dieser richtet sich nach den naturräumlichen Bedingungen einschließlich der Produktivität des Standortes. Der Sollwert ist durch geeignete Maßnahmen der guten fachlichen Praxis zu erreichen. Hierfür werden Maßnahmenkataloge gebildet und mit einem Maßnahmenwert versehen. Der Landnutzer hat dann so viele Maßnahmen in Bezug auf die Flächeneinheit zu melden, bis der Sollwert erreicht ist. Der Landnutzer hat die festgesetzten Maßnahmen umzusetzen, um in den Genuss der Privilegierung bzw. der Agrarförderung zu kommen. Damit übernimmt er aktiv die Verantwortung für den Naturschutz in der Agrarlandschaft.

Mit dem vorgeschlagenen Modell der Bodennutzungsplanung kann das Maß und die Art der landwirtschaftlichen Bodennutzung flächenbezogen gesteuert werden. Es können auch kumulative Auswirkungen und schleichende Veränderungen abgebildet werden, da eine kontinuierliche und flächendeckende Bewertung im Zusammenwirken mit den Landnutzern erfolgt. Aufgrund der fortlaufenden Anpassung der Planinhalte ist zugleich eine zukunftsgerichtete Flächen- und Umweltgestaltung und damit die Entwicklung differenzierter Landnutzungsformen möglich. Mit diesem Instrument kann der Biodiversitätsschutz in Agrarlandschaften erfolgreich umgesetzt werden.

Landwirtschaft in Natura 2000-Gebieten

Peter Fischer-Hüftle/Martin Gellermann

I. Einführung

Das aus Vogelschutz- und FFH-Gebieten bestehende Netz »Natura 2000« soll den Fortbestand und ggf. die Wiederherstellung eines günstigen Erhaltungszustandes der von ihm umfassten natürlichen Lebensraumtypen und Arten in ihrem natürlichen Verbreitungsgebiet gewährleisten. Die Europäische Kommission sieht in ihrem Bericht über den Zustand der Natur in der Europäischen Union (2015) Anzeichen dafür, dass das Natura 2000-Netzwerk eine wesentliche Rolle bei der Stabilisierung der Lebensräume und Arten spielt.[1] Sie betont aber zugleich, dass sich mehr als 75 % der Lebensraumtypen in einem ungünstigen Zustand befinden. Auch werden 60 % der Arten des Anhangs II FFH-RL als in ungünstigem Zustand befindlich eingestuft und bei den Vogelarten 17 % als gefährdet und weitere 15 % als potenziell gefährdet bezeichnet.

Als Hauptverursacher dieser unerfreulichen Lage hat die Kommission die Landwirtschaft ausgemacht, die in ihrer heutigen Ausprägung auch nach Einschätzung des Bundesamtes für Naturschutz (Agrar-Report 2017) maßgeblich für den großflächigen Rückgang der biologischen Vielfalt verantwortlich zeichnet.[2] Für den Schutz der Natura 2000-Gebiete lässt dies nichts Gutes erahnen, zumal rund 39 % dieses Gebietsverbundes von landwirtschaftlich genutzten Flächen eingenommen werden.

Das ist freilich nur die eine Seite der Medaille. Auf der anderen Seite verdanken zahlreiche schutzwürdige Lebensraumtypen sowie daran angepasste Arten ihre Existenz der landwirtschaftlichen Nutzung. Man denke etwa an europäische Heiden, Magere Flachland-Mähwiesen oder Bergmähwiesen, die sich als das Produkt menschlicher Nutzung darstellen und deren dauerhafte Erhaltung davon abhängt, dass sie auch künftig bewirtschaftet werden. Die Landwirtschaft ist daher keineswegs bloß Hauptverur-

---

1 Europäische Kommission, Bericht der Kommission, Der Zustand der Natur in der Europäischen Union, Com(2015) 219 final.

2 BfN, Agrar-Report 2017, Biologische Vielfalt in der Agrarlandschaft, Juni 2017, S. 4.

sacher des Lebensraum- und Artenschwundes, sondern zugleich Voraussetzung dafür, dass in zahlreichen FFH- und Vogelschutzgebieten die dort verfolgten Erhaltungsziele erreicht werden können.

Die Rolle der Landwirtschaft als Bewahrerin nutzungsabhängiger Habitate und Lebensraumtypen ändert allerdings nichts daran, dass landwirtschaftliche Aktivitäten innerhalb und im Umfeld der Natura 2000-Gebiete den hierfür maßgeblichen unionsbasierten Schutzregeln unterliegen. Welche Anforderungen das Naturschutzrecht an landwirtschaftliche Vorhaben und Maßnahmen stellt, soll im Folgenden erläutert werden.

II. Landwirtschaft im Lichte der Schutzmechanismen des Habitatschutzrechts

Das in Umsetzung des Art. 6 FFH-RL geschaffene Bundesnaturschutzrecht kennt keine Vorschrift, die der Doppelrolle der Landwirtschaft Rechnung trüge. Die Landwirtschaft unterliegt vielmehr den für jedermann geltenden Regeln. Während die allgemeine Schutzvorschrift des § 33 BNatSchG grundsätzlich jede erhebliche Beeinträchtigung eines Natura 2000-Gebietes in seinen für die Schutz- und Erhaltungsziele maßgeblichen Bestandteilen untersagt, enthält § 34 BNatSchG eine demgegenüber speziellere Regelung über die Verträglichkeit und ausnahmsweise Zulässigkeit von Projekten. In materiell-rechtlicher Hinsicht verbürgen beide Vorschriften ein einheitliches Schutzniveau. Sie unterscheiden sich in verfahrensrechtlicher Hinsicht aber dadurch, dass Projekte nach § 34 Abs. 1 BNatSchG vor ihrer Zulassung oder Durchführung einer FFH-Verträglichkeitsprüfung (FFH-VP) zu unterziehen sind und daher einer präventiven behördlichen Kontrolle unterliegen. § 33 Abs. 1 BNatSchG belässt es dagegen bei einem allgemeinen Verbot, dem die Naturschutzbehörde nur auf der Grundlage der Ermächtigung des § 3 Abs. 2 BNatSchG zur Durchsetzung verhelfen kann.

Als erstes ist somit zu klären, welche der genannten Bestimmungen die Grundlage dafür bildet, dass Gebiete des Netzes Natura 2000 vor nachteiligen Auswirkungen der Landwirtschaft bewahrt werden.

III. § 34 BNatSchG als maßgebliche Schutzregelung

§ 34 BNatSchG regelt den Umgang mit Projekten. Er kann daher nur dann steuernden Einfluss auf die Landwirtschaft nehmen, wenn und soweit landwirtschaftliche Vorhaben und Maßnahmen die Merkmale des Projektbegriffs erfüllen. Was unter einem Projekt zu verstehen ist, wird im

BNatSchG nicht mehr definiert, nachdem der Gerichtshof der Europäischen Union eine entsprechende Vorschrift im BNatSchG 2002 für unionsrechtswidrig befunden hat.[3] Der Inhalt des Projektbegriffs muss daher anhand der einschlägigen Vorgaben des Unionsrechts ermittelt werden.

1. *Projektbegriff des Unionsrechts*

Da die FFH-Richtlinie ihrerseits keine nähere Erläuterung enthält, orientiert sich der Gerichtshof bei der Begriffsbestimmung an der Definition in Art. 1 Abs. 2 UVP-RL.[4] Damit sind jedenfalls alle in den Anhängen der UVP-Richtlinie genannten Vorhaben und Anlagen zugleich Projekte im Sinne des Art. 6 Abs. 3 FFH-RL. Dabei lässt es der Gerichtshof nicht bewenden. Er transferiert in das Habitatschutzrecht auch den zweiten Teil des UVP-rechtlichen Projektbegriffs, der wirkungsbezogen formuliert ist und ganz allgemein »*sonstige Eingriffe in Natur und Landschaft*« erfasst, also sämtliche Handlungen und Maßnahmen, die bei abstrakter Betrachtung die Erhaltungsziele eines Natura 2000-Gebietes gefährden können.[5]

2. *Landwirtschaftliche Vorhaben als Projekte*

Vor diesem Hintergrund steht außer Frage, dass jedenfalls all jene Vorhaben im Bereich der Landwirtschaft, die sich nicht als Akt der üblichen landwirtschaftlichen Bodennutzung im engeren Sinne darstellen, die Merkmale des unionsrechtlichen Projektbegriffs erfüllen. Das betrifft namentlich die Errichtung und Erweiterung von Tierhaltungsanlagen, den landwirtschaftlichen Wegebau, die Aufnahme der Nutzung auf bisherigen Brachflächen, die Umwandlung von Grünland in Ackerland (z.B. Maisäcker), die Beseitigung von Gehölzen sowie die Herstellung von Drainagen oder Entwässerungsgräben. Derartige Aktivitäten gehen stets mit Eingriffen in Natur und Landschaft einher und sind grundsätzlich geeignet, die

---

3 EuGH, Urt. v. 10.1.2006 – C-98/03 (Kommission ./. Deutschland), ECLI:EU:C:2006:3 = NuR 2006, 166 Rn. 38 ff.

4 EuGH, Urt. v. 7.9.2004 – C-127/04 (Waddenvereniging), ECLI:EU:C:2004:482 = NuR 2004, 788 Rn. 24-27; Urt. v. 14.1.2010 – C-226/08 (Papenburg), ECLI:EU:C:2010:10 = NuR 2010, 114 Rn. 38 f.

5 *Epiney*, in: dies./Gammenthaler, Das Rechtsregime der Natura 2000-Schutzgebiete, 2009, S. 95; zum wirkungsbezogenen Ansatz siehe auch BVerwG, Urt. v. 12.11.2014 – 4 C 34.13, juris Rn. 29 = NuR 2015, 179.

Schutzgüter eines Natura 2000-Gebietes in Mitleidenschaft zu ziehen. Sie unterliegen daher den Anforderungen des § 34 BNatSchG.

3. *Landwirtschaftliche Bodennutzung als Projekt*

Weniger gewiss ist dagegen, ob auch die schlichte landwirtschaftliche Bodennutzung die Merkmale des Projektbegriffs erfüllt. Angesprochen sind damit die erforderlichen oder zumindest üblichen Handlungen, die unmittelbar auf die Gewinnung landwirtschaftlicher Erzeugnisse gerichtet sind (»Urproduktion«). Das Schleppen, Walzen und die Mahd des Grünlandes fallen darunter ebenso wie der Einsatz von Dünge- und Pflanzenschutzmitteln oder die Ausbringung von Gülle, Jauche und Klärschlamm.

Die Projekteigenschaft solcher im Rahmen der landwirtschaftlichen Bodennutzung vorgenommener Handlungen scheitert nicht etwa bereits daran, dass es nicht um den Bau oder Betrieb einer Anlage oder wenigstens um in einer Genehmigung beschriebene Tätigkeiten geht. Sonstige Tätigkeiten kommen jedenfalls dann als Projekt in Betracht, wenn die Möglichkeit besteht, sie etwa anhand von Planungen, Konzepten oder einer feststehenden Praxis auf ihre Verträglichkeit mit den Erhaltungszielen des Natura 2000-Gebiets zu überprüfen.[6] Die üblichen Bewirtschaftungshandlungen und ihr Turnus bilden ein solches Konzept und eine geübte Praxis.

a) *Anwendbarkeit von § 14 Abs. 2 BNatSchG?*

Zweifel hinsichtlich der Projektqualität speisen sich aus § 35 Nr. 2 BNatSchG. Die Vorschrift ordnet an, dass § 34 Abs. 1 und 2 BNatSchG *»entsprechend anzuwenden«* ist, wenn gentechnisch veränderte Organismen im Rahmen der landwirtschaftlichen Bodennutzung in einem Natura 2000-Gebiet eingesetzt werden. Darin deutet sich die Vorstellung des Gesetzgebers an, dass eine landwirtschaftliche Bodennutzung selbst im Fall der Nutzung gentechnisch veränderter Organismen nicht über Projektqualität verfügt, weil die projektbezogene Vorschrift des § 34 Abs. 1 und 2 BNatSchG andernfalls direkt und nicht bloß entsprechend anzuwenden wäre.

Hiermit stimmt es überein, wenn in der Begründung zur Novelle des BNatSchG 2010 formuliert wird, die der guten fachlichen Praxis der Landwirtschaft entsprechende Bodennutzung sei in der Regel kein Projekt im

6 BVerwG, Urt. v. 8.1.2014 – 9 A 4.13, NuR 2014, 413 Rn. 55.

Sinne des Gesetzes.[7] Dieser Einschätzung hat sich das Bundesverwaltungsgericht[8] angeschlossen und für Recht erkannt, die landwirtschaftliche Bodennutzung sei in der Regel kein Projekt, da sie ausweislich des § 14 Abs. 2 BNatSchG keinen Eingriff in Natur und Landschaft darstelle, wenn die Ziele des Naturschutzes bei der landwirtschaftlichen Bodennutzung berücksichtigt werden, wovon in der Regel auszugehen sei, wenn die Voraussetzungen des § 5 Abs. 2 BNatSchG erfüllt seien.

b) Wirkungsbezogener Projektbegriff

Derlei Erwägungen entbehren allerdings der Überzeugungskraft. Wenn § 14 Abs. 2 BNatSchG eine der guten fachlichen Praxis entsprechende landwirtschaftliche Bodennutzung im Regelfall vom Eingriffsbegriff ausnimmt, darf dies nicht zu dem Schluss verleiten, dass damit zugleich die Projektqualität derartiger Tätigkeiten ausgeschlossen wäre. Da der *»sonstige Eingriffe in Natur und Landschaft«* umfassende Projektbegriff dem Unionsrecht entstammt, verbietet sich von vornherein jeder Versuch, seine Bedeutung unter Rückgriff auf die nationale Bestimmung des § 14 Abs. 2 BNatSchG zu ermitteln.[9] Zieht man überdies in Betracht, dass der EuGH in habitatschutzrechtlichen Zusammenhängen einen wirkungsbezogenen Ansatz verfolgt, führt kein Weg an der Erkenntnis vorbei, dass die landwirtschaftliche Bodennutzung selbst dann über Projektqualität verfügt, wenn sie der guten fachlichen Praxis entspricht und daher nach nationalem Recht das Nichtvorliegen des Eingriffstatbestandes vermutet wird.

Da der Begriff des Projekts sämtliche Handlungen umfasst, die für Natura 2000-Gebiete abstrakt gefährlich sind, gibt es keinen Grund, die Projektqualität der landwirtschaftlichen Bodennutzung in Abrede zu stellen.

---

7 BT-Drs. 16/12274, S. 65.

8 BVerwG, Urt. v. 6.11.2012 – 9 A 17.11, BVerwGE 145, 40 = NuR 2014, 344 Rn. 89; wohl auch *Frenz*, in: Ders./Müggenborg, Berliner Kommentar BNatSchG (BKom), 2. Aufl. 2016, § 34 Rn. 32.

9 *Gellermann*, in: Landmann/Rohmer, Umweltrecht II, 85. Lfg. 2017, § 34 BNatSchG Rn. 7.

IV. Entbehrlichkeit der FFH-Verträglichkeitsprüfung bei der landwirtschaftlichen Bodennutzung?

Landwirtschaftliche Aktivitäten sind daher nicht anders zu behandeln als Vorhaben des Straßen- und Schienenwegebaus, der Hafenerweiterung oder des Flughafenausbaus. Sie unterliegen der Pflicht zur FFH-VP und dürfen – sofern sie erhebliche Beeinträchtigungen eines Natura 2000-Gebietes hervorzurufen drohen – nur ausnahmsweise unter den in § 34 Abs. 3-5 BNatSchG genannten Voraussetzungen zugelassen oder durchgeführt werden.

Das gilt zweifelsfrei für die bereits erwähnten Anlagen und Vorhaben, mit denen eine landwirtschaftliche Bodennutzung intensiviert, erleichtert oder erst ermöglicht werden soll wie Errichtung von Gebäuden und Wegen, Entwässerung, Gehölzbeseitigung oder Grünlandumbruch. Mit Blick auf die eingangs erwähnte Doppelrolle der landwirtschaftlichen Bodennutzung stellt sich dagegen die Frage, ob § 34 BNatSchG auch auf die schlichte Bodennutzung als solche uneingeschränkt anzuwenden ist.

1. Landwirtschaft als Akt des Gebietsmanagements?

§ 34 Abs. 1 Satz 1 BNatSchG gilt nicht für Projekte, die unmittelbar der Verwaltung eines Natura 2000-Gebietes dienen. Über die Reichweite dieses »*Verwaltungsprivilegs*« mag man trefflich streiten.[10] Jedenfalls führt es zu weit, wenn in einschlägigen Verwaltungsvorschriften zum Ausdruck gebracht wird, dass hiervon auch »*Tätigkeiten der täglichen Wirtschaftsweise in der Landwirtschaft nach den Regeln der guten fachlichen Praxis*« umfasst wären.[11]

Der tiefere Sinn des Verwaltungsprivilegs besteht darin, von den ansonsten für Projekte geltenden Anforderungen die Handlungen und Maßnahmen freizustellen, derer es bedarf, um die im jeweiligen Gebiet verfolgten Schutz- und Erhaltungsziele zu erreichen. Aus dieser Perspektive ist ohne Belang, ob es sich dabei um eine hoheitlich veranlasste oder behördlich

---

10 Darstellung des Schrifttums bei *Meßerschmidt*, Das Reservatsmanagement und seine habitatschutzrechtliche Privilegierung, NuR 2016, 21 (23).

11 *Thüringer Ministerium für Landwirtschaft, Forsten, Umwelt und Naturschutz*, Hinweise zur Umsetzung des Europäischen Schutzgebietsnetzes „Natura 2000" in Thüringen vom 4.12.2014, Az.: 56-41462, Ziff. 7.2: „Tätigkeiten der täglichen Wirtschaftsweise in der Forst- und Fischereiwirtschaft nach den Grundsätzen der guten fachlichen Praxis.

durchgeführte Maßnahme handelt. Entscheidend ist allein, ob eine Handlung aus naturschutzfachlicher Sicht erforderlich ist, um einen günstigen Erhaltungszustand der in einem Natura 2000-Gebiet geschützten Lebensraumtypen oder Habitate zu erhalten bzw. wiederherzustellen. Es handelt sich also um nötige und geeignete »Erhaltungsmaßnahmen« im Sinne des Art. 6 Abs. 1 und 2 FFH-RL.[12] Das lässt sich mit Blick auf die landwirtschaftliche Bodennutzung bei nutzungsabhängigen Lebensraumtypen und Habitaten nicht ernstlich in Abrede stellen. Wird etwa eine Magere Flachlandmähwiese nicht mehr gemäht, verschwindet dieser Lebensraumtyp unter dem Einfluss der fortschreitenden Sukzession. Die Mähwiesennutzung ist für die Erreichung der Erhaltungsziele unverzichtbar und kann daher als der Verwaltung des Gebietes dienend begriffen werden. Ob sie von einem Pflegetrupp im Auftrag der Naturschutzverwaltung oder von einem Landwirt durchgeführt wird, spielt keine Rolle.

Das gilt freilich nur für extensive Formen der landwirtschaftlichen Nutzung, bei der auf Düngemittel weitgehend verzichtet wird, keine Spritzmittel eingesetzt werden und eine höchstens zweischürige Mahd erfolgt. Wird eine Magere Flachlandmähwiese dagegen durch die Ausbringung von Kunstdünger, Gülle oder Gärresten aufgedüngt, verwandelt sie sich in eine Fettwiese, die nicht zu den geschützten Lebensraumtypen gehört.

Von dem »Verwaltungsprivileg« kann eine landwirtschaftliche Bodennutzung daher nur profitieren, wenn und soweit sie in einer den ökologischen Bedürfnissen des geschützten Lebensraumtyps angepassten Weise erfolgt. Wie das geprüft und festgestellt wird, ist noch zu erörtern.

2. *»Bestandsschutz« für die Landbewirtschaftung?*

Ob intensivere Formen der Landbewirtschaftung stets einer FFH-VP zu unterziehen sind, ist damit allerdings noch nicht beschlossen. Während der EuGH im Muschelfischer-Urteil[13] noch für jeden Eingriff eine je gesonderte FFH-VP für geboten erachtete, erkannte er im Papenburg-Urteil[14] an, dass sich periodisch wiederholende Maßnahmen der Gewässerunterhaltung als einheitliches Projekt angesehen werden können, das keiner vorherigen Verträglichkeitsprüfung bedarf, wenn es bereits vor Ablauf der Um-

12 So ausdrücklich *Czybulka*, Der Managementplan als multifunktionales Instrument des europäischen und deutschen Naturschutzrechts, EurUP 2016, 276 (286).

13 EuGH, Urt. v. 7.9.2004 – C-127/02 (Kommission ./. Deutschland), NuR 2004, 788 Rn. 27 f.

14 EuGH, Urt. v. 14.1.2010 – C-226/08 (Papenburg), NuR 2010, 144 Rn. 47-51.

setzungsfrist der FFH-Richtlinie genehmigt wurde. Die Ausführung eines solchen Projekts, fällt gleichwohl unter Art. 6 Abs. 2 FFH-RL, dessen allgemeine Schutzpflicht zur nachträglichen Durchführung einer FFH-VP zwingt, wenn die Erhaltungsziele gefährdet sind.[15]

Die Vornahme wiederkehrender Handlungen prägt auch die landwirtschaftliche Bodennutzung. Wiesen werden alljährlich gewalzt, gedüngt und zumeist mehrmals gemäht, Äcker werden im Herbst oder Frühjahr bestellt, gedüngt, gespritzt und schließlich abgeerntet. Da die Landbewirtschaftung in den Natura 2000-Gebieten mit nutzungsabhängigen Lebensraumtypen oder Habitaten schon ausgeübt wurde, lange bevor die einschlägigen Naturschutz-Richtlinien der Union erlassen und die Gebiete in das Netz »Natura 2000« integriert worden sind, könnte es scheinen, als genösse auch die landwirtschaftliche Bodennutzung eine Art *»Bestandsschutz«*, wäre von der Notwendigkeit einer FFH-VP entbunden und unterläge einzig den Anforderungen der allgemeinen Verbotsbestimmung des § 33 BNatSchG.

Das ließe allerdings außer Acht, dass sich die Aussagen des Gerichtshofs auf gesondert genehmigte Maßnahmen bezogen. In solchen Fällen kann der staatliche Zulassungsakt den hiervon umfassten und wiederkehrend ausgeführten Maßnahmen einen gewissen Bestandsschutz vermitteln. Bei der landwirtschaftlichen Bodennutzung fehlt es dagegen an einer Genehmigung oder sonstigen behördlichen Gestattung, die ihren uneingeschränkten Fortbestand sichern könnte.[16] Davon abgesehen wird die heutige Landwirtschaft längst nicht mehr in der schonenden Art und Weise ausgeführt, die vormals den Erhalt der maßgeblichen Schutzgüter sicherte. Inzwischen bildet die Intensivlandwirtschaft einen wesentlichen Gefährdungsfaktor für nutzungsabhängige Lebensraumtypen und Habitate.

Die landwirtschaftliche Bodennutzung kann somit nicht mit Hinweis auf einen vermeintlichen Bestandsschutz von dem Erfordernis der FFH-VP entbunden werden. Das liefe nicht bloß den Zielen eines effektiven Gebietsschutzes zuwider, sondern würde zugleich auch die praktische Wirksamkeit des Instruments der FFH-VP in Ansehung nutzungsabhängiger Lebensräume und Habitate entscheidend und in einer mit dem Unionsrecht nicht zu vereinbarenden Weise schwächen. Vielmehr erfordert die Schutzpflicht nach Art. 6 Abs. 2 FFH-RL die Durchführung einer (nachträgli-

---

15 EuGH, Urt. v. 14.1.2016 – C-399/14 (Grüne Liga Sachsen), NuR 2016, 119 Rn. 46; BVerwG, Urt. v. 15.7. 2016 – 9 C 3.16, NuR 2016, 694 Rn. 38.

16 Vgl. auch *Möckel*, in: Schlacke, GK-BNatSchG, 2. Auf. 2017, § 34 Rn. 26.

chen) FFH-VP, wenn die Fortführung der gegenwärtigen landwirtschaftlichen Bodennutzung die Erhaltungsziele gefährdet.

3. *Freistellung der ordnungsgemäßen Landwirtschaft*

Nicht unerwähnt bleiben darf allerdings, dass die ordnungsgemäße landwirtschaftliche Bodennutzung gelegentlich auf der untergesetzlichen Ebene von der Notwendigkeit einer FFH-VP freigestellt wird. So finden sich in Nordrhein-Westfälischen Naturschutzgebietsverordnungen zur Ausweisung von Natura 2000-Gebieten mitunter Regelungen, vermöge derer »*die ordnungsgemäße Landwirtschaft (...) entsprechend den Regeln der guten fachlichen Praxis fortgeführt werden (kann)*«.[17]

Da die Schutzerklärung aus Gründen des § 32 Abs. 3 Satz 3 BNatSchG durch geeignete Ge- und Verbote sicherzustellen hat, dass den Anforderungen des Art. 6 FFH-RL entsprochen wird, verbindet sich mit derartigen Regelungen die Aussage, dass eine der guten fachlichen Praxis entsprechende landwirtschaftliche Bodennutzung mit den Schutz- und Erhaltungszielen vereinbar ist. Muss eine FFH-VP nach § 34 Abs. 1 Satz 1 BNatSchG aber nur durchgeführt werden, wenn ein Projekt geeignet ist, erhebliche Beeinträchtigungen eines Natura 2000-Gebietes hervorzurufen, hat es den Anschein, als könnten die in den Gebieten geschützten Lebensraumtypen (u.a. Magere Flachlandmähwiesen) nach den Maßgaben des landwirtschaftlichen Fachrechts bewirtschaftet werden, ohne dass es einer FFH-VP bedarf.

Nun mag es Fälle geben, in denen selbst intensive Formen der Grünlandnutzung mit den gebietsbezogen verfolgten Schutzzwecken nicht in Konflikt geraten.[18] Zu denken ist dabei etwa an Europäische Vogelschutzgebiete, die allein wegen ihrer Funktion als Rast- und Überwinterungsgebiet für Kraniche oder nordische Gänse und Schwäne unter besonderen

---

17 § 1 Abs. 1 der Verordnung der Bezirksregierung Münster zur Änderung der ordnungsbehördlichen Verordnung zur Ausweisung der Gebiete Heiliges Meer – Heupen, Haverforths Wiesen, Düsterdieker Niederung, Feuchtwiese Hohner Mark, Feuchtwiese Hansell und Hanseller Floth, Feuchtwiese Kröner, Fledder, Finkenfeld Halverder Aa-Niederung, Halverder Moor, Kreienfeld, Weiner Mark, Wiesen am Max-Clemens-Kanal, Trogbahn/Wienhake, Mesumer Mark, Am Janhaarspool, Wadelheim-Bentlage, Wehrstroot, Salzquelle am Rothenberge, im Kreis Steinfurt als Naturschutzgebiete vom 26.6.2012, Abl. Bez.Reg. Mstr. 2012 S. 255-256.

18 Vgl. *Möckel*, in: Schlacke (Fn. 16), § 34 Rn. 31 m.w.N.

Schutz gestellt wurden. Das ist allerdings nicht die Regel, und so wird man verordnungsrechtlichen Freistellungsregelungen mit Vorsicht zu begegnen haben, wenn sie einer intensiven landwirtschaftlichen Bodennutzung in einem Natura 2000-Gebiet die Verträglichkeit attestieren, in dem nährstoffempfindliche Lebensraumtypen geschützt werden.

Mögen die Bestimmungen der einzelgebietlichen Schutzerklärung im Verhältnis zu § 34 BNatSchG auch als spezielle Regelungen zu bewerten sein, kann dies doch nur dann gelten, wenn sie den Anforderungen des Art. 6 Abs. 3 FFH-RL in vollem Umfang entsprechen. Ist dies nicht der Fall, weil die Schutzerklärung einer landwirtschaftlichen Bodennutzung die Verträglichkeit attestiert, obwohl sie durchaus geeignet ist, erhebliche Beeinträchtigungen des Natura 2000-Gebietes hervorzurufen, darf sie aus Gründen des unionsrechtlichen Anwendungsvorrangs nicht angewendet und erst recht nicht zum Anlass genommen werden, von der gebotenen FFH-VP abzusehen. Entsprechendes gilt für gesetzliche Freistellungsregelungen in Form einer Vermutung der Verträglichkeit der Bodennutzung im Rahmen der guten fachlichen Praxis.[19] Denn deren Kriterien (§ 5 Abs. 2 BNatSchG) haben keinen Bezug zu den Anforderungen, die sich aus den Erhaltungszielen im konkreten Gebiet ergeben, und gewährleisten daher nicht, dass die Möglichkeit einer erheblichen Beeinträchtigung der Schutzgebiete durch die fraglichen Projekte ausgeschlossen ist. Eine an demselben Mangel leidende Regelung des BNatSchG hat der EuGH bereits vor Jahren als europarechtswidrig beanstandet.[20]

V. Durchführung der FFH-Verträglichkeitsprüfung bei der landwirtschaftlichen Bodennutzung

Während die im Einzelfall erforderliche FFH-VP bei landwirtschaftlichen Eingriffsvorhaben wie Gebäuden, Wegen usw. im Rahmen der zumeist erforderlichen Zulassungs- oder Anzeigeverfahren von den dazu berufenen Behörden vorgenommen wird, birgt die Durchführung der Verträglichkeitsprüfung bei der landwirtschaftlichen Bodennutzung Probleme.

---

19 Z.B. § 24 Abs. 1 S. 4 LNatSchG S-H, der überdies nicht als Abweichung von § 33 Abs. 1 BNatSchG verlautbart ist.

20 EuGH, Urt. v. 10.1.2006 – C-98/03 (Kommission ./. Deutschland), NuR 2006, 166 Rn. 41.

1. *Anzeige nach § 34 Abs. 6 BNatSchG*

Um für die FFH-VP ein Trägerverfahren bereitzustellen, hat der Gesetzgeber in § 34 Abs. 6 BNatSchG ein subsidiäres naturschutzbehördliches Anzeigeverfahren normiert, das zum Tragen kommt, wenn ein Projekt keiner anderweitigen behördlichen Entscheidung oder Anzeige bedarf.

Nach dieser Bestimmung sind Projekte im Sinne des § 34 Abs. 1 Satz 1 BNatSchG der Naturschutzbehörde anzuzeigen, der die Aufgabe zugedacht ist, die Verträglichkeit des Vorhabens innerhalb einer Frist von einem Monat zu prüfen. Stellt sich dabei die Unverträglichkeit des Projekts heraus, kann die Naturschutzbehörde das Vorhaben im Interesse der Wahrung der habitatschutzrechtlichen Anforderungen zeitlich befristen oder beschränken oder auch untersagen, wenn die Voraussetzungen des § 34 Abs. 3-5 BNatSchG nicht erfüllt sind. Trifft die Naturschutzbehörde innerhalb der Monatsfrist keine Entscheidung, darf mit der Durchführung des Projekts begonnen werden.

Im Schrifttum wird diese Bestimmung mit Skepsis beäugt und geltend gemacht, sie sei mit Art. 6 Abs. 3 FFH-RL nicht vereinbar.[21] Neben der knapp bemessenen Prüfungsfrist von nur einem Monat wird vor allem beanstandet, dass der Träger des Vorhabens die von § 34 Abs. 1 Satz 1 BNatSchG vorausgesetzte Eignung zur Gebietsbeeinträchtigung selbst prüfen muss und mit der Durchführung seines Vorhabens nach Ablauf eines Monats beginnen darf, obwohl Art. 6 Abs. 3 FFH-RL sichergestellt wissen will, dass Projekte erst realisiert werden, nachdem ihre Verträglichkeit zuvor geprüft wurde.[22] Davon abgesehen ist daran zu erinnern, dass nach dem Muschelfischer-Urteil grundsätzlich jede beeinträchtigende Handlung einer jeweils gesonderten FFH-VP zugeführt werden muss. Bei strenger Lesart hätte dies zur Folge, dass der Landwirt jeden einzelnen Arbeitsgang im Rahmen der Grünlandbewirtschaftung oder der ackerbaulichen Nutzung seiner in einem Natura 2000-Gebiet befindlichen Flächen zuvor der Naturschutzbehörde anzeigen muss. Auch wenn man eine »Sammelanzeige« aller voraussichtlich in Betracht kommenden Bewirtschaftungsvorgänge zu Beginn des Wirtschaftsjahres für zulässig hält, ist dies wenig praktikabel und den Landwirten auch schwerlich zumutbar. Es wird

---

21 *Fischer-Hüftle*, FFH-Projektzulassung mittels Anzeigepflicht? Zur Europarechtskonformität von § 34 Abs. 1a BNatSchG, NuR 2009, 101 ff.; *Möckel*, Novellierungsbedarf beim BNatSchG aus ökologischer und europarechtlicher Sicht, ZUR 2017, 195 (203) m.w.N.

22 EuGH, Urt. v. 24.11.2011 – C-404/09 (Kommission ./. Spanien), NuR 2012, 42 Rn. 99.

daher nach anderen Lösungen gesucht werden müssen, um sicherzustellen, dass Projekte der landwirtschaftlichen Bodennutzung einer FFH-VP unterzogen werden, die den Anforderungen des Unionsrechts gerecht wird.

2. *Vorverlagerung der FFH-Verträglichkeitsprüfung*

Im wissenschaftlichen Schrifttum wird auf einen gesetzgeberischen Regelungsbedarf erkannt und die Forderung erhoben, es möge an die Stelle des Anzeigeverfahrens für Einzelmaßnahmen »*ein Zulassungsvorbehalt mit Konzentrationswirkung für bisher genehmigungsfreie Landnutzungen*« gesetzt werden.[23] Bevor nach dem Gesetzgeber gerufen wird, scheint es allerdings ratsam, zunächst zu überlegen, ob nicht bereits auf der Grundlage des geltenden Rechts sachgerechte Lösungen entwickelt werden können.

Beachtung verdient in diesem Zusammenhang die Bemerkung des Bundesverwaltungsgerichts,[24] ob von einer konkreten landwirtschaftlichen Nutzung eine Beeinträchtigung drohe, sei zuvörderst eine naturschutzfachliche Frage, die der für die Unterschutzstellung zuständige Normgeber im Zusammenhang mit der Schutzgebietsausweisung und der Schutzgebietspflege zu regeln habe.

Im Folgenden soll daher geprüft werden, inwieweit es möglich und zweckmäßig ist, die landwirtschaftliche Nutzung in einem Natura 2000-Gebiet bereits auf der normativen Ebene der Schutzerklärung zu regeln (a) oder im Bewirtschaftungsplan (Managementplan) die verträglichen Formen der Bodennutzung zu beschreiben (b).

a) *FFH-VP im Rahmen der Unterschutzstellung*

Gebiete von gemeinschaftlicher Bedeutung und gemeldete Vogelschutzgebiete sind nach § 32 Abs. 2 BNatSchG zu geschützten Teilen von Natur und Landschaft im Sinne des § 20 Abs. 2 BNatSchG zu erklären. Die jeweilige Schutzerklärung bestimmt den Schutzzweck in Übereinstimmung mit den im jeweiligen Gebiet verfügten Erhaltungszielen und muss aus Gründen des § 32 Abs. 3 Satz 3 BNatSchG durch geeignete Ge- und Verbote si-

---

23 *Möckel* (Fn. 21), ZUR 2017, 203.

24 Urt. v. 6.11.2012 – 9 A 17.11, BVerwGE 145, 40 = NuR 2014, 344 Rn. 89.

cherstellen, dass den Anforderungen des Art. 6 FFH-RL vollen Umfangs entsprochen wird.

Da Art. 6 FFH-RL in seiner Gesamtheit unter Einschluss seines dritten Absatzes in Bezug genommen wird, ist bereits im Verfahren der Unterschutzstellung zu prüfen, welche zu diesem Zeitpunkt bekannten oder zu erwartenden Handlungen und Maßnahmen mit den jeweils verfolgten Schutzzwecken unvereinbar sind und daher durch Regelungen der Schutzerklärung beschränkt oder untersagt werden müssen. Der Sache nach handelt es sich dabei um nichts anderes als eine *»vorgezogene Verträglichkeitsprüfung«*, der in Natura 2000-Gebieten mit nutzungsabhängigen Lebensraumtypen oder Habitaten naturgemäß auch die landwirtschaftliche Bodennutzung zu unterziehen ist. In den Blick zu nehmen sind dabei nicht bloß einzelne Bewirtschaftungshandlungen, sondern die im Gebiet ausgeübte und zu erwartende landwirtschaftliche Bodennutzung mit all ihren alljährlich wiederkehrenden Bearbeitungsschritten.

Werden auf der Grundlage einer derartigen Prüfung die unverträglichen Bewirtschaftungshandlungen durch entsprechende Verbote untersagt bzw. ausschließlich die mit dem gebietsbezogen verfolgten Schutzzweck in Übereinstimmung stehende Art der Bewirtschaftung zugelassen, bedarf die sich in diesen Bahnen vollziehende landwirtschaftliche Bodennutzung schlicht deshalb keiner weiteren FFH-VP, weil das Unionsrecht keine Doppelprüfungen verlangt. Für die im Gebiet wirtschaftenden Landwirte hat diese Lösung den Vorzug, dass die Schutzerklärung die schutzzweckkonforme Bewirtschaftung ggf. sogar parzellenscharf festlegt, deren Durchführung hernach von weiteren Prüfungsanforderungen befreit ist.

Der ordnungsrechtliche Ansatz hat zwei Nachteile. Zum einen ist der Erlass einzelner Schutzverordnungen für jedes der zahlreichen Natura 2000-Gebiete mit dem vorhandenen Personal der Naturschutzbehörden nicht zeitgerecht möglich. Daher wird häufig der Weg gewählt, die Gebiete durch Sammelverordnung unter Schutz zu stellen (»gebietsbezogene Bestimmungen des Landesrechts«, § 32 Abs. 4 BNatSchG). Deren Inhalt beschränkt sich auf die grundlegenden Anforderungen – Angabe der Schutzgebietsgrenzen und der Erhaltungsziele –, auf Einzelheiten der Flächennutzung im Gebiet wird nicht eingegangen. Eine »vorgezogene Verträglichkeitsprüfung« findet bei Erlass dieser Sammelverordnungen nicht statt. Es verbleibt daher bei der Anwendung des § 34 BNatSchG auf landwirtschaftliche Aktivitäten. Landwirte stehen zum anderen dem Einsatz des Ordnungsrechts erfahrungsgemäß reserviert gegenüber, zumal wenn die landwirtschaftliche Bodennutzung in ein ordnungsrechtliches Korsett gezwängt wird, das es nur in begrenztem Umfang erlaubt, flexibel auf neue Erkenntnisse und Entwicklungen zu reagieren.

b) FFH-VP im Rahmen der Managementplanung

Als Alternative ist daher eine Lösung in Erwägung zu ziehen, die das subsidiäre Anzeigeverfahren des § 34 Abs. 6 BNatSchG zum Ausgangspunkt nimmt, aber dessen Schwächen vermeidet. Die Möglichkeit hierzu bietet die Vorschrift des § 32 Abs. 5 BNatSchG, die ausdrücklich betont, dass für Natura 2000-Gebiete sogenannte »*Bewirtschaftungspläne*« (Managementpläne) aufgestellt werden können.

Zu den wesentlichen Vorzügen dieser Planung gehört, dass sie auf der Grundlage einer Beschreibung und Bewertung des Ist-Zustandes der maßgeblichen Schutzgüter und einer Bestandsaufnahme der im jeweiligen Gebiet vorhandenen oder zu erwartenden Nutzung deren Wirkungen identifiziert und am Maßstab der Schutz- und Erhaltungsziele bewertet, um auf dieser Basis die nötigen Erhaltungsmaßnahmen zu benennen. Nach Auffassung der europäischen Kommission sollten im Bewirtschaftungsplan »alle gebietsspezifischen Eigenschaften und alle voraussehbaren Aktivitäten berücksichtigt werden«.[25]

Der ordnungsrechtlichen Lösung durchaus vergleichbar bietet die Aufstellung eines Bewirtschaftungsplans bei den Natura 2000-Gebieten, die den Schutz und die Erhaltung nutzungsabhängiger Lebensraumtypen und Habitate zum Gegenstand haben, die Möglichkeit, die im jeweiligen Gebiet anzutreffende landwirtschaftliche Bodennutzung einer »*vorgezogenen FFH-VP*« zu unterziehen, unverträgliche oder zur Beeinträchtigung des Gebietes geeignete Bewirtschaftungshandlungen zu identifizieren und umgekehrt Hinweise zu erteilen, welche Handlungen im Rahmen der Bodennutzung die Erhaltungsziele nicht beeinträchtigen.[26]

Existiert ein derartiger Bewirtschaftungsplan, kann er die erforderliche Informationsbasis liefern, auf deren Grundlage das naturschutzbehördliche Anzeigeverfahren durchgeführt werden kann. Landwirten, die Flächen in einem Natura 2000-Gebiet bewirtschaften, vermittelt der Bewirtschaftungsplan die Erkenntnisse, derer es bedarf, um beurteilen zu können, welche Bewirtschaftungshandlungen problematisch sind und der Naturschutzbehörde angezeigt werden müssen.

Die Integration der FFH-VP in den Prozess der Aufstellung des Bewirtschaftungsplans (Managementplans) trägt zu Entlastung des Anzeigever-

25 Europäische Kommission, Natura 2000 – Gebietsmanagement, Die Vorgaben des Artikels 6 der Habitat-Richtlinie 92/43/EWG, 2000, Nr. 2.4.1.

26 Zu Inhalt und Grenzen einer derart „vorgezogenen" Verträglichkeitsprüfung und Ersetzungsfunktion der Managementpläne als „ökologische Anleitung" *Czybulka* (Fn. 12), EurUP 2016, 276, 285 ff.

fahrens und zur Reduzierung des Verwaltungsaufwandes bei, wenn der Bewirtschaftungsplan die nötigen fachwissenschaftlichen Grundlagen liefert, um Anzeigen zügig innerhalb der Monatsfrist bearbeiten und beurteilen zu können, ob und unter welchen ggf. einschränkenden Bedingungen die angezeigte Bewirtschaftungsmaßnahme mit den Erhaltungszielen vereinbar ist. Da somit eine summarische FFH-VP bei der Bewirtschaftungsplanung durchgeführt wird, dürfte eine derartige Lösung mit den Vorgaben des Unionsrechts vereinbar sein.

Noch einen Schritt weiter kann man gehen, wenn der Bewirtschaftungsplan die mit den Erhaltungszielen verträglichen Maßnahmen der landwirtschaftlichen Bodennutzung parzellenscharf hinreichend genau beschreibt. Auf dieser Grundlage ist die Annahme berechtigt, dass eine erhebliche Beeinträchtigung der Erhaltungsziele offensichtlich ausgeschlossen ist, wenn die Bodennutzung den Maßgaben des Bewirtschaftungsplans entspricht. Denn bei Einhaltung seiner Vorgaben besteht nicht die Gefahr, dass die Erhaltungsziele durch die Art und Weise der landwirtschaftlichen Bodennutzung erheblich beeinträchtigt werden können.[27] Ein derart qualifizierter Managementplan (Bewirtschaftungsplan) erfüllt die Funktion einer FFH-Vorprüfung mit dem Ergebnis, dass keine Anzeige nach § 34 Abs. 4 BNatSchG erforderlich ist. Da die nach Art. 6 Abs. 3 FFH-RL gebotene Vorprüfung nicht formalisiert durchgeführt zu werden braucht,[28] reicht es aus, wenn der Bewirtschaftungsplan von der zuständigen Stelle erstellt wird und ohne weiteres eingesehen werden kann.

Erweist sich die gegenwärtige landwirtschaftliche Bodennutzung in einem Natura 2000 Gebiet nach dem Maßstab des Bewirtschaftungsplans als unverträglich, kann die Behörde anstelle einer hoheitlichen Anordnung nach § 34 Abs. 6 Satz 4 oder 5 BNatSchG auch durch Vertrag mit dem Landwirt (§ 3 Abs. 3 BNatSchG) die Umstellung auf eine mit den Erhaltungszielen verträgliche Bodennutzung vereinbaren. Ist der Landwirt zum Abschluss einer entsprechenden Vereinbarung nicht bereit, führt allerdings am Einsatz ordnungsrechtlicher Mittel kein Weg vorbei, zumal der Mitgliedstaat aus unionsrechtlichen Gründen (Art. 6 Abs. 2 FFH-RL) verpflichtet ist, die erforderlichen Maßnahmen zu ergreifen, um Verschlechterungen und erheblichen Störungen zu begegnen.[29]

27 Zu diesen Kriterien vgl. z.B. EuGH, Urt. v. 20.10.2005 – C-6/04 (Kommission ./. Vereinigtes Königreich), NuR 2006, 494 Rn. 54; BVerwG, Urt. v. 21.1.2016 – 4 A 5.7.14, NuR 2016, 406 Rn. 83 und Urt. v. 6.4.2017 – 4 A 16.16, NVwZ-RR 2017, 768 Rn. 24.

28 BVerwG, Urt. v. 14.7.2011 – 9 A 12.10, NuR 2011, 866 Rn. 89.

29 EuGH, Urt. v. 14.1.2016 – C-399/14 (Grüne Liga Sachsen), NuR 2016, 119 Rn. 37.

Auch bei nachteiligen Einwirkungen, die von einer außerhalb des Schutzgebiets ausgeübten landwirtschaftlichen Bodennutzung ausgehen (z.B. Eintrag von Nährstoffen), kann der Bewirtschaftungsplan eine Einschätzung von deren Verträglichkeit enthalten. Sofern die Schutzverordnung keine Regelung über Tätigkeiten außerhalb der Gebietsgrenzen trifft, verbleibt es beim Anzeigeverfahren nach § 34 Abs. 6 BNatSchG.

3. *Fazit*

Das geltende Recht bietet Möglichkeiten, um in Natura 2000-Gebieten die Verträglichkeit der Landbewirtschaftung mit den Erhaltungszielen zu gewährleisten. Daher besteht keine Notwendigkeit, neue Zulassungsverfahren für bisher genehmigungsfreie Landnutzungen einzuführen.

VI. *Habitatschutzrechtliche Ausnahmen*

Stellt sich im Rahmen einer vorgezogenen oder einzelfallbezogenen Verträglichkeitsprüfung heraus, dass Beeinträchtigungen gebietsbezogener Schutz- und Erhaltungsziele durch landwirtschaftliche Aktivitäten nicht mit der erforderlichen Gewissheit ausgeschlossen werden können, sind sie unzulässig, können aber unter strikter Beachtung der in § 34 Abs. 3-5 BNatSchG bezeichneten Voraussetzungen zugelassen werden.

Neben der Alternativlosigkeit setzt dies das Bestehen »*zwingender Gründe des überwiegenden öffentlichen Interesses*« voraus, während rein betriebswirtschaftliche Interessen des Landwirts nicht genügen.

Es kann dahinstehen, wie man das in Art. 39 Abs. 1 AEUV zum Ausdruck kommende Interesse an einer produktiven Landwirtschaft zu qualifizieren hat. Die Grundanforderungen an die Betriebsführung[30] verlangen die Beachtung der beiden europäischen Naturschutzrichtlinien. Außerdem gibt das Europarecht durch die Cross-Compliance-Regelungen zu erkennen, dass es nicht die Ausübung jeder intensiven Form der landwirtschaftlichen Bodennutzung auf jedem Standort als wünschenswert ansieht, sondern dass dabei die Erfordernisse des Netzes Natura 2000 zu beachten sind. Daher sind zwingende Gründe des überwiegenden öffentlichen Interesses an der Ausübung einer nicht erhaltungszielkonformen Landwirtschaft kaum denkbar. Davon abgesehen könnte sich ein Landwirt auf ein über-

30 GAB 2 und 3 Anhang II VO 1306/2013.

wiegendes öffentliches Interesse an einer nicht erhaltungszielkonformen Landbewirtschaftung nur berufen, wenn er keine Agrarbeihilfen in Anspruch nimmt und daher auch nicht an die Regelungen über die Cross-Compliance gebunden ist (»opt-out«).

Ist eine bestimmte landwirtschaftliche Nutzung für die Erhaltungsziele notwendig und muss dazu z.B. ein Stall im Natura 2000-Gebiet errichtet werden, um die Beweidung von feuchten oder trockenen Heiden sicherzustellen, sollte der Standort im Bewirtschaftungsplan festgelegt werden, sodass seine Verträglichkeit von vornherein feststeht.

VII. Ergebnis

In Natura 2000-Gebieten unterliegt auch die landwirtschaftliche Nutzung den allgemeinen Regeln. Da sie in unterschiedlichem Maß zur Erhaltung der Schutzwürdigkeit des Gebiets notwendig sein kann und es dabei auf die konkreten Verhältnisse einerseits der Nutzung und andererseits des betroffenen Lebensraumtyps und Ökosystems ankommt, ist ein darauf abgestimmter Bewirtschaftungsplan (Managementplan) das Mittel der Wahl, um die landwirtschaftliche Nutzung in verträgliche Bahnen zu lenken.

(Besonderer) Artenschutz und Landwirtschaft

Klaus Meßerschmidt[*]

> The ESA [Endangered Species Act] may still be »the ‚pit bull' of environmental laws« as some have called it ...
> Jonathan T. Cannon

I. Einleitung

Vom deutschen besonderen Artenschutzrecht lässt sich kaum Ähnliches behaupten wie vom US-amerikanischen *Endangered Species Act.*[1] Immerhin wurde es als »machtvoller Hebel des Naturschutzrechts« apostrophiert.[2] Auch diese Charakterisierung trifft allenfalls auf die Rolle des besonderen Artenschutzes gegenüber Infrastrukturvorhaben zu, die gelegentlich am Vorkommen besonders oder streng geschützter Arten im Projektgebiet scheiterten.[3] Gegenüber der Landwirtschaft[4] entfaltete der besondere Artenschutz niemals eine vergleichbare Sperrwirkung. Da diese inzwischen

---

* Eine kürzere Fassung dieses Beitrags ist in EurUP 2018, 336 ff. unter dem Titel „Artenschutzrecht und Landwirtschaft im Zeitalter der Biodiversitätskrise" erschienen.

1 *Cannon*, Environment in the Balance – The Green Movement and the Supreme Court, Cambridge, Mass. 2015, S. 99 m.w.N.

2 *Köck*, Rechtlicher Handlungsrahmen und Instrumente für die Erhaltung der Biodiversität in Kulturlandschaften, NuR 2010, 530 (535).

3 Dazu polemisch *Vallendar*, Die Wand im Groden – Land in Sicht für Infrastrukturvorhaben?, UPR 2010, 1 und die Nachw. aus der Rspr. bei *Meßerschmidt*, Bundesnaturschutzrecht, Losebl. (Stand: 123. Lfg. Februar 2015), § 44 Rn. 19 ff. m.w.N. Vgl. auch *Berkemann/Halama*, Handbuch zum Recht der Bau- und Umweltrichtlinien der EU, 2. Aufl. 2011, S. 810 ff. und *Durner*, in: Ziekow (Hrsg.), Handbuch des Fachplanungsrechts, 2. Aufl. 2014, S. 201 ff., jeweils m.w.N.

4 Zum Begriffsverständnis des BNatSchG statt vieler *Meßerschmidt*, Bundesnaturschutzrecht, Losebl. (Stand: 135. Lfg. Juli 2017), § 5 Rn. 12 m.w.N. Die folgenden Ausführungen beziehen sich, wenn nichts anderes gesagt wird, nur auf die Landwirtschaft und nicht die Forst- und Fischereiwirtschaft.

als »Gefährdungsursache Nr. 1« der Biodiversität in Deutschland[5] feststeht,[6] ist das Schattendasein des besonderen Artenschutzes gerade in diesem Bereich erklärungsbedürftig und wirft die Frage nach Abhilfemöglichkeiten auf. Dabei ist keineswegs ausgemacht, dass die Erkenntnis der komplexen Vernetzung der belebten Natur und der »Systemrelevanz« von Insekten, namentlich Bienen, und Vögeln[7] sich im besonderen Artenschutzrecht und seinem Vollzug niederschlagen wird. Im Koalitionsvertrag werden zwar das Insektensterben und das Biodiversitäts-Monitoring eigens angesprochen.[8] Die Frage der konkreten Umsetzung bleibt dabei aber noch offen. Wenn die neue Bundesministerin für Ernährung, Landwirtschaft und Verbraucherschutz die Schlagzeile in die Welt setzt: »Was der Biene

5 *Möckel*, Novellierungsbedarf beim BNatSchG aus ökologischer und europarechtlicher Sicht, ZUR 2017, 195 (195) m.w.N. Hier müssen die üblichen Stichworte genügen: weitere Intensivierung der Bewirtschaftung unter Steigerung des Einsatzes von Pflanzenschutz- und Düngemitteln bis hin zu Gentechnik, Wegfall von Brachen, Grünlandumbrüche und vergrößerte Ackerschläge, Schaffung von Monokulturen wie im Energiepflanzenanbau („strukturarme, ausgeräumte Agrarsteppen"), vollmechanische Bodenbearbeitung, anhaltende Verluste naturnaher Flächen und Ausräumen der Landschaft durch Beseitigung von Feldrainen, Ackerrandstreifen und Hecken, Entwässerungen und vereinfachte Fruchtfolge, mit einem Wort: Industrialisierung der Agrarwirtschaft.

6 Vgl. aus der Fülle der Quellen insbes. BfN, Artenschutz-Report 2015, S. 33 ff.; *dass.*, Daten zur Natur 2016, S. 34 f. und 50 ff.; *dass.*, Agrar-Report 2017, S. 3 ff.; Rat von Sachverständigen für Umweltfragen (Hrsg.), Sondergutachten „Umweltprobleme in der Landwirtschaft", 1985, auch BT-Drs. 10/3613; *ders.*, Sondergutachten „Konzepte einer dauerhaft umweltgerechten Nutzung ländlicher Räume", 1996, BT-Drs. 13/4109; *ders.*, Sondergutachten „Für eine Stärkung und Neuorientierung des Naturschutzes", 2002, Tz. 6; *ders.*, Für eine zeitgemäße Gemeinsame Agrarpolitik, Stellungnahme Nov. 2009, S. 10 ff.; UBA, 30 Jahre SRU-Sondergutachten „Umweltprobleme der Landwirtschaft" – eine Bilanz, 2015 und *dass.*, Umweltschutz in der Landwirtschaft, 2017. Ähnlich zum Agrarstrukturwandel und seinen ökologischen Folgen bereits *Henneke*, Landwirtschaft und Naturschutz, 1986, S. 4 ff.; zu den einzelnen Hauptursachen *Plachter*, Naturschutz, 1. Aufl. 1991, S. 81 f. sowie zusammenfassend *Schink*, Beeinträchtigung der Landwirtschaft in Deutschland durch landwirtschaftliche Produktion, UPR 1999, 8 (14) m.w.N. Vgl. aus der Fülle einschlägiger Bewertungen zuletzt BfN, Agrar-Report 2017, S. 6 ff. m.w.N.

7 Vgl. zusammenfassend NABU in https://www.nabu.de/news/2017/10/23284.html (zuletzt abgerufen am 15.1.2019).

8 Koalitionsvertrag zwischen CDU, CSU und SPD 19. Legislaturperiode, S. 85 („Dabei liegt uns der Schutz der Bienen besonders am Herzen"), im Internet u.a. abrufbar unter https://www.cdu.de/system/tdf/media/dokumente/koalitionsvertrag_2018.pdf?file=1 (zuletzt abgerufen am 15.1.2019). Zur Situation der Bienenarten BfN, Artenschutz-Report 2015, S. 9 m.w.N.

schadet, muss vom Markt«,[9] so deutet dies eher auf einen Schwerpunkt im Pflanzenschutzrecht. Da Biologen im Artensterben sogar ein größeres Problem sehen als im Klimawandel, der die Umweltpolitik der letzten Jahre beherrscht hat,[10] wäre ein selektiver Ansatz unter Aussparung des klassischen Artenschutzrechts überaus problematisch. So ersetzt eine Reduzierung des Pflanzenschutzmitteleinsatzes nicht den gezielten Schutz bestimmter besonders oder streng geschützter wildlebender Pflanzen und Tiere an ihren Standorten. Der Beitrag des Artenschutzrechts zur Erhaltung der Biodiversität verdient daher in der umweltpolitischen und rechtswissenschaftlichen Diskussion verstärkte Aufmerksamkeit.[11] Auch die Forderung nach »Aufrüstung des Ordnungsrechts«[12] ist mithin keineswegs vom Tisch. Vielmehr stellt sich die Frage, inwieweit eine Aktivierung des besonderen Artenschutzes bereits im Rahmen des geltenden Rechts möglich ist. Diese steht im Mittelpunkt der Untersuchung.

II. Zum Kontext des Agrar-Artenschutzrechts

1. Regelungsumfeld

Die Aktualität des Themas darf nicht darüber hinwegtäuschen, dass es sich um eine Wiederentdeckung handelt. Die Besorgnis erregenden Erschei-

---

9 Interview in FAZ Nr. 72 v. 26.3.2018, S. 4.

10 Interview mit dem Generaldirektor der Senckenberg-Gesellschaft für Naturforschung in Frankfurt a. M., Volker Mosbrugger, in FAS Nr. 12 v. 25.3.2018, S. 26. Diese Auffassung scheint unter Ökologen weit verbreitet, vgl. nur *Maxwell et al.*, The ravages of guns, nets and bulldozers, Nature Vol. 536 (11.8.2016), S. 143, die mit dem Appell schließen „to take stock of the current balance of threats – and refocus their efforts on the enemies of old" (S. 145). Ihnen zufolge sind 72 % der geschützten Pflanzen und Tiere weltweit durch „overexploitation or agricultural activity or both" geschädigt, während nur 19 % der geschützten Arten vom Klimawandel betroffen sind.

11 Hierbei kann neben den in Fn. 6 nachgewiesenen institutionellen Gutachten und politiknahen Stellungnahmen auf eine wahre Literaturflut zurückgegriffen werden, vgl. statt vieler *Haber*, Landwirtschaft und Naturschutz, 2014; *Hampicke*, Kulturlandschaft und Naturschutz, 2013 und *Hendler et al.* (Hrsg.), Landwirtschaft und Umweltschutz – 22. Trierer Kolloquium zum Umwelt- und Technikrecht vom 3. bis 5. September 2006, 2007.

12 *Rehbinder*, Biodiversität und Klimaschutz in der Landwirtschaft: Reichen die gesetzlichen Rahmenbedingungen?, in: Czybulka (Hrsg.), Das neue Naturschutzrecht des Bundes. 9. Warnemünder Naturschutzrechtstag, 2011, S. 249 ff.; auch in NuR 2011, 241 (249).

nungen bestehen bereits seit langem, haben sich allerdings in den letzten Jahren verschärft. Über »Artenrückgang durch die derzeit vorherrschende landwirtschaftliche Produktionsweise« referierte vor gut 20 Jahren bereits *Czybulka*[13] – und dies nicht als erster. Das Erscheinen von *Rachel Carsons* Studie »Silent Spring«[14], die als Katalysator der Umweltbewegung gilt, jährt sich demnächst zum sechzigsten Mal. Im Artenschutzrecht schlägt sich die Aktualität und Brisanz der Thematik bislang jedoch nur begrenzt nieder. Diese Aussage betrifft primär das klassische Artenschutzrecht i. e. S. (§§ 37 ff. BNatSchG). Hiervon zu unterscheiden ist das Artenschutzrecht i. w. S., dem alle Regelungen zugeordnet werden können, die funktional den Artenbestand beeinflussen, aber den Artenschutz bestenfalls als Nebenziel verfolgen (wie z.B. das Düngemittel- und Pflanzenschutzrecht, Bodenschutz- und Gewässerschutzrecht oder die Flächenschutzregelungen des BNatSchG).[15] Artenschutzdienliche Reformen können und müssen auch dort stattfinden. Der Koalitionsvertrag verspricht die Vorlage entsprechender Strategien bis zur Mitte der Legislaturperiode. Erforderlich ist neben der Systematisierung des Agrar-Artenschutzrechts somit auch die Beachtung seiner Vernetzungen mit dem übrigen Umweltrecht. Insofern weist das Artenschutzrecht teilweise sogar einen akzessorischen Charakter auf. Dieser zeigt sich etwa gegenüber § 5 Abs. 2 BNatSchG und den dort statuierten Regeln der guten fachlichen Praxis.

Angesichts dieses komplexen juristischen Kontexts erfasst eine auf das allgemeine und besondere Artenschutzrecht begrenzte Analyse nur einen Ausschnitt der Artenschutzinstrumente und liefert kein vollständiges Bild des gebotenen und teilweise gewährten Schutzes der Biodiversität gegenüber den Folgen der konventionellen und zunehmend industrialisierten Landwirtschaft. Man mag die »Zersplitterung und relative Insuffizienz der meisten Instrumente« kritisieren, so wie dies *Di Fabio* vor über zwei Dezennien getan hat,[16] kann in der Vielfalt aber auch Chancen und Synergien entdecken: Dank der vielfachen Vernetzung und Überschneidung der Natur- und Umweltschutzinstrumente findet ein zumindest indirekter Schutz von Exemplaren geschützter Arten unter anderem durch FFH-Recht und

13 *Czybulka*, Naturschutzrechtlicher Flächen- und Artenschutz und landwirtschaftliche Produktion, AgrarR 1997, 305 (305).

14 *Carson*, Silent Spring, Boston 1962. Zu den Arten- und Bestandsrückgängen von Insekten und Vögeln und deren Zusammenhang zuletzt zusammenfassend BfN, Fn. 6, S. 8 ff. m.w.N.

15 Vgl. zur Übersicht *Möker*, in: Koch (Hrsg.), Umweltrecht, 4. Aufl. 2014, S. 880 ff.

16 *Di Fabio*, Rechtliche Instrumente zum Schutz von Boden, Wasser und Luft vor landwirtschaftlichen Umweltbelastungen, NuR 1995, 123 (129).

Pflanzenschutzrecht statt. Umgekehrt leistet der besondere Artenschutz einen von Teilen der Politik und Medien gerne angeprangerten Beitrag zum Flächenschutz.[17]

2. *Subsidiarität des Artenschutzrechts*

§ 37 Abs. 2 Satz 1 BNatSchG zieht dem gesamten Artenschutzrecht auch und gerade gegenüber der Landwirtschaft Grenzen, indem die Vorschriften des Pflanzenschutzrechts, des Tierschutzrechts, des Seuchenrechts sowie des Forst-, Jagd- und Fischereirechts für von den Vorschriften des Artenschutz-Kapitels und den auf Grund und im Rahmen dieses Kapitels erlassenen Rechtsvorschriften unberührt erklärt werden. Diese Kollisionsnorm deutet sogar auf einen partiellen Nachrang des Artenschutzrechts hin.[18] Die irrige Vorstellung des Gesetzgebers, Artenschutzrecht und die genannten Rechtsmaterien würden sich nicht überschneiden und die – dann doch eigentlich überflüssige – Kollisionsnorm diene nur der Klarstellung,[19] hat zu folgendem Ergebnis geführt: Handlungen, die nach spezielleren Vorschriften der unberührt bleibenden Gesetze oder Verordnungen erlaubt oder untersagt sind, dürfen durch Artenschutzrecht weder verboten noch zugelassen werden.[20] Hingegen ist das Artenschutzrecht anwendbar, wenn das Fachgesetz keine Schutzbestimmungen oder nur Generalklauseln enthält.[21] Allerdings wird zu Recht daran erinnert, dass bei der Feststellung der Spezialität nicht lediglich auf den jeweiligen Detaillie-

---

17 Die Generaldirektion Umwelt der EU-Kommission charakterisiert den Artenschutz zutreffend als „Indikator bei der Beurteilung des Gesundheitszustandes der Ökosysteme" (Europäische Kommission, Leitfaden zum strengen Schutzsystem für Tierarten von gemeinschaftlichem Interesse im Rahmen der FFH-Richtlinie 92/43/EWG, endg. Fassung Februar 2007, Tz. 4 [S. 6]). Erinnerlich sind demgegenüber die Darstellungen unscheinbarer Tiere und Pflanzen, die im Boulevardzeitungsstil für die Blockade wichtigster Projekte verantwortlich gemacht werden. In den USA hat „snail darter" entsprechende Berühmtheit erlangt.

18 Zur kontroversen Einschätzung dieser Klausel in Rspr. und Schrifttum *Meßerschmidt*, Bundesnaturschutzrecht, Losebl. (Stand: 121. Lfg. September 2014), § 37 Rn. 32 m.w.N.

19 BT-Drs. 7/886, S. 34 f.

20 *Kratsch*, in: Schumacher/Fischer-Hüftle (Hrsg.), BNatSchG, 2. Aufl. 2011, § 37 Rn. 10 und *Louis*, BNatSchG, 1. Aufl. 1994, § 20 Rn. 8. Weitere Nachw. zu den zahlreichen Schrifttumsstimmen bei *Meßerschmidt*, Fn. 18, § 37 Rn. 32.

21 *Apfelbacher*, Urteilsanmerkung, NuR 1988, 159 (160); *Kratsch*, Fn. 20, § 37 Rn. 10; *Louis*, Fn. 20, § 20 Rn. 8.

rungsgrad im technischen Sinn, sondern auch auf Schutzgut und Zielbereich der Vorschriften abzustellen ist.[22] Für eine solche balancierende Lösung spricht auch der Umstand, dass sich in § 37 Abs. 2 Satz 2 BNatSchG eine engere Bestimmung findet, wonach die Artenschutzvorschriften des BNatSchG nur gegenüber speziellen Artenschutzbestimmungen des Fischerei- und Jagdrechts zurücktreten.[23] Die Unberührtheitsklausel in § 37 Abs. 2 Satz 1 BNatSchG ist daher nicht so zu verstehen, dass Artenschutzrecht Anti-Artenschutzrecht zu weichen hätte. Mit diesem gleichwohl mit Unsicherheiten belasteten Ergebnis wird man umweltpolitisch solange leben können, wie insbesondere das Pflanzenschutzrecht auf die Anforderungen des Artenschutzes Rücksicht nimmt und an diese erforderlichenfalls angepasst wird.[24]

III. Zur Struktur des Agrar-Artenschutzrechts

1. Fehlen eines eigenständigen Agrar-Artenschutzrechts

Weder das allgemeine noch das besondere Artenschutzrecht enthalten eine systematische und spezifische Regelung des Artenschutzes in der Land-, Forst- und Fischereiwirtschaft. Landwirtschaftsspezifische Gebote und Verbote mit Artenschutz-Hintergrund finden sich nur punktuell und ansatzweise. Am ehesten scheint dies noch bei § 39 Abs. 5 Satz 1 Nr. 1 BNatSchG, dem Verbot des Abbrennens der Bodendecke, der Fall zu sein. Alle übrigen Verbote und Gebote sind noch weniger adressatenspezifisch formuliert, sondern verbieten oder gebieten jedermann eine bestimmte Handlungsweise. Erst beim Zusammendenken von Norm und Faktizität, auf der Subsumtionsebene also, erweist sich, dass die Zugriffsverbote der §§ 39 Abs. 1, Abs. 5 Satz 1 und 44 Abs. 1 BNatSchG besonders häufig die Land- und Forstwirtschaft betreffen, wobei das Niederschlagen von Beständen wild lebender Pflanzen oder die Beschädigung oder das Zerstören wild lebender Pflanzen der besonders geschützter Arten oder der Fortpflanzungs- und Ruhestätten wild lebender Tiere besonders geschützter Arten aber

---

22 *Apfelbacher*, in: Kolodziejcok et al. (Hrsg.), Naturschutz, Landschaftspflege und einschlägige Regelungen des Jagd- und Forstrechts, Losebl. (Stand: 46. Lfg. 2002), Kennziffer 1220, § 39 a.F. Rn. 29.

23 *Gellermann*, in: Landmann/Rohmer (Hrsg.), Umweltrecht, Bd. 2, Losebl. (Stand: 21. Lfg. April 2011), § 37 Rn. 12.

24 Vgl. Rat von Sachverständigen für Umweltfragen, Umweltgutachten 2016, S. 359 ff.

auch von Nicht-Landwirten begangen werden können. Sicherlich wäre es lohnend, jedem einzelnen Absatz und jeder einzelnen Nummer der §§ 39 und 44 BNatSchG Verletzungshandlungen durch Land- und Forstwirtschaft zuzuordnen. Hieraus ergäbe sich eine wertvolle Kasuistik, die sich an die einschlägige Rechtsprechung anzulehnen hätte. Diese Aufgabe wäre noch zu bewältigen.

Das Artenschutzrecht nähert sich, anders als § 5 Abs. 2 BNatSchG[25], der Land-, Forst- und Fischereiwirtschaft nicht auf direktem Wege mit spezifischen Anforderungen, sondern erfasst diese nur über die Formulierung von Legalausnahmen von den allgemein formulierten Verboten und Geboten. Fast alle Vorschriften des Kapitels 5 sprechen die Land-, Forst- und Fischereiwirtschaft *prima facie* allein unter dem Blickwinkel an, welche Erleichterungen diesen Wirtschaftszweigen der sog. Urproduktion gewährt werden können. Dies trifft z.B. auf § 14 Abs. 2 (Konformitätsvermutung im Rahmen der Eingriffsregelung), § 14 Abs. 3 (Wiederaufnahme einer land-, forst- und fischereiwirtschaftlichen Bodennutzung), § 15 Abs. 3 (Schonung land- und forstwirtschaftlich genutzter Flächen bei Ausgleichs- und Ersatzmaßnahmen), § 30 Abs. 5 (Wiederaufnahme der land-, forst- und fischereiwirtschaftlichen Nutzung trotz Biotopschutz), § 39 Abs. 5 Satz 1 Nr. 1 (Ausnahme der land-, forst- und fischereiwirtschaftlich genutzten Flächen vom Behandlungsverbot), § 39 Abs. 5 Satz 2 Nr. 3 (diese Ausnahme für nach § 15 zulässige Eingriffe rezipiert auch die Agrarklausel des § 15 Abs. 3), § 40 Abs. 1 Satz 4 Nrn. 1 und 4 (genehmigungsfreier Anbau grundsätzlich verbotener gebietsfremder Pflanzen in der Land- und Forstwirtschaft und genehmigungsfreie Aussaat), § 44 Abs. 4 (Landwirtschaftsklausel) und § 44 Abs. 5 (Rezeption der Eingriffsregelung unter Einschluss der dortigen Landwirtschaftsklausel des § 15 Abs. 3) sowie § 45 Abs. 7 Satz 1 Nr. 1 (Ausnahmen zur Abwendung erheblicher land-, forst-, fischerei-, wasser- oder sonstiger erheblicher wirtschaftlicher Schäden). Das Wort vom Agrarprivileg hat von daher weiterhin nicht nur gesetzestechnisch seine Berechtigung.[26] In Bezug auf Jagd und Fischerei gilt dies auch für § 39 Abs. 2 und § 40 Abs. 4 Satz 4 Nr. 3. Allerdings wird § 44 Abs. 4 kaum weniger durch Rückausnahmen charakterisiert. Demgegenüber spielen die Ausnahmen des § 45 für die Land-, Forst- und Fischereiwirtschaft nur eine geringe Rolle. Direkt begünstigt wird diese in § 45 Abs. 7 Satz 1 Nr. 1 (Ab-

---

25 Bei den nachfolgenden ohne Gesetzesangabe zitierten Paragraphen handelt es sich um solche des BNatSchG.

26 Vgl. *Ekardt/Heym/Seidel*, Die Privilegierung der Landwirtschaft im Umweltrecht, ZUR 2008, 169.

wendung u. a. von land- und forstwirtschaftlichen Schäden), indirekt durch § 45 Abs. 8 (Zucht), der auch für die dort nicht explizit angesprochene Landwirtschaft von Bedeutung ist. Dieser Regelungsansatz mag einerseits ein Nachhall des ursprünglichen Fokus auf dem »Blümchen- und Vogelschutz« mit seinen einfach gestrickten Pflück-, Störungs- und Beschädigungsverboten sein.[27] Der zunehmend komplexeren Aufgabenstellung des besonderen Artenschutzes wird dieser Regelungstyp schwerlich gerecht. Andererseits lässt sich der Gesetzgeber womöglich von der Überzeugung leiten, mit der Bewirtschaftung und Schutz harmonisierenden Regelung des § 5 BNatSchG schon eine Lösung für eine Vielzahl der Rechtsprobleme gefunden zu haben.

2. *Zur Entwicklung der Landwirtschaftsklauseln*

Das Bundesnaturschutzgesetz verfügt über mehrere Landwirtschaftsklauseln. Neben § 5 BNatSchG als Zentralvorschrift des Agrarnaturschutzrechts[28] widmen sich §§ 14 Abs. 2[29] und 3[30], 15 Abs. 3,[31] 44 Abs. 4 Satz 1 und Abs. 5 sowie § 45 Abs. 7 Satz 1 Nr. 1 BNatSchG dem Verhältnis von Naturschutz und Land-, Forst- und Fischereiwirtschaft. Einige dieser Vorschriften waren über lange Jahre Kampfplatz zwischen Naturschützern und konventioneller Landwirtschaft. Im Folgenden sollen lediglich die wichtigsten Etappen der wechselhaften Novellierungsgeschichte und der ausschlaggebende Einfluss des EuGH in Erinnerung gerufen werden. Zumindest nach dem Buchstaben des Gesetzes handelt es sich um eine »erhebliche Ökologisierung«.[32]

Dies zeigt sich auf allgemeiner Ebene darin, dass die ursprüngliche Konformitätsvermutung des § 1 Abs. 3 BNatSchG in der Fassung von 1976, die bis 2002 als § 2 Abs. 3 BNatSchG fortbestand, einer ausgewogenen Regelung gewichen ist, die einerseits an »die besondere Bedeutung einer natur- und landschaftsverträglichen Land-, Forst- und Fischereiwirtschaft für die Erhaltung der Kultur- und Erholungslandschaft« erinnert (§ 5 Abs. 1

---

27 Vgl. *Meßerschmidt*, Fn. 3, § 44 Rn. 5.

28 Hierzu näher *Meßerschmidt*, Fn. 4, § 5 Rn. 1 ff.

29 Hierzu *Meßerschmidt*, Bundesnaturschutzrecht, Losebl. (Stand: 103. Lfg. Juni 2011), § 14 Rn. 44 ff. m.w.N.

30 Hierzu *Meßerschmidt*, Fn. 29, § 14 Rn. 52 ff. m.w.N.

31 Zu dieser besonderen Konstellation *Meßerschmidt*, Bundesnaturschutzrecht, Losebl. (Stand: 134. Lfg. Juni 2017), § 15 Rn. 96 ff. m.w.N.

32 *Rehbinder*, Fn. 12, NuR 2011, 241 (241).

BNatSchG 2002/2009), andererseits aber an § 17 Abs. 2 BBodSchG anknüpft und Grundsätze der guten fachlichen Praxis statuiert, wobei in beiden Fällen Naturverträglichkeitsanforderungen formuliert werden. Dennoch wird bemängelt, dass »die bisherigen Regelungen zur guten fachlichen Praxis im BNatSchG bisher keine sichtbaren positiven Wirkungen für die Ziele des Natur- und Landschaftsschutzes entfaltet haben«.[33] Nachdem das BVerwG im vieldiskutierten Urteil vom 1.9.2016 § 5 Abs. 2 BNatSchG im Wesentlichen die Verbindlichkeit abgesprochen hat,[34] sind die Erwartungen an den Nutzen dieser Vorschrift für den Naturschutz weiter gesunken.

Die artenschutzspezifische Landwirtschaftsklausel weist eine ähnliche, jedoch verschlungenere Entwicklung auf. In seiner ursprünglichen Fassung von 1976[35] bestimmte § 22 Abs. 3, dass die in Absatz 2 geregelten Zugriffsverbote des besonderen Artenschutzes nicht galten, wenn die Handlungen bei der land-, forst- und fischereiwirtschaftlichen Bodennutzung, bei der Verwertung der dabei gewonnenen Erzeugnisse oder bei Ausführung eines nach § 8 BNatSchG a.F. zugelassenen Eingriffs vorgenommen wurden. Ausgerechnet die sog. Artenschutznovelle von 1986[36] änderte in dieser Hinsicht nichts, außer zu Lasten des Biotopschutzes zugelassene Maßnahmen in die Ausnahmeregelung des § 20f Abs. 3 BNatSchG a.F. einzubeziehen. 1993[37] wurde der mittlerweile in die Neufassung des BNatSchG von 1987[38] übernommene § 20f Abs. 3 durch folgenden Nachsatz eingeschränkt: »soweit hierbei Tiere oder Pflanzen der besonders geschützten Arten nicht absichtlich beeinträchtigt werden«. Damit versuchte der Gesetzgeber eine Konsequenz aus einem recht weit zurückliegenden

---

33 *Möckel*, Fn. 5, 195 (196) m.w.N.

34 BVerwG, Urt. v. 1.9.2016 – 4 C 4.15, BVerwGE 156, 94, Rn. 17 (Grünlandumbruch). Aus dem schon zuvor gespaltenen Schrifttum vgl. *Gassner*, in: ders./ Bendomir-Kahlo/Schmidt-Räntsch, BNatSchG, 2. Aufl. 2003, § 5 Rn. 5; *Kautz*, in: Kolodziejcok et al., Naturschutz, Landschaftspflege und einschlägige Regelungen des Jagd- und Forstrechts, Losebl., Stand: Lfg. 3/16, Kennziffer 0760, § 44 Rn. 156; *Köck*, Fn. 2, 530 (534); *Rehbinder*, Fn. 12, 241 (242 und 244) und *Vagedes*, in: Lütkes/Ewer (Hrsg.), BNatSchG, 1. Aufl. 2011, § 5 Rn. 15; pointiert *Endres*, in: Frenz/ Müggenborg (Hrsg.), BNatSchG, 2. Aufl. 2016, § 5 Rn. 8; anders *Agena*, Der Vollzug der landwirtschaftlichen „Grundsätze der guten fachlichen Praxis" nach § 5 Abs. 2 BNatSchG, NuR 2012, 297 (298 f., 307) und *Fischer-Hüftle*, in: Schumacher/ders. (Hrsg.), BNatSchG, 2. Aufl. 2011, § 5 Rn. 16, vermittelnd unter Hinweis auf § 3 Abs. 2 BNatSchG *Möckel*, Fn. 5, 195 (196).

35 BGBl. I S. 3574.

36 BGBl. I S. 2349.

37 Art. 2 des Gesetzes v. 6.8.1993 (BGBl. I S. 1458).

38 Gesetz v. 12.3.1987 (BGBl. I S. 889).

Urteil des EuGH zu ziehen, das der Bundesrepublik einen Verstoß gegen die Vogelschutzrichtlinie vorgehalten hatte.[39] In der Fassung des Bundesnaturschutzgesetzes vom 12. März 1987[40] war diese Regelung unter identischer Paragraphenziffer beibehalten worden. Damit sollten »Beeinträchtigungen, die sich als unausweichliche Konsequenz rechtmäßigen Handelns ergeben«,[41] vom Artenschutz freigestellt werden. Selbst das Zweite Änderungsgesetz vom 30.4.1998[42], das vor allem der Umsetzung von FFH-Richtlinie und Vogelschutz-Richtlinie diente, ließ das Landwirtschaftsprivileg unangetastet. Eine auf den ersten Blick einschneidende Modernisierung des besonderen Artenschutzes und der einschlägigen Landwirtschaftsklausel brachte erst die Neufassung des Bundesnaturschutzgesetzes von 2002.[43] Die wesentlich erweiterte Vorschrift zum besonderen Artenschutz im damals neuen § 42 wurde nun durch eine als Ausnahme deklarierte spezielle Landwirtschaftsklausel in § 43 Abs. 4 BNatSchG eingeschränkt, die folgenden Wortlaut hatte:

> »Die Verbote des § 42 Abs. 1 und 2 gelten nicht für den Fall, dass die Handlungen bei der guten fachlichen Praxis und den in § 5 Abs. 4 bis 6 genannten Anforderungen entsprechenden land-, forst- und fischereiwirtschaftlichen Bodennutzung und bei der Verwertung der dabei gewonnenen Erzeugnisse oder bei der Ausführung eines nach § 19 zugelassenen Eingriffs, bei der Durchführung einer Umweltverträglichkeitsprüfung nach dem Gesetz über die Umweltverträglichkeitsprüfung oder einer nach § 30 zugelassenen Maßnahme vorgenommen werden, soweit hierbei Tiere, einschließlich ihrer Nist-, Brut-, Wohn- oder Zufluchtsstätten und Pflanzen der besonders geschützten Arten nicht absichtlich beeinträchtigt werden. (…)«

---

39 EuGH, Urt. v. 17.9.1987 – Rs. 412/85, Slg. 1987, 3503. Dazu *Meßerschmidt*, Europäisches Umweltrecht, 2011, § 13 Rn. 40. Wegen der Nichtumsetzung dieses Urteils wurde Deutschland erneut verurteilt, vgl. EuGH, Urt. v. 23.3.1993 – Rs. C-345/92, NuR 1993, 505. Die nächste Weichenstellung erfolgte mit der Caretta-Entscheidung des EuGH (Urt. v. 30.1.2002 – Rs. C-103/00, Slg. 2002, I-1147, Rn. 34 ff.), die den Absichtsbegriff bezüglich FFH-Arten ähnlich deutete. Zur weiteren Entwicklung *Meßerschmidt*, Fn. 39, § 13 Rn. 122 m.w.N.

40 Siehe Fn. 38.

41 BVerwG, Urt. v. 11.1.2001 – 4 C 6.00, BVerwGE 112, 321 LS 3. Ähnlich noch BVerwG, Urt. v. 16.3.2006 – 4 A 1075.04, BVerwGE 125, 116, Rn. 567 ff. (Berlin Schönefeld II).

42 BGBl. I S. 823.

43 BNatSchG v. 25.3.2002 (BGBl. I S. 1193).

Diese Regelung wies einen janusköpfigen Charakter auf. Einerseits knüpfte sie an die neugefasste Landwirtschaftsklausel in § 5 BNatSchG an, die in Absatz 4 anstelle des Topos der ordnungsgemäßen Landwirtschaft, der fast ein Vierteljahrhundert die Diskussion um das Verhältnis von Naturschutz und Landwirtschaft beherrscht hatte, Grundsätze der guten fachlichen Praxis aufstellt und damit den Weg zum heutigen § 5 Abs. 2 BNatSchG bahnt. Gute fachliche Praxis soll – vereinfacht ausgedrückt – nur eine umwelt-, insbesondere naturverträgliche Wirtschaftsweise bezeichnen.[44] Insofern schien alles im Lot (die Problematik der diesen Grundsätzen versagt gebliebenen Anerkennung als verbindliche Gebote und Verbote bleibt hierbei ausgeklammert).[45] Andererseits schließt der Absatz mit einer Soweit-Klausel, die sich im heutigen § 44 Abs. 4 BNatSchG aus gutem Grund nicht mehr findet. Ein führender Praktikerkommentar hatte seinerzeit frohlockt: »Somit muss auf diese Handlungen nicht deshalb verzichtet werden, weil sie in gewissen Fällen zwangsläufig einen der in § 42 Abs. 1 BNatSchG [a.F.] aufgeführten Verbotstatbestände verwirklichen.«[46] Die Freistellung aller nicht »absichtlichen« Beeinträchtigungen[47] sollte Deutschland jedoch eine weitere Verurteilung durch den EuGH eintragen.[48] Da Art. 12 Abs. 1 lit. d FFH-RL keine Differenzierung zwischen absichtlichem und unabsichtlichem Handeln vornimmt,[49] war das Scheitern dieses Umsetzungsversuchs vorhersehbar. In der Folge hat sich die Fra-

---

44 Vgl. *Meßerschmidt*, Fn. 4, § 5 Rn. 28 ff. m.w.N.

45 Siehe zur Rspr. oben Fn. 34. A.A. teilweise das Schrifttum, vgl. etwa *Vagedes*, Fn. 34, § 5 Rn. 15 und nachfolgend in und über Fn. 107.

46 *Lorz/Müller/Stöckel*, Naturschutzrecht, 2. Aufl. 2003, § 43 Rn. 11.

47 Affirmativ noch BVerwG, Urt. v. 11.1.2001 – 4 C 6.00, BVerwGE 112, 321 – und Beschl. v. 12.4.2005 – 9 VR 41.04, NVwZ 2005, 943.

48 EuGH, Urt. v. 10.1.2006 – Rs. C-98/03, Slg. 2006, I-75 (Kommission ./. Deutschland). Ähnlich EuGH, Urt. v. 20.10.2005 – Rs. C-6/04, Slg. 2005, I-9017, Rn. 113 (Kommission ./. Vereinigtes Königreich). Unter dem Eindruck der erstgenannten Entscheidung erklärte das BVerwG § 43 Abs. 4 BNatSchG a.F. für nicht anwendbar, vgl. BVerwG, Urt. v. 21.6.2006 – 9 A 28.05, BVerwGE 126, 166 (Ortsumgehung Stralsund). Zur hieraus resultierenden Reformnotwendigkeit des nationalen Artenschutzrechts aus damaliger Sicht *Lütkes*, Anpassungserfordernisse des deutschen Artenschutzrechts, ZUR 2006, 513; *Mayr/Sanktjohanser*, Die Reform des nationalen Artenschutzrechts mit Blick auf das Urteil des EuGH v. 10.1.2006 in der Rs. C-98/03, NuR 2006, 412 und *Niederstadt/Krüsemann*, Die europarechtlichen Regelungen zum Artenschutz im Lichte des „Guidance Document" der Europäischen Kommission, ZUR 2007, 347 (354).

49 Dieser Unterschied wird allerdings überschätzt, vgl. *Beier*, Neues aus Leipzig zum artenschutzrechtlichen Tötungsverbot – Anmerkung zum Urteil des BVerwG vom 14.7.2011, 9 A 12.00, DVBl. 2012, 149 (150 ff.); *Möckel*, 35 Jahre Europäische Vo-

ge der Auslegung des Absichtsbegriffs, die zwischen EuGH und deutscher Doktrin divergierte, erledigt.[50]

War mit der erzwungenen Streichung der Absichtsklausel, in der die »ordnungsgemäße Landwirtschaft« unter einer Tarnkappe begrenzte Zeit weitergelebt hatte, jeder Ausweg vor den Beeinträchtigungs-, Tötungs- und Zerstörungsverboten blockiert?[51] Wir werden sehen, dass der Gesetzgeber nach dem Scheitern der untauglichen Absichtsklausel einen neuen, intelligenteren Weg gefunden hat, um die Landwirtschaft vor den schärfsten Konsequenzen der artenschutzrechtlichen Zugriffsverbote zu bewahren. Dies geschah kurz vor dem Ende des BNatSchG 2002 durch das Änderungsgesetz vom 12.12.2007.[52] Die Neufassung der Landwirtschaftsklausel im dortigen § 42 Abs. 2 nahm den heutigen § 44 Abs. 4 BNatSchG weitestgehend vorweg. Beide Vorschriften unterscheiden sich lediglich in redaktionellen Details. Unter diesem Blickwinkel ist im Folgenden § 44 Abs. 4 in der Fassung des BNatSchG 2009/2010 zu betrachten. Als Zwischenbilanz ist jedoch festzuhalten: Der deutsche Gesetzgeber hat länger als zuträglich am herkömmlichen Agrarprivileg auch im Bereich des besonderen Artenschutzes festgehalten. Der Natur- und Artenschutz haben dem EuGH viel zu verdanken.

IV. Zur Rolle des Allgemeinen Agrar-Artenschutzrechts

Die Akzentuierung des Besonderen Artenschutzrechts im vorgegebenen Vortragstitel deutet auf dessen herausragende Rolle und eine nachgeordnete Rolle des Allgemeinen Artenschutzrechts hin. Gleichwohl wird auch letzteres zu berücksichtigen sein.

Trotz der strengen Unterscheidung zwischen allgemeinem und besonderem Artenschutzrecht (vgl. Abschnitt 2 mit § 39 BNatSchG einerseits und

---

gelschutzrichtlinie im Lichte des EuGH und BVerwG, NuR 2014, 381 (387) und *Meßerschmidt*, Fn. 3, § 44 Rn. 24. Zu Bedenken gegenüber der EuGH-Rspr. auch *Sobotta*, Artenschutz in der Rechtsprechung des Europäischen Gerichtshofs, NuR 2007, 642 (649).

50 Vgl. dazu noch *Mayr/Sanktjohanser*, Fn. 48, 412 (413 f.) m.w.N. sowie die detaillierte Rechtsprechungsübersicht bei *Berkemann/Halama*, Fn. 3, Erl. II Rn. 256 ff.

51 Zu dieser Besorgnis *Meßerschmidt*, Fn. 3, § 44 Rn. 24.

52 BGBl. I S. 2873. Vgl. auch die Gesetzesbegründung in BT-Drs. 16/5100. Dazu *Möckel*, Die Novelle des Bundesnaturschutzgesetzes zum europäischen Gebiets- und Artenschutz – Darstellung und Bewertung, ZUR 2008, 57 sowie *Czybulka*, Ist das Erste Gesetz zur Änderung des BNatSchG europarechtskonform?, EurUP 2008, 20.

Abschnitt 3 mit §§ 44 ff. BNatSchG andererseits) scheint in der Praxis so etwas wie ein »spill over«-Effekt einzutreten: Maßnahmen des besonderen Artenschutzes kommen jedenfalls im Bereich der Beschädigungs- und Zerstörungsverbote häufig nicht nur den – die Beschränkung rechtfertigenden – besonders geschützten Populationen zugute, sondern auch den mit ihnen kohabitierenden Exemplaren lediglich allgemein geschützter Arten. Der besondere Artenschutz besitzt insofern dort – weniger bei den Besitz- und Vermarktungsverboten – eine aus Sicht des Artenschutzes erfreuliche überschießende Wirkung. Umgekehrt bietet der allgemeine Schutz wild lebender Tiere und Pflanzen keinen ausreichenden Schutz für besonders schutzwürdige Tiere und Pflanzen. Dies folgt bereits daraus, dass die Störungs-, Beeinträchtigungs- und Zerstörungsverbote des § 39 Abs. 1 BNatSchG unter dem Vorbehalt des Fehlens eines vernünftigen Grundes stehen (»ohne vernünftigen Grund«). Als vernünftig gelten Gründe, die bei verständiger Würdigung unter Berücksichtigung aller Umstände und Zwecke des Artenschutzrechts anerkennenswert sind.[53] Stattdessen kann man auch darauf abstellen, was einem durchschnittlichen, gegenüber dem Naturschutz aufgeschlossenen Betrachter angesichts der konkreten Situation einleuchtet.[54] Auch wenn man im Fachschrifttum kaum auf die Auffassung stößt, dass die Landwirtschaft *per se* einen vernünftigen Eingriffsgrund liefere, läuft es hierauf in den meisten Fällen im Ergebnis hinaus.[55] Ausgehend von der Prämisse, dass dem Menschen nicht die Nutzung, sondern nur die Übernutzung der Natur zu verwehren ist, wird selbst die bewusste Zerstörung von Exemplaren wild lebender Tier- und Pflanzenarten als von vernünftigen Gründen getragen konzediert. Als Beispiele werden die Schädlingsbekämpfung und die Unkrautvernichtung genannt.[56] Schutz gewähren in solchen Fällen nicht das (allgemeine) Artenschutzrecht, sondern das Tierschutz- und das Pflanzenschutzrecht. Es handelt sich eben um einen »schwachen Mindestschutz«, der gegenüber weitergehenden Schutzvorschriften gemäß § 39 Abs. 7 BNatSchG nachrangig ist.[57]

---

53 Vgl. *Gellermann*, Fn. 23, § 39 Rn. 6 und *Meßerschmidt*, Fn. 18, § 39 Rn. 14, jeweils m.w.N.

54 *Hellenbroich*, Europäisches und deutsches Artenschutzrecht, 1. Aufl. 2006, S. 103.

55 Vgl. BT-Drs. 16/12274, S. 67.

56 *Schütte/Gerbig*, in: Schlacke (Hrsg.), GK-BNatSchG, 2. Aufl. 2017, § 39 Rn. 15; ähnlich *Meßerschmidt*, Fn. 18, § 39 Rn. 15.

57 *Schmidt/Kahl/Gärditz*, Umweltrecht, 10. Aufl. 2017, § 10 Rn. 140.

V. Zur Rolle des Besonderen Agrar-Artenschutzrechts

Die aktuell geltende Regelung des § 44 Abs. 4 BNatSchG 2009/2010 erscheint im Vergleich zu ihren Vorgängerinnen[58] nahezu unangefochten. Ihr wurde attestiert, »bestehende und seitens der Europäischen Kommission anerkannte Spielräume bei der Auslegung der artenschutzrechtlichen Vorschriften der FFH-Richtlinie festgeschrieben« zu haben.[59] Fast im gleichen Atemzug wurde jedoch bezweifelt, »inwieweit diese Privilegierung der Land-, Forst- und Fischereiwirtschaft mit Art. 12 FFH-Richtlinie vereinbar ist«.[60] Derlei Doppeldeutigkeit stimmt misstrauisch. Sollte trotz des diesmal intelligenteren Vorgehens des Gesetzgebers die Quadratur des Kreises[61] abermals nicht geglückt sein?

1. Teilung und Modifikation des besonderen Agrar-Artenschutzes

Die neue Lösung des Gesetzgebers beruht auf zwei »Einfällen«.[62] Zunächst unterscheidet sie zwischen »einfachen« besonders geschützten Arten im Sinne von § 7 Abs. 2 Nr. 13 BNatSchG und streng geschützten Arten, die in Anhang IV FFH-Richtlinie enthalten, als europäische Vogelarten gelistet oder in einer Rechtsverordnung nach § 54 Abs. 1 Nr. 2 BNatSchG als sog. nationale Verantwortungsarten aufgeführt sind (vgl. § 7 Abs. 2 Nr. 14 BNatSchG). Damit nimmt der Gesetzgeber einen Teil des Agrar-Artenschutzes von vornherein aus der europarechtlichen Schusslinie. Erstere sind schon (und nur) dann vom Regime des besonderen Artenschutzes freigestellt, wenn die Grundsätze der guten fachlichen Praxis beachtet werden (Satz 1).[63] Letztere, d. h. die europarechtlich sensiblen Arten, werden stärker geschützt, indem als zweite Voraussetzung der Freistellung verlangt

58 Siehe oben III.2.

59 *Schlacke*, in: Ehlers/Fehling/Pünder (Hrsg.), Besonderes Verwaltungsrecht, Bd. 2, 3. Aufl. 2013, § 50 Rn. 170. Auf solche Spielräume beruft sich auch die Gesetzesbegründung, vgl. BT-Drs. 16/5100, S. 11.

60 *Schlacke*, Fn. 59, § 50 Rn. 170.

61 Von einem „Kompromiss zwischen den europarechtlichen Anforderungen an den Artenschutz einerseits und der land-, forst- und fischereiwirtschaftlichen Nutzung andererseits" spricht *Kautz*, Fn. 34, § 44 Rn. 81.

62 In einem Fall beschränkte sich die Kreativität des Gesetzgebers auf eine Rezeption der Rspr., vgl. BVerwG, Urt. v. 21.6.2006 – 9 A 28.05, BVerwGE 126, 166 (Ortsumgehung Stralsund).

63 *Agena*, Fn. 34, 297 (298) und *Kratsch*, Fn. 20, § 44 Rn. 57.

wird, dass sich der Erhaltungszustand der lokalen Population[64] einer Art nicht verschlechtert (Satz 2). Auf diese Weise wird der individuenbezogene Ansatz des Artenschutzrechts[65] durch einen populationsbezogenen ersetzt.[66] Unter Vermeidung eines offenen Affronts gegen die FFH-Richtlinie wird so in den meisten Fällen ein ähnliches Ergebnis erzielt wie mit Hilfe der vom EuGH verworfenen Klausel der Unabsichtlichkeit. Im Unterschied zu dieser zeichnet sich der schon in Art. 16 Abs. 1 FFH-RL angelegte populationsbezogene Ansatz des Verschlechterungsverbots[67] durch seine naturschutzfachliche Überprüfbarkeit aus. Dies ist ein beträchtlicher Rationalitätsgewinn. In Fallstudien wäre festzustellen, inwieweit dieser in der Praxis realisiert wird.

Die Lösung des § 44 Abs. 4 Satz 2 BNatSchG schafft allerdings ein neues Problem. Der EuGH müsste bei einer neuerlichen Befassung dem deutschen Gesetzgeber wohlgesonnen sein, um im Austausch der ausnahmebegründenden Merkmale eine richtlinienkonforme Umsetzung zu sehen. Wenn der entscheidende Einwand gegen § 43 Abs. 4 a.F. nicht der Freistellung der *unbeabsichtigten* Schadensverursachung, sondern der dahinterstehenden Legalisierung von Folgeschäden landwirtschaftlicher Aktivitäten gegolten haben sollte, so wäre mit der in Gestalt der Populationsklausel geschaffenen Bagatellschwelle das europarechtliche Risiko noch nicht gebannt, da auch in diesem Fall die Legalität destruktiver Handlungsweisen innerhalb gewisser Grenzen bejaht wird.[68] Speziell gegen »populationsbezogene Relativierungen der Verbotstatbestände des Besonderen Artenschutzrechts« wie in § 44 Abs. 1 Nr. 2 Halbs. 2 und § 44 Abs. 4 Satz 2

64 Zu dieser nicht eindeutigen Kategorie BR-Drs. 123/07, S. 18; *Fellenberg*, in: Kerkmann (Hrsg.), Naturschutzrecht in der Praxis, 2. Aufl. 2010, § 7 Rn. 97 ff. und 156; *Storost*, Artenschutz in der Planfeststellung, DVBl. 2010, 737 (744) und die Nachw. bei *Meßerschmidt*, Fn. 3, § 44 Rn. 55 f.

65 Dazu BVerwG, Urt. v. 16.3.2006 – 4 A 1075.04, BVerwGE 125, 116 (Berlin Schönefeld II); *Apfelbacher*, in: Kolodziejcok et al. (Hsg.), Naturschutz, Landschaftspflege und einschlägige Regelungen des Jagd- und Forstrechts, Losebl. (Stand: 50. Lfg. 2005), Kennziffer 1229, § 42 a.F. Rn. 1 („Artenschutz durch Individuenschutz") und *Schmidt/Kahl/Gärditz*, Fn. 57, § 10 Rn. 142.

66 So ausdrücklich BT-Drs. 16/5100, S. 11. Dagegen kritisch *Gellermann*, Aktuelle Entwicklungen des unionsbasierten Habitat- und Artenschutzrechts, UPR 2015, 417. Zugleich trägt der Gesetzgeber jedoch einer Anforderung des EuGH an Ausnahmen Rechnung, vgl. EuGH, Urt. v. 14.6.2007 – Rs. C-342/05, Slg. 2007, I-3812, Rn. 29 (Kommission ./. Finnland). Vgl. dazu auch BVerwG, Beschl. v. 17.4.2010 – 9 B 5.10, NuR 2010, 492.

67 Hierzu näher *Meßerschmidt*, Fn. 3, § 44 Rn. 120 m.w.N. Auf die Parallele zu § 45 Abs. 7 Satz 2 BNatSchG verweist *Kautz*, Fn. 34, Kennziffer 0760, § 44 Rn. 159.

68 Vgl. zur Klarstellung *Kratsch*, Fn. 20, § 44 Rn. 59.

BNatSchG werden Bedenken erhoben.[69] Auch wenn in der Vergangenheit jeder Autor, der die Europarechtskonformität der einander ablösenden Regelungen beteuerte, bald darauf vom EuGH desavouiert wurde,[70] sei die Prognose gewagt, dass das Erfordernis einer Einzelfallprüfung die – um mit *Wolfgang Köck* zu sprechen – »merkwürdige Regelung« des § 44 Abs. 4 Satz 2 BNatSchG[71] vor einer Verwerfung durch den EuGH bewahren wird.[72] Der deutsche Gesetzgeber begeht nicht den Fehler, die restriktiv zu handhabende Ausnahme auf sonstige Rechtmäßigkeit des Handelns zu stützen,[73] sondern argumentiert artenschutzimmanent. Auch die Europäische Kommission scheint Sonderregelungen für die Landwirtschaft für gerechtfertigt zu halten, solange nicht eine Landnutzung für eine Art eindeutig schädlich ist und zu einem Populationsrückgang in dem betroffenen Gebiet führt.[74] Da es unwahrscheinlich ist, dass es in anderen Mitgliedstaaten um den Agrar-Artenschutz besser bestellt ist, dürfte auch der EuGH nicht zu einem »Rundumschlag« neigen. Eher könnte er ein Verdikt an Besonderheiten der mitgliedstaatlichen Ausgestaltung festmachen, welche die Bewertung des Artenschutzes nicht europaweit präjudiziert. Der Gesetzgeber ist daher gut beraten, Umsetzungsgesetze auf der Basis einer sorgfältigen Rechtsvergleichung[75] zu konzipieren, um diese europarechtlich so

---

69 *Gellermann*, Die „Kleine Novelle" des Bundesnaturschutzgesetzes, NuR 2007, 783 (785) und *Schütte/Gerbig*, Fn. 56, § 44 Rn. 26 f. und 47. Vgl. wegen weiterer Bedenken *Lau*, in: Frenz/Müggenborg (Hrsg.), BNatSchG, 2. Aufl. 2016, § 44 Rn. 39 m.w.N. Die Europarechtskonformität der Regelung bejahen BVerwG, Urt. v. 16.3.2006 – 4 A 1075.04, BVerwGE 125, 116, Rn. 563; Urt. v. 9.7.2008 – 9 A 14.07, BVerwGE 131, 274, Rn. 104 (Nordumfahrung Bad Oeynhausen) und Urt. v. 20.5.2010 – 4 C 7.09, NuR 2010, 640, Rn. 36 sowie im Schrifttum u. a. *Fellenberg*, Fn. 64, § 7 Rn. 70.

70 Vgl. etwa *Apfelbacher/Adenauer/Iven*, Das Zweite Gesetz zur Änderung des Bundesnaturschutzgesetzes: Innerstaatliche Umsetzung und Durchführung gemeinschaftsrechtlicher Vorgaben auf dem Gebiet des Naturschutzes – Teil I: Artenschutz, NuR 1998, 509 (511); *Lorz/Müller/Stöckel*, Fn. 46, § 43 Rn. 16 und *Stüber*, Artenschutz und dessen Monitoring in der Vogelschutz- und der FFH-Richtlinie und die Umsetzung in Bundesrecht, NuR 2000, 245 (247).

71 So *Köck*, Fn. 2, 530 (535).

72 Zweifelnd noch *Möckel*, Fn. 52, 57 (62).

73 Dagegen dezidiert EuGH, Urt. v. 20.10.2005 – Rs. C-6/04, Slg. 2005, I-9017, Rn. 113 (Kommission ./. Vereinigtes Königreich).

74 Europäische Kommission, Leitfaden zum strengen Schutzsystem für Tierarten von gemeinschaftlichem Interesse im Rahmen der FFH-Richtlinie 92/43/EWG, endg. Fassung Februar 2007, Tz. 26 (S. 34) und hieran anknüpfend *Schütte/Gerbig*, Fn. 56, § 44 Rn. 46.

75 Aus Zeitgründen konnte eine solche Rechtsvergleichung für diesen Beitrag nicht geleistet werden.

weit wie möglich zu immunisieren. Diese Empfehlung gilt natürlich nicht nur für das Artenschutzrecht.

Eine restriktivere Regelung, insbesondere eine umfassende präventive Kontrolle der Landwirtschaft, müsste demgegenüber dem Einwand der Unverhältnismäßigkeit und Nichtpraktikabilität standhalten.[76] Sie könnte auch kaum auf Abhilfe durch § 67 BNatSchG hoffen, da die Befreiungsgründe des § 67 Abs. 1 Satz 1 BNatSchG durch Satz 2 im Bereich des § 44 BNatSchG ausgeschlossen sind und unzumutbare Belastungen im Einzelfall im Sinne von § 67 Abs. 2 BNatSchG wegen typischer Implikationen des Agrarnaturschutzrechts weitestgehend ausscheiden.[77] Allerdings ist eine unionsrechtskonforme Auslegung der Regelung in Anlehnung an Art. 16 Abs. 1 FFH-RL dahingehend geboten, dass es keine anderweitige zufriedenstellende Lösung als die Hinnahme der Zugriffe bzw. keine schonendere Bewirtschaftungsalternative geben darf.[78]

2. *Stärkung oder Schwächung des besonderen Agrar-Artenschutzes durch § 44 Abs. 4 Satz 3 BNatSchG?*

Selbst im Falle der Populationsrelevanz landwirtschaftlicher Bewirtschaftung sieht der Gesetzgeber in Verboten nur eine Ultima Ratio. In diesem Sinn verweist er in Satz 3 Verursacher und Behörden vorrangig auf »anderweitige Schutzmaßnahmen«, namentlich Maßnahmen des Gebietsschutzes, Artenschutzprogramme, vertragliche Vereinbarungen oder gezielte Aufklärung.[79] Wenn dies nicht ausreicht, hat die Behörde Bewirtschaf-

---

76 *Fellenberg/Heugel*, in: Lütkes/Ewer (Hrsg.), BNatSchG, 1. Aufl. 2011, § 44 Rn. 38. Hierbei ist jedoch zu beachten, dass Einschränkungen der landwirtschaftlichen Eigentumsnutzung z.B. durch Extensivierung, anders als zu Beginn der Diskussion (vgl. *Pietzcker*, Zur Entwicklung des öffentlich-rechtlichen Entschädigungsrechts – insbesondere am Beispiel der Entschädigung von Beschränkungen der landwirtschaftlichen Produktion, NVwZ 1991, 418) und noch unter § 3b BNatSchG i. d. F. des ÄndG v. 1998 (vgl. dazu *R. Koenig*, Pro und Kontra der dritten Novelle zum Bundesnaturschutzgesetz – Ausgleichszahlungen an die Landwirtschaft, NVwZ 1999, 382; heute § 68 Abs. 4 BNatSchG), grundsätzlich als Ausfluss der Sozialbindung hinzunehmen sind.

77 *Fischer-Hüftle*, Fn. 34, § 67 Rn. 14 ff.

78 *Kautz*, Fn. 34, Kennziffer 0760, § 44 Rn. 161.

79 Von einer Subsidiarität der Anordnungsbefugnis gehen OVG Schleswig, Urt. v. 22.5.2017 – 4 KN 6/15, Rn. 46 (juris) und VG Köln, Beschl. v. 14.7.2011 – 14 L 802/11, Rn. 28 (juris), aus. Nach zutreffender h.M. besteht jedoch keine Rangfolge konsensualer und hoheitlicher Maßnahmen, vgl. *Gassner/Heugel*, Das

tungsvorgaben anzuordnen.[80] Hierbei bleibt allerdings offen, ob diese Maßnahmen einen Populationsverlust verhindern müssen oder einen solchen (nachträglich oder durch vorgezogene CEF-Maßnahmen) ausgleichen dürfen.[81] Ihre Umschreibung als »proaktive Maßnahmen« lässt dies im Ungewissen.[82] Im Zusammenhang mit einer anderen Problematik der FFH-RL hat der EuGH eine mitgliedstaatliche Vermengung von Schutzmaßnahmen, »abmildernden« Maßnahmen und Ausgleichsmaßnahmen beanstandet.[83] Ob an den strengen Artenschutz i. S. d. FFH-RL weniger strenge Anforderungen zu stellen sind als an den NATURA 2000-Flächenschutz, bedarf sorgfältiger Prüfung.[84] Sollte selbst der populationsbezogene Ansatz im Sinne der zweiten Deutung flexibilisiert werden, wächst das Risiko mangelnder Richtlinienkonformität. Der als »sachgerechte Regelung« begrüßte § 44 Abs. 4 Satz 3 BNatSchG[85] liefe auf eine weitere Lockerung des Zugriffsverbots hinaus und würde das von Art. 12 Abs. 1 FFH-RL geforderte strenge Schutzregime gerade nicht gewährleisten.[86] Allerdings erklärt sich die *prima facie* sonderbare Konstruktion des § 44 Abs. 4 Satz 3 BNatSchG aus dem Prognosecharakter der Entscheidung. Dies mindert einerseits bis zu einem gewissen Grad die Besorgnis der Hin-

---

neue Naturschutzrecht, 2010, Rn. 579; *Fellenberg/Heugel*, Fn. 76, § 44 Rn. 40; zust. *Lau*, Fn. 69, § 44 Rn. 39 und *Schütte/Gerbig*, Fn. 56, § 44 Rn. 49 und die Nachw. bei *Meßerschmidt*, Fn. 3, § 44 Rn. 125; a.A. *Kratsch*, Fn. 20, § 44 Rn. 60.

80 Hiervon scheint jedoch nur wenig Gebrauch gemacht zu werden, vgl. *Möckel*, Fn. 5, 195 (197) m.w.N. Vgl. auch die Verordnungsermächtigung in § 54 Abs. 10 BNatSchG. In welchem Verhältnis die Bewirtschaftungsvorgaben nach § 44 Abs. 4 Satz 3 BNatSchG zu § 3 Abs. 2 BNatSchG stehen, konnte in der Rechtsprechung bislang offen gelassen werden, vgl. VG Augsburg, Urt. v. 1.12.2016 – Au 2 K 16.44, NuR 2017, 429, Rn. 34 ff. (juris).

81 Eher im Sinne der ersten Interpretation plädierte der NABU dafür, die Regelung nur bei Arten anzuwenden, die sich noch in einem günstigen Erhaltungszustand befinden, vgl. NABU, Stellungnahme, S. 9 f. Zu vorgezogenen Ausgleichsmaßnahmen i. S. v. § 44 Abs. 5 BNatSchG als etwaiger Parallele allgemein *Fellenberg*, Fn. 64, § 7 Rn. 149 und *Berkemann/Halama*, Fn. 3, Erl. II Rn. 250 ff.

82 Vgl. den Waldbericht der Bundesregierung, BT-Drs. 18/13530, S. 135.

83 EuGH, Urt. v. 21.7.2016 – Rs. C-387/15, NuR 2016, 552 (556), Rn. 58 (Hafen Antwerpen).

84 Diese Auffassung vertreten *Appel/Rietzler*, Artenschutzrecht in der Bundesfachplanung und den anschließenden Planfeststellungsverfahren, NuR 2017, 227 (228 f.). Demgegenüber bezieht sich BVerwG, Urt. v. 9.7.2008 – 9 A 14.07, BVerwGE 131, 274, Rn. 56 ff. (Nordumfahrung Bad Oeynhausen), auf den allgemeinen Artenschutz und dort nur auf den Themenkreis der naturschutzfachlichen Sachverhaltsermittlung und Einschätzungsprärogative.

85 *Rehbinder*, Fn. 12, 241 (245).

86 A.A. *Fellenberg/Heugel*, Fn. 76, § 44 Rn. 39.

nahme von Populationsverlusten, provoziert andererseits jedoch kritische Nachfragen, wie von einem durchschnittlichen Landwirt eine dermaßen komplexe Abschätzung erwartet werden kann.[87] Nimmt man die Bestimmung ernst und nicht bloß als »verbal-argumentatives« Alibi, so läuft sie auf eine Monitoring-Pflicht der Behörden[88] und eine engere Kooperation zwischen Landwirtschaft und zuständigen Behörden – im Idealfall sind dies die Naturschutzbehörden – hinaus. Ob dies jedoch ausreicht, um die weitgehende Substitution des Zugriffsverbots durch Bewirtschaftungsauflagen[89] gegen europarechtliche Kritik zu immunisieren, ist zweifelhaft. Bedenklich stimmt z.B. ein Urteil des VG Schleswig, wonach ein Landwirt bis zum Erlass von Bewirtschaftungsvorgaben durch Verwaltungsakt unter Einhaltung der guten fachlichen Praxis unbeschadet des Zugriffsverbots tätig sein darf.[90] Dies erscheint einerseits rechtsstaatlich geboten, enthüllt andererseits jedoch, dass der deutsche Gesetzgeber das artenschutzrechtliche Zugriffsverbot unter Verwaltungsvorbehalt[91] gestellt hat. Da das Unionsrecht im Hinblick auf Richtlinien einen Umsetzungsakt verlangt, der den Geboten der Rechtssicherheit, Rechtsklarheit und Kontrollierbarkeit genügt und ein effektives und effizientes Erreichen des Richtlinienziels gewährleistet,[92] und überdies eine enge Handhabung von Ausnahmen verlangt,[93] entspricht eine vage Regelung mit gleichsam eingebautem Vollzugsdefizit[94] den Umsetzungserfordernissen nicht. Vielmehr muss der nationale Umsetzungsakt »tatsächlich die vollständige Anwendung der Richt-

---

87 Vgl. *Gellermann*, Fn. 69, 783 (787); zust. *Lau*, Fn. 69, § 44 Rn. 38 und *Schütte/Gerbig*, Fn. 56, § 44 Rn. 47.

88 So *Köck*, Fn. 2, 530 (535). Zum Artenschutz-Monitoring auch *Stüber*, Artenschutz und dessen Monitoring in der Vogelschutz- und der FFH-Richtlinie und die Umsetzung in Deutschland, NuR 2000, 245 ff.

89 So schon sinngemäß *Möckel*, Fn. 52, 57 (60). *Kautz*, Fn. 34, Kennziffer 0760, § 44 Rn. 162, geht sogar von einer vollständigen Verdrängung des Zugriffsverbots aus.

90 VG Schleswig, Urt. v. 30.1.2013 – 1 A 17/12, NuR 2013, 447 (452), Rn. 79 ff. (juris).

91 Der Begriff wird hier nicht im gleichen Sinn wie in der staatsrechtlichen Diskussion gebraucht. Zu letzterer vgl. *Maurer*, Der Verwaltungsvorbehalt, VVDStRL 43 (1985), S. 135 und die zeitgenössischen Begleitaufsätze.

92 Vgl. statt vieler *Meßerschmidt*, Fn. 39, § 2 Rn. 404 ff. m.w.N.

93 Vgl. *Meßerschmidt*, Fn. 4, § 5 Rn. 184 m.w.N. Speziell zur Vogelschutz-RL EuGH, Urt. v. 8.6.2006 – Rs. C-60/05, Slg. 2006, I-5083, Rn. 34 – und Urt. v. 10.9.2009 – Rs. C-76/08, NuR 2009, 705, Rn. 48.

94 Zur Notwendigkeit verwaltungsmäßiger Umsetzung *Meßerschmidt*, Fn. 39, § 2 Rn. 441 m.w.N.

linie hinreichend klar und bestimmt gewährleiste(n)«.[95] Zwar schließt das vom EuGH betonte Interesse an einer rechtssicheren Umsetzung behördliches Ermessen nicht schlechthin aus. Ermessensentscheidungen sind aber nur hinnehmbar, wenn diese nicht auf sachfremde Kriterien gestützt werden dürfen.[96] Für das Absehen von Bewirtschaftungsvorgaben sprechen keine artenschutzimmanenten, sondern verwaltungsökonomische und wirtschaftliche Gründe. Aus solchen darf der strikte Artenschutz jedoch nicht zur Disposition gestellt werden. Wegen der eingangs erwähnten grundlegenden Unklarheit der Vorschrift kann auch von einer Umsetzung »in klarer und bestimmter Weise«[97] nicht die Rede sein. Dass ihr entsprechende Fingerzeige der EU-Kommission vorangegangen sein mögen,[98] würde selbst dann keine Bindung des EuGH erzeugen, wenn sie deutlicher ausgefallen wären. Sollte § 44 Abs. 4 Satz 3 BNatSchG die einzige »ordnungsrechtliche Flankierung« des Besonderen Agrar-Artenschutzes darstellen,[99] läuft die erhoffte »grundlegende Neukonzeption des deutschen Artenschutzrechts«[100] auf eine neuerliche richtlinienwidrige Landwirtschaftsklausel hinaus. Entgegen der offiziellen Auffassung handelt es sich nicht nur um keine 1:1-Umsetzung des EuGH-Urteils vom 10.1.2006,[101] sondern um eine neue Variante der EU-Rechts-Umgehungsgeschichte. Dass im Gewande des Ordnungsrechts ein Anreiz für Vertragsnaturschutz geschaffen wird, macht die fehlende Populationsschutzgarantie nicht wett. Der deutsche Gesetzgeber wäre besser beraten gewesen, auf Satz 3 ganz zu verzichten und so die Angriffsflächen zu reduzieren. Verwaltung und Rechtsprechung müssen sich unter den gegebenen Umständen in einer richtlinienkonformen Auslegung versuchen. Dies impliziert den Verzicht auf jeglichen Nachrang und Ermessensspielraum bei Bewirtschaftungsvorgaben.

---

95 EuGH, Urt. v. 10.3.2005 – Rs. C-531/03, NuR 2006, 29, Rn. 17 (Kommission ./. Deutschland).

96 So im Rahmen der beihilfenrechtlichen Kontrolle einer körperschaftsteuerlichen Regelung EuGH, Urt. v. 18.7.2013 – Rs. C-6/12, EuZW 2013, 867, Rn. 32 (P Oy).

97 EuGH, Urt. v. 10.1.2006 – Rs. C-98/03, Slg. 2006, I-75, Rn. 79 f. (Kommission ./. Deutschland).

98 Europäische Kommission, Leitfaden zum strengen Schutzsystem für Tierarten von gemeinschaftlichem Interesse im Rahmen der FFH-Richtlinie 92/43/EWG, endg. Fassung Februar 2007, Tz. 24 ff. (S. 33 f.).

99 So tendenziell *Schütte/Gerbig*, Fn. 56, § 44 Rn. 43.

100 *Niederstadt/Krüsemann*, Fn. 48, 347 (354).

101 BR-Drs. 123/07, S. 2 (Begründung des Regierungsentwurfs). So zu lesen auch in https://www.bfn.de/themen/recht/rechtsetzung.html (zuletzt abgerufen am 15.1.2019).

3. Zur Bedeutung der guten fachlichen Praxis für den besonderen Agrar-Artenschutz

a) Inhalt

Eine umfassende Bewertung des § 44 Abs. 4 BNatSchG würde eine Auseinandersetzung mit dem in Bezug genommenen Standard der guten fachlichen Praxis erfordern. Dies würde indes den Rahmen dieses Beitrags sprengen. Deshalb wird neben einer allgemeinen Bemerkung nur eine Schlussfolgerung vorgeschlagen: Auch diese Klausel ist nicht davor geschützt, dass sich der Zirkelschluss der ordnungsgemäßen Landwirtschaft[102] wiederholt. Definiert der Standard die Naturverträglichkeit oder umgekehrt die Naturverträglichkeit den Standard?[103] § 5 Abs. 2 BNatSchG[104] hat die Gewichte unverkennbar in die zweite Richtung verschoben. Schon seit 2002 wird nur noch »die besondere Bedeutung einer natur- und landschaftsverträglichen Land-, Forst- und Fischereiwirtschaft für die Erhaltung der Kultur- und Erholungslandschaft« gewürdigt (§ 5 Abs. 1 BNatSchG 2002/2009). Die ursprünglichen Konformitätsvermutungen des § 1 Abs. 3 BNatSchG in der Fassung von 1976 und die gleichsinnige Aussage des bis 2002 geltenden § 2 Abs. 3 BNatSchG in der Fassung des Änderungsgesetzes von 1998[105] sind längst obsolet. Dennoch wird konstatiert, dass »die bisherigen Regelungen zur guten fachlichen Praxis im BNatSchG bisher keine sichtbaren positiven Wirkungen für die Ziele des Natur- und Landschaftsschutzes entfaltet haben«.[106] Dies ist für § 44 Abs. 4 BNatSchG angesichts von dessen Anknüpfung an die gute fachliche Praxis kein gutes Omen.

---

102 Ist die Landwirtschaft mit dem Natur- und insbesondere Artenschutz vereinbar, weil sie ordnungsgemäß betrieben wird (so tendenziell noch *Burmeister*, Rechtsprobleme der Extensivierung der landwirtschaftlichen Nutzung, Jb. UTR 1992, S. 91 (103 f.), oder verdient sie dieses Attribut, weil sie umwelt-, natur- und artenschutzverträglich betrieben wird? Anfangs wurde nur bei evidenten Verstößen gegen Maßstäbe der Natur- und Landschaftsverträglichkeit die Ordnungsgemäßheit der Landwirtschaft verneint, vgl. *Di Fabio*, Fn. 16, 123 (126) m.w.N. zur damaligen Diskussion.

103 Freilich hat das BVerwG bereits eine ausschließlich betriebswirtschaftliche Auslegung der ordnungsgemäßen Landwirtschaft zurückgewiesen (BVerwG, Urt. v. 14.10.1988 – 4 C 58.84, NuR 1989, 257).

104 Die wesentlich kürzeren Parallelklauseln für die Forst- und Fischereiwirtschaft in § 5 Abs. 3 und 4 BNatSchG werden hier vernachlässigt.

105 BGBl. I S. 2481.

106 *Möckel*, Fn. 5, 195 (196) m.w.N.

b) Rechtsverbindlichkeit

Mitverantwortlich für dieses Defizit ist die von der herrschenden Rechtsprechung und Lehre vertretene Deutung des § 5 Abs. 2 BNatSchG als bloße Handlungsdirektive.[107] Diese Aussage im Aufsehen erregenden Urteil des Bundesverwaltungsgerichts vom 1.9.2016,[108] die nur in ihrer Entgegensetzung zur (abgelehnten) Lesart als Gebots- und Verbotsnorm begreiflich wird, lässt sich jedenfalls im Kontext des § 44 Abs. 4 BNatSchG nicht aufrechterhalten. Hier fungiert die »gute fachliche Praxis«, wie etwa der »Stand der Technik«[109], als unbestimmter Rechtsbegriff,[110] dessen Verbindlichkeit und Justiziabilität sich nicht grundsätzlich negieren, sondern allenfalls auf verschlungenen Pfaden einschränken lässt.[111] Rechtsprechung

---

107 Nachw. oben in Fn. 34. Vom NABU wurde bislang vergeblich eine gesetzgeberische Klarstellung der Verbindlichkeit der Regeln der guten fachlichen Praxis gefordert (Stellungnahme v. 16.12.2016 zur Novellierung des BNatSchG, S. 10; im Internet abrufbar unter https://www.nabu.de/imperia/md/content/nabude/naturschutz/161219-nabu-stellungnahme-novellierung-bundesnaturschutzgesetz.pdf; zuletzt abgerufen am 15.1.2019).

108 BVerwG, Urt. v. 1.9.2016 – 4 C 4.15, BVerwGE 156, 94, Rn. 17 (Grünlandumbruch). Allem Anschein nach wurde dieses Judikat bei der letzten Novellierung des BNatSchG nicht zur Kenntnis genommen. Nur so lassen sich jedenfalls die hinsichtlich § 5 BNatSchG weitgehend erfolglosen Änderungsvorschläge in der Beschlussempfehlung des BT-Umweltausschusses des BT im Vorfeld des ÄndG v. 15.9.2017 (vgl. BT-Drs. 18/12845, S. 7 f. und 14 ff.) erklären. Diese sahen zwar eine Anreicherung des Grundsätzekatalogs vor, ließen das Grundproblem der mangelnden Adressatenverbindlichkeit der für notwendig erachteten „abstrakten Regeln“ jedoch ungelöst.

109 Zum Vergleich des Konzepts mit Technikklauseln und „best practices“ *Köck*, Fn. 2, 530 (534) und *Möckel*, Verbesserte Anforderungen an die gute fachliche Praxis der Landwirtschaft, ZUR 2014, 14 (14).

110 *Schrader*, Das Naturschutzrecht der Länder in der Anpassung an das neue Bundesnaturschutzgesetz, NuR 2003, 80 (83) und *Agena*, Fn. 34, 297 (299). Ebenso zuvor zur „ordnungsgemäßen Landwirtschaft“ *Soell*, in: Salzwedel (Hrsg.), Grundzüge des Umweltrechts, 1. Aufl. 1982, S. 481 (502); vgl. auch *Henneke*, Fn. 6, S. 66, 73 f. und 470 f.

111 Z.B. über Einschätzungsprärogativen, vgl. *Berkemann*, Rechtschutz im Naturschutzrecht – Neue Entwicklungen, EurUP 2014, 148; *Füßer/Lau*, Die systematische Verankerung des Artenschutzrechts im Ordnungsrecht, NuR 2009, 445; *Gassner*, Die naturschutzrechtliche Einschätzungsprärogative, ein ungerechtfertigtes Vorrecht, DVBl. 2012, 1479; *Gellermann*, Zugriffsverbote des Artenschutzrechts und behördliche Einschätzungsprärogative, NuR 2014, 597; *Lau*, Fachliche Beurteilungsspielräume in der FFH-Verträglichkeitsprüfung, UPR 2010, 169; *Meßerschmidt*, Proliferation und Privatisierung von Beurteilungsspielräumen im Umweltrecht, EurUP 2014, 11 m.w.N. und zuletzt *Appel/Rietzler*, Fn. 84, S. 230 ff.

und überwiegende Kommentarliteratur scheinen dieser Qualifizierung ausweichen zu wollen. Hier geht es jedoch um die Voraussetzungen einer Ausnahmeregelung, die mit Hilfe eines unbestimmten Rechtsbegriffs und mit Hilfe von Beispielen umrissen werden, was eine weitere Konkretisierung nicht entbehrlich macht. Solange es an untergesetzlichen Normen fehlt, ist dies Aufgabe der Gerichte. Insofern handelt es sich bei der juristischen – und das heißt auch: interpretatorischen – Absicherung der Ökologieverträglichkeit der Landwirtschaft um eine Daueraufgabe. Wenn wir es hier mit *keinem* unbestimmten Rechtsbegriff zu tun haben sollten, so wüsste ich nicht, ob es einen solchen überhaupt gibt. Die Grundsätze der guten fachlichen Praxis sind im Übrigen sogar bestimmter gefasst als die Mehrzahl der unbestimmten Rechtsbegriffe. Der Vorwurf mangelnder Bestimmtheit[112] ist daher verwunderlich.[113] Wenn ich es recht verstehe, sollen sie ihre Justiziabilität verlieren, weil sie nicht so vage gehalten sind wie andere unbestimmte Rechtsbegriffe. Ein absurder Gedanke. Damit ist freilich nicht die aus naturschutzfachlicher Sicht geäußerte Kritik an der mangelnden Operationalisierung der Kriterien und den »mehr oder weniger sogar intendiert unklaren Anforderungen« gemeint.[114] Damit können Juristen konstruktiv umgehen, wenn sie nur wollen. Im Übrigen ist daran zu erinnern, dass die »gute fachliche Praxis« hier die Voraussetzungen von Ausnahmen vom Zugriffsverbot umschreibt und Unklarheiten deshalb im Zweifel zu Lasten der Landwirte gehen.[115]

Die Anwendung der Grundsätze der guten fachlichen Praxis im Rahmen des § 44 Abs. 4 BNatSchG widerspricht auch nicht dem eingangs erwähnten Urteil des BVerwG vom 1.9.2016. Dort wird ausdrücklich darauf hingewiesen, dass § 5 Abs. 2 BNatSchG »als ‚vor die Klammer gezogene Norm' vor allem im Zusammenhang mit §§ 14 ff. BNatSchG Bedeutung zu[kommt].«[116] Damit gebe der Gesetzgeber den Naturschutzbehörden ein Instrumentarium an die Hand, um effektiv gegen eine landwirtschaftliche Bodennutzung vorgehen zu können, die nicht den Grundsätzen der guten fachlichen Praxis im Sinne von § 5 Abs. 2 BNatSchG entspricht und nicht

---

sowie zur Sicht des BVerwG *Bick*, Die Rechtsprechung des BVerwG zum Artenschutzrecht, NuR 2016, 73 (74 ff.) m.w.N. zur Rspr.

112 Vgl. nur *Lau*, Fn. 69, § 44 Rn. 39.

113 Detaillierte Widerlegung bei *Agena*, Fn. 34, 297 (299 ff.).

114 Vgl. *Hampicke*, Fn. 11, S. 207.

115 Zu einem ähnlichen Ergebnis dürfte man mit der Theorie der mittelbar verpflichtenden Wirkung der guten fachlichen Praxis gelangen, vgl. dazu *Rehbinder*, Fn. 12, NuR 2011, 241 (242).

116 BVerwG, Fn. 108, Rn. 21.

über die nach § 17 Abs. 1 und 3 BNatSchG erforderliche Zulassung verfügt. Für § 44 Abs. 4 BNatSchG kann nichts anderes gelten. Allerdings ist nicht zu verkennen, dass das Fehlen einer präventiven Kontrolle im Agrar-Artenschutzrecht und das Zögern der Behörden, von der Möglichkeit repressiver Verbote Gebrauch zu machen, den Vollzug erschweren.

VI. Ende oder Anfang eines Klärungsprozesses?

1. Zwischenbilanz

Das besondere Artenschutzrecht erinnert wie so manches im Naturschutzrecht an den Scheinriesen aus dem Kinderbuch, der umso kleiner und harmloser wirkt, je näher man ihm kommt. Insbesondere von den schneidig wirkenden Tötungs- und Zerstörungsverboten bleibt bei näherem Hinsehen wenig übrig. Hierzu hat die Rechtsprechung ihren Teil beigetragen. So ist es in der juristischen Diskussion um die Landwirtschaftsklausel und das im besonderen Artenschutz und selbst im strengen Artenschutz partiell fortbestehende Agrarprivileg in den letzten Jahren recht ruhig geworden. Immerhin hat die Judikatur hinsichtlich der Abgrenzung des Anwendungsbereichs der Klausel(n) weitgehend für Klarheit gesorgt. Begünstigt wird nur die Bodennutzung, d. h. wie in § 14 Abs. 2 BNatSchG die tägliche Wirtschaftsweise[117] bzw. die Bewirtschaftung im engeren Sinn, nicht jede Vorbereitungshandlung (wie z.B. Umbruch von Dauergrünland,[118] Entwässerung landwirtschaftlicher Flächen, Wegebau, Anlage eines Fischteichs oder Beseitigung von hinderlichen Hecken und Baumreihen) oder gar die Erweiterung von landwirtschaftlichen Betrieben.[119] Für den besonderen Artenschutz ist diese Begrenzung des Landwirtschaftsprivilegs von erheblicher Bedeutung, da der Grünlandumbruch – etwa für den Anbau der Ener-

---

117 Vgl. nur BVerwG, Beschl. v. 4.6.2003 – 4 BN 27.03, ZfBR 2004, 390 und zuletzt VGH München, Beschl. v. 2.2.2016 – 14 ZB 15.147, ZUR 2016, 308 m.w.N. Weitere Nachw. bei *Meßerschmidt*, Fn. 4, § 5 Rn. 15 und Meßerschmidt, Fn. 3, § 44 Rn. 117.

118 Hiervon partiell abweichend VG Schleswig, Urt. v. 30.1.2013 – 1 A 17/12, NuR 2013, 447 (450 f.), Rn. 71 ff. (juris). Umfassend *Möckel*, Schutz von Dauergrünland vor Umwandlung, Umbruch oder Intensivierung, NuR 2016, 741 und 814 (821) sowie bereits *Stollmann*, Die Umwandlung von Grünland in Ackerland vor dem Hintergrund des Eingriffstatbestandes und der Landwirtschaftsklauseln, NuR 1994, 73.

119 Vgl. *Meßerschmidt*, Fn. 3, § 44 Rn. 117 m.w.N. sowie zuletzt OVG Magdeburg, Urt. v. 31.1.2018 – 2 L 56/16, BeckRS 2018, 4314.

giepflanzen bzw. »NawaRos« Raps und Mais – die artenreichsten Biotope Mitteleuropas zerstört.[120] Deshalb leisten die in einigen Bundesländern eingeführten Grünlandumbruchverbote einen wichtigen Beitrag zum Artenschutz. Gefordert wird (nach dem Urteil des BVerwG vom 1.9.2016 verstärkt) ein bundesweites vollständiges Umbruchverbot von Grünland.[121]

Bei der Rechtsprechungsrecherche fällt im Übrigen die im Vergleich zum Konfliktfeld »Windenergie und Naturschutz« eher schmale aktuelle Judikatur zum Verhältnis von Landwirtschaft und Artenschutz auf. Dies wird man nicht als Ausdruck einer geringen Eingriffsfrequenz zu deuten haben, sondern ist Folge des Fehlens von Eröffnungskontrollen, der zurückhaltenden Verhängung von Verboten und der für das Umweltrecht in Anbetracht des Kollektivgutcharakters von Biodiversität und Natur typischen Schwierigkeit der Individualisierung der Geschädigten. Zugleich scheint europarechtliche Windstille zu herrschen. Seit mehreren Jahren ist kein Urteil des EuGH zum deutschen Agrarnaturschutzrecht ergangen und es scheint in absehbarer Zeit hiermit auch nicht zu rechnen sein. Hat der deutsche Gesetzgeber also doch seine Hausaufgaben erfolgreich erledigt?

Aus rein juristischer Sicht mag sich dies so darstellen. Der Bundesgesetzgeber hat denn auch bei der letzten Novellierung des Bundesnaturschutzgesetzes keinen Anlass gesehen, § 44 Abs. 4 BNatSchG anzurühren, obwohl er in unmittelbarer Nachbarschaft sich erneut einen Umbau leistete.[122] Aus naturschutzfachlicher Perspektive scheint das Gegenteil der Fall zu sein. Die Verschärfung des Biodiversitätskrise ist nicht mehr zu leugnen.[123] Es herrscht Frieden mit dem EuGH, aber Krieg mit der Natur.

Doch auch für Juristen enthält die Koinzidenz von Fortschritten im Artenschutzrecht und weiterem Artenschwund eine beunruhigende Botschaft: Kann ein gutes Artenschutzrecht mit einem unzureichenden Arten-

---

120 UBA in https://www.umweltbundesamt.de/print/themen/boden-landwirtschaft unter Umweltbelastungen der Landwirtschaft/Gefährdung der Biodiversität (zuletzt abgerufen am 15.1.2019). Vgl. auch BfN, Fn. 6, S. 19 ff. m.w.N.; *Dänicke*, Energiepflanzenanbau im Umwelt- und Agrarrecht, 2014 und *Hampicke*, Fn. 11, S. 257 ff.; nur Positives vermerkt Deutscher Bauernverband, Situationsbericht 2016/17, 2016, S. 41 ff.

121 BfN, Fn. 6, S. 46 m.w.N.

122 Vgl. § 44 Abs. 5 BNatSchG i. d. F. des ÄndG v. 15.9.2017 (BGBl. I S. 3434). Dazu *Lütkes*, Die Novelle des Bundesnaturschutzgesetzes 2017, NuR 2018, 145 (146 f.). Die Kodifikation des Signifikanz-Kriteriums bestätigt im Gegenteil die Relativierung des streng individuenbezogenen Ansatzes des Tötungs- und Verletzungsverbots nach § 44 Abs. 1 Nr. 1 BNatSchG (*Lütkes*, Fn. 122, 147) und sorgt damit für einen Gleichlauf von § 44 Abs. 4 Satz 2 und Abs. 5 Satz 2 Nr. 1 BNatSchG.

123 Vgl. statt vieler *Möckel*, Fn. 5, 195 (195) m.w.N.

schutz einhergehen? Oder hat das Artenschutzrecht versagt? Ist die Verschärfung mancher Probleme mangelhaften Regelungen oder mangelhafter Implementation anzulasten? Jedenfalls gibt es zu denken, dass von den 10 umwelt-agrarpolitischen Reformanliegen, die das Bundesamt für Naturschutz im Jahr 2017 formuliert hat,[124] sich kein einziges unmittelbar auf das Artenschutzrecht bezieht. Erwartet man von ihm keinen substanziellen Beitrag zur Bekämpfung des Artenschwunds und zur unwahrscheinlich gewordenen[125] Zielerreichung der Nationalen Strategie zur biologischen Vielfalt[126]? Ist – überspitzt formuliert – das Artenschutzrecht nur von marginaler Bedeutung für die Bewältigung der eklatanten Biodiversitätskrise? Dennoch kann der Schutz der Artenvielfalt auf landwirtschaftlichen Nutzflächen auch unterhalb der Schwelle der »Revolution«, von der *Ulrich Hampicke* gesprochen hat,[127] verbessert werden. Dazu bedarf es allerdings einer gegenüber den teilweise vage konstruierten Einschränkungen des besonderen und strengen Artenschutzes restriktiven Rechtsprechung. Dass dies von den Gerichten geleistet werden kann, zeigen zahlreiche Beispiele aus dem übrigen Umweltrecht. Eine »Aufrüstung des Ordnungsrechts« ist daher innerhalb enger Grenzen schon *de lege lata* möglich.

2. *Reformoptionen*

Was gibt es im (besonderen) Artenschutzrecht zu tun? Zunächst fällt auf, dass das eigentliche Artenschutzrecht bislang nicht im Zentrum des Reforminteresses steht. Maßnahmen zur Stärkung der Biodiversität gehen eher andere Wege und adressieren den tradierten Artenschutz nicht unmittelbar, sondern fördern ihn bestenfalls indirekt.[128] Unter dem Begriff der »Tendenzsteuerung zur Verbesserung des Artenschutzes« wird ein breites Spektrum von Maßnahmen zur Regelung der Flächeninanspruchnahme, der Operationalisierung der guten fachlichen Praxis und der Honorierung

---

124 BfN, Fn. 6, S. 45 f.

125 Skeptisch auch BfN, Fn. 6, S. 24 ff. m.w.N.

126 BMU, Nationale Strategie zur Biologischen Vielfalt, 2007, abrufbar unter http://www.bfn.de/0304_biodivstrategie_nationale.html (zuletzt abgerufen am 15.1.2019).

127 *Hampicke*, Fn. 11, S. 216.

128 Exemplarisch die energiepolitiklastigen „Empfehlungen des SRU zur Regierungsbildung“ (Offener Brief vom 11.10.2017), im Internet abrufbar unter https://www.umweltrat.de/SharedDocs/Downloads/DE/04_Stellungnamen/2016_2020/2017_10_Offener_Brief_Regierungsbildung.pdf?__blob=publicationFile&v=5 (zuletzt abgerufen am 15.1.2019).

von Umweltdienstleistungen zusammengefasst.[129] Dennoch sollen tentativ einige Optionen im Rahmen des Artenschutzrechts angesprochen werden:[130] Wohl an erster Stelle steht die Konkretisierung der Grundsätze der guten fachlichen Praxis durch ein untergesetzliches Regelwerk (Verordnung, Verwaltungsvorschriften oder technische Normen). Dieser Vorschlag ist keinesfalls neu[131] und kann sich auf Vorbilder insbesondere aus dem Immissionsschutzrecht stützen. Ferner werden diskutiert eine Neudefinition bzw. Verschärfung der guten fachlichen Praxis,[132] die Einführung von (weiteren) Anordnungsbefugnissen, Verschärfung des Beeinträchtigungs-, Tötungs- und Zerstörungsverbots, individuenbezogene statt populationsbezogener Betrachtungsweise, Aufnahme weiterer Arten in den Kreis der besonders oder streng geschützten Arten,[133] Einschränkung der Ausnahmen, die einstweilige Nichtanwendung des § 44 Abs. 4 Satz 2 BNatSchG,[134] Anlehnung an die Richtlinien des ökologischen Landbaus,[135] Verbot bestimmter Insektizide,[136] Vorgabe von Blühstreifen und Blühflächen.[137] Hinzuzufügen ist der Vorschlag einer Abschaffung oder Modifikation des § 44 Abs. 4 Satz 3 BNatSchG. Hingegen dürfte die gegen die klassische Landwirtschaftsklausel gerichtete Streichungsforderung[138] vom Tisch sein. Außerhalb des Artenschutzrechts i. e. S. ist an eine Weiterentwicklung des

---

129 *Hellenbroich*, Fn. 54, S. 342 ff. m.w.N.; speziell zu Honorierungsweisen *Hampicke*, Fn. 11, S. 212 ff., 233 ff. Für einen Instrumentenmix plädiert am Beispiel des Energiepflanzenanbaus auch *Dänicke*, Fn. 120, S. 503 ff.

130 Dafür *Rehbinder*, Fn. 12, NuR 2011, 241 (249): „an sich überfällig".

131 Dafür schon die Gesetzesbegründung in BR-Drs. 411/01, S. 69. Vgl. *Plachter u. a.*, Methoden zur naturschutzfachlichen Konkretisierung der der Grundsätze der guten fachlichen Praxis, 2007; *Hampicke*, Fn. 11, S. 209 ff.; *Möckel*, Fn. 5, 195 (197); *ders./Köck/Rutz et al.*, Rechtliche und andere Instrumente für vermehrten Umweltschutz in der Landwirtschaft, UBA-Texte 42/2014, S. 339 ff. sowie zuletzt *Köck*, Für ein umweltgerechtes Agrarrecht, ZUR 2018, 449 (450).

132 Dafür z.B. *Hampicke*, Fn. 11, S. 209 ff. Hier erweist sich ein weiteres Mal der akzessorische Charakter des besonderen Artenschutzes.

133 Einwand: Langwieriges Verfahren im Falle der EU-Listen. Die Kommission hat erst 2017 eine Aktualisierung der Listen abgelehnt, vgl. NATURA 2000 Nr. 41/ Februar 2017, S. 5. Was leisten nationale Listen?

134 Eine nicht restlos überzeugende Begründung des letzten Vorschlags findet sich bei *Lau*, Fn. 69, § 44 Rn. 39.

135 Dafür *Freyer*, Berichte der ANL 22 (1998), 2000, S. 107 (113) m.w.N.; vgl. auch *Weiger/Willer* (Hrsg.), Naturschutz durch Ökologischen Landbau, 1997.

136 Dafür NABU, Mitteilung v. 19.10.2017; im Internet abrufbar unter https://www.nabu.de/news/2017/10/23284.html (zuletzt abgerufen am 15.1.2019).

137 Dafür Rat von Sachverständigen für Umweltfragen, Umweltgutachten 2016, S. 359 ff. (Tz. 471 ff.) m.w.N.

138 Dafür z.B. *Schink*, Fn. 6, 8 (16).

Pflanzenschutzrechts[139] und eine verbesserte Implementation der Umwelthaftung für Biodiversitätsschäden nach § 19 BNatSchG zu denken.[140] Allerdings schafft die Erheblichkeitsklausel des § 19 Abs. 5 Satz 2 Nr. 2, 2. Var. BNatSchG als Regelausnahme zugunsten der »normalen Bewirtschaftung« ein Pendant zur Landwirtschaftsklausel.[141]

Auch wenn der gesetzliche besondere Artenschutz als Mindestschutz eine Domäne des Ordnungsrechts ist und bleiben muss, ist seine Flankierung durch ökonomische Anreize sinnvoll. Einiges hiervon findet bereits statt, wie z.B. Ackerrandstreifenprogramme und andere Agrarumweltprogramme,[142] oder soll ausgebaut werden, wie die Ökologisierungskomponente der EU-Direktzahlungen an die Landwirtschaft (»Greening«).[143] Zugleich sind ökonomische Anreize *außerhalb* des Artenschutzrechts, die nachteilige Wirkungen für den allgemeinen und besonderen Artenschutz generieren, energisch zurückzufahren. Dies gilt namentlich für die Förderung der Biomasse[144] im Rahmen einer beinahe absolut gesetzten Energiewende, die zu Lasten der herkömmlichen Landwirtschaft geht und weitere biodiversitätsbedrohende Monokulturen schafft. Die behutsame Reduzierung der Förderobergrenzen im Erneuerbare-Energien-Gesetz (EEG) 2017[145] ist ein Schritt in die richtige Richtung.

---

139 Dafür die Mehrzahl der Reformvorschläge in Sachverständigen für Umweltfragen, Fn. 137, S. 408 ff. (Tz. 484 ff.).

140 Vgl. demgegenüber *Meßerschmidt*, Bundesnaturschutzrecht, Losebl. (Stand: 135. Lfg. Juli 2017), § 19 Rn. 56b. Anfänglich herrschte fast eine Alarmstimmung, vgl. etwa *Heugel*, in: Calliess/Härtel/Veit (Hrsg.), Neue Haftungsrisiken in der Landwirtschaft: Gentechnik, Lebensmittel- und Futtermittelrecht, Umweltschadensrecht, 2007, S. 113 ff.; ferner *Führ/Lewin/Roller*, EG-Umwelthaftungsrichtlinie und Biodiversität, NuR 2006, 67 und *Gellermann*, Umweltschaden und Biodiversität, NVwZ 2008, 828.

141 Vgl. *Meßerschmidt*, Fn. 140, § 19 Rn. 85 m.w.N.

142 Diese sind allerdings stärker auf den Artenschutz zu fokussieren und strengen Erfolgskontrollen zu unterwerfen, so BfN, Fn. 6, S. 38.

143 Danach sieht es allerdings derzeit nicht aus, siehe *Mögele*, in diesem Band, S. 173 ff., 181; zum „Greening“ BfN, Fn. 6, S. 5, 27 f. und 47 ff. m.w.N. Weiter Rat von Sachverständigen für Umweltfragen, Fn. 137, S. 400 ff. (Tz. 474 ff.) m.w.N. Bemerkenswert ist auch der Vorschlag von *Hampicke*, Fn. 11, S. 206 ff., einer Trennung von guter fachlicher Praxis und Honorierungsschwelle.

144 Vgl. dazu BfN, Fn. 6, S. 37 m.w.N.

145 BGBl. I S. 1066, zuletzt geändert durch Ges. v. 17.7.2017 (BGBl. I S. 2532). Vgl. dazu auch BfN in https://www.bfn.de/infothek/daten-fakten/nutzung-der-natur/erneuerbare-energien (zuletzt abgerufen am 15.1.2019).

VII. Ausblick

Derartige Vorschläge werden die sog. konventionelle Landwirtschaft, die längst eine durchtechnisierte ist, in ihrer Mehrheit kaum auf ihrer Seite haben. Es gibt jedoch Kooperationschancen.[146] Insofern ist das Insektensterben eine lehrreiche Erfahrung, weil es die Landwirtschaft nicht nur als Verursacher, sondern auch als Opfer des Artensterbens zeigt. Das Stichwort lautet: »Pollinator decline«[147] und dies macht erneut deutlich, dass der besondere Artenschutz kein sentimentales Anliegen von Naturfreunden, sondern eine rationale Nachhaltigkeitsaufgabe ist. Die Landwirtschaft ist hier in doppelter Hinsicht exponiert: zum einen, weil sie ein breiteres Spektrum von Verletzungshandlungen aufweist als andere Kontrahenten des besonderen Artenschutzes und eine Kette von ökologischen Nachteilen von der Boden- und Gewässerbelastung bis hin zum Artenschwund auslöst. Zum anderen ist sie, anders als der Straßenplaner oder der Windparkbetreiber, auf eine leistungsfähige und insofern auch eine intakte Natur mit einem ausreichenden Artenspektrum angewiesen. Jedoch ist es nicht nur um die Biodiversität schlecht bestellt. Es scheinen die Instrumente des klassischen (einschließlich des besonderen) Artenschutzrechts weitgehend brachzuliegen. Auf ergänzende Steuerungsmittel kann kaum verzichtet werden. Diese dürfen angesichts des weitgehenden Versagens des Agar-Artenschutzes allerdings nicht als Sedativ neben dem Placebo des besonderen Artenschutzrechts dienen.

---

146 Vgl. *W. Schumacher*, in diesem Band S. 57 ff.

147 *Gallai/Salles/Settele/Vissière*, Economic valuation of the vulnerability of world agriculture confronted with pollinator decline, Ecological Economics 48 (2009), 810.

Gemeinsame Agrarpolitik und Umwelt- und Klimaschutz – die Vorschläge der Kommission für die Zeit nach 2020

Rudolf Mögele[*]

I. Zukunft der Gemeinsamen Agrarpolitik: Kommissionsvorschläge vom 1. Juni 2018

Am 1. Juni 2018 hat die Europäische Kommission ihre Reformvorschläge für die gemeinsame Agrarpolitik (GAP) nach 2020 vorgestellt,[1] die auf einer zeitgleich veröffentlichten umfänglichen Folgenabschätzung (»impact assessment«) beruhen.[2] Diesen Legislativvorschlägen ging die Mitteilung der Kommission vom 29. November 2017 voraus,[3] in der Eckpunkte für die künftige Gestaltung der GAP vorgestellt wurden. Daran anschließend fand eine öffentliche Konsultation statt, in deren Verlauf mehr als 322 916 Äußerungen und 1423 Positionsbeiträge eingereicht wurden.[4] In dem parallel stattfindenden strukturierten Dialog kamen Interessenvertreter zu Wort, d. h. es wurden Sachverständigenworkshops abgehalten,[5] der Europäische Wirtschafts- und Sozialausschuss, der Ausschuss der Regionen

---

* Der Autor ist Beamter und stv. Generaldirektor in der Generaldirektion Landwirtschaft und ländliche Entwicklung der Europäischen Kommission. Der Beitrag gibt ausschließlich seine persönliche Auffassung wider. *Anm. d. Hrsg.:* Aus Aktualitätsgründen befasst sich der Beitrag mit den Kommissionsvorschlägen vom 1. Juni 2018, die beim 13. DNRT in Leipzig noch nicht vorlagen.

1 Die Kommission schlägt drei Verordnungen vor, eine Strategieplanverordnung für die erste und zweite Säule (SPVO), COM(2018) 392, eine Horizontale Verordnung (HZVO), COM(2018) 393 final sowie eine Verordnung zur Änderung der GMO-Verordnung und weiterer Verordnungen, COM(2018) 394 final/2. Abrufbar unter https://ec.europa.eu/commission/publications/natural-resources-and-environment_de (zuletzt abgerufen am 15.1.2019).

2 Abrufbar unter https://eur-lex.europa.eu/legal-content/EN/TXT/?uri=SWD%3A2018%3A301 %3AFIN (zuletzt abgerufen am 15.1.2019).

3 Ernährung und Landwirtschaft der Zukunft, COM(2017) 713 final.

4 Abrufbar unter https://ec.europa.eu/agriculture/sites/agriculture/files/consultations/cap-modernising/highlights-public-consul_de.pdf (zuletzt abgerufen am 15.1.2019).

5 Die Zusammenfassungen der Workshops und Vorträge sind verfügbar unter: https://ec.europa.eu/agriculture/events/cap-have-your-say/workshops_en (zuletzt abgerufen am 15.1.2019).

und eine Reihe von nationalen Parlamenten gaben Stellungnahmen ab, und der Europäische Rechnungshof veröffentlichte sein sogenanntes Themenpapier.[6]

II. Reformziele im Lichte des primären Unionsrechts

In ihren Vorschlägen bekennt sich die Kommission zu den drei grundlegenden agrarpolitischen Zielen, die auch Eingang in den Vorschlag für eine Strategieplanverordnung (SPVO) gefunden haben. Danach dient die GAP:

a) der Förderung eines intelligenten, krisenfesten und diversifizierten Agrarsektors, der Ernährungssicherheit gewährleistet;
b) der Stärkung von Umweltpflege und Klimaschutz und als Beitrag zu den umwelt- und klimabezogenen Zielen der Union; sowie
c) der Stärkung des sozioökonomischen Gefüges in ländlichen Gebieten.[7]

Horizontal werden »Diese Ziele (…) durch das übergreifende Ziel der Modernisierung des Sektors durch Förderung und Weitergabe von Wissen, Innovation und Digitalisierung in der Landwirtschaft und in ländlichen Gebieten und Förderung von deren Verbreitung« ergänzt.

Diese Ziele verstehen sich, rechtlich betrachtet, als Ergebnis der Abwägung der primärrechtlich vorgegebenen GAP-Ziele.[8] Diese umfassen zum einen die agrarökonomischen Ziele, wie sie in Artikel 39 AEUV zum Ausdruck kommen sowie die im AEUV verankerten agrarrelevanten Querschnittsaufgaben, zu denen etwa neben dem Tierwohl[9] und dem Schutz der öffentlichen Gesundheit[10] vor allem der in Art. 11 AEUV genannte Umwelt- und Klimaschutz zählt. Diese »Umweltintegrationsklausel« sieht in ähnlicher Weise wie ihre Vorläufer ausdrücklich vor, dass die »Erfordernisse des Umweltschutzes (…) bei der Festlegung und Durchführung der Unionspolitiken und -maßnahmen insbesondere zur Förderung einer nachhaltigen Entwicklung einbezogen werden« müssen. Dies wird durch Artikel 37 der Charta der Grundrechte zusätzlich bekräftigt, nach dem ein »hohes Umweltschutzniveau und die Verbesserung der Umweltqualität

6 Abrufbar unter https://www.eca.europa.eu/en/Pages/DocItem.aspx?did=45498 (zuletzt abgerufen am 15.1.2019).
7 Art. 5 SPVO.
8 S. Erwägungsgrund 11 der SPVO.
9 Art. 13 AEUV.
10 Art. 168 Abs. 1 AEUV.

(...) in die Politiken der Union« einzubeziehen sind, auch wenn damit in erster Linie eine Unionszielbestimmung geschaffen, nicht aber ein subjektives Recht verbürgt wird.[11]

Dass die Notwendigkeit einer stärkeren umwelt- und klimapolitischen Ausrichtung der GAP in der Reformdebatte in den Vordergrund gerückt ist, beruht in erster Linie auf dem Umstand, dass die Art und Weise, wie in Europa Landwirtschaft betrieben wird, häufig als Ursache von Umweltproblemen gilt. Dabei geht es, um einige wichtige Beispiele zu nennen, um die Folgen der Überdüngung von Böden durch Gülle und die daraus resultierende Nitratbelastung des Grundwassers,[12] um den mit der Intensivierung der Landwirtschaft einhergehenden Anbau von Monokulturen, die Bildung immer größerer Parzellen ohne Schutzzonen für Tierhabitate und deren negative Auswirkungen auf die Biodiversität, den übermäßigen Einsatz von Antibiotika in der Tierproduktion, das Risiko der Bodenerosion, um die Bodenverdichtung, den Verlust von fruchtbarem Oberboden, um die Zunahme landwirtschaftlicher Treibhausgasemissionen oder die Freisetzung von Ammoniak, Gerüchen und Feinstaub.[13]

Im gleichen Atemzug verdient jedoch auch die wirtschaftliche Situation des EU-Agrarsektors Beachtung. Anders als in den 1970er und 1980er Jahren operiert die europäische Landwirtschaft heute ganz weitgehend unter Marktbedingungen und zu Preisen, die ihrer Einbindung in den Weltmarkt entsprechen.[14] Hier hat sich die EU schrittweise von einem Nettoimporteur zu einem Nettoexporteur von Agrarprodukten und Lebensmitteln entwickelt.[15] Die Landwirte müssen daher so effizient wie möglich produzieren, um angemessene Einkommen zu erwirtschaften und die fi-

11 *Kahl*, in Streinz (Hrsg.), EUV/AEUV, 3. Aufl. 2018, Art. 191 AEUV Rn. 27.

12 Europäische Kommission, Report on the implementation of Council Directive 91/676/EEC concerning the protection of waters against pollution caused by nitrates from agricultural sources based on Member State reports for the period 2012-2015, COM(2018) 257 final.

13 Zusammenfassend UBA (Hrsg.) „Umweltprobleme der Landwirtschaft – 30 Jahre SRU-Sondergutachten", Oktober 2015, abrufbar unter: https://www.umweltbundesamt.de/sites/default/files/medien/376/publikationen/umweltprobleme_in_der_landwirtschaft_30_jahre_sru-sondergutachten.pdf (zuletzt abgerufen am 15.1.2019). Hier wird ausgehend vom Sondergutachten des SRU aus dem Jahre 1985 dreißig Jahre danach bilanziert, wie sich die Belastungs- und Gefährdungssituation der Umwelt- und Naturschutzgüter als Folge der insbesondere durch die Reformen der GAP veränderten Rahmenbedingungen für die Landwirtschaft entwickelt hat. S. auch den lesenswerten Beitrag von *Hampicke*, Nachhaltigkeit in der Landwirtschaft aus ökologischer Perspektive, AUR 2014, 361 (362).

14 S. GD AGRI, Annual Activity Report 2017, S. 22.

15 S. GD AGRI, Annual Activity Report 2017, S. 49, 50.

nanziellen Mittel zu generieren, die sie für die Modernisierung ihrer Betriebe brauchen. Sie stehen somit unter erheblichen Wettbewerbsdruck und sehen sich einer gewachsenen Preisvolatilität gegenüber, während gleichzeitig die gesellschaftlichen Erwartungen an ihre Beiträge zum Schutz der Umwelt und des Klimas sowie zu anderen legitimen Anliegen wie dem Tierschutz steigen. Das durchschnittliche landwirtschaftliche Einkommen in der EU liegt freilich weiterhin deutlich unter dem Lohnniveau in der Gesamtwirtschaft,[16] und der Anteil öffentlichen Subventionen (EU und national) am landwirtschaftlichen Faktoreinkommen macht immer noch knapp 40 % aus.[17] Diese wirtschaftlichen Aspekte, die eine erhebliche Abhängigkeit des europäischen Landwirtschaftssektors von der öffentlichen Förderung dokumentieren, dürfen im Hinblick auf die Verwirklichung der GAP-Ziele nach Artikel 39 Absatz 1 AEUV nicht außer Acht bleiben. Sie sind daher auch bei der Diskussion darüber zu berücksichtigen, wie und in welchem Umfang die finanziellen Mittel der GAP von der Einkommenssicherung hin zu einer stärkeren finanziellen Förderung der Umwelt- und Klimaleistung des Agrarsektors umgeleitet werden sollen und können.

III. Die Finanzierung der GAP im Zeitraum 2021 bis 2027

Für den Zeitraum 2021 bis 2027 hat die Kommission am 2. Mai 2018 einen neuen mehrjährigen Finanzrahmen vorgeschlagen,[18] der an den politischen Prioritäten der Union ausgerichtet ist und gleichzeitig die budgetären Folgen des Austritts des Vereinigten Königreichs berücksichtigt. Um diesen Herausforderungen Rechnung zu tragen, schlägt die Kommission einerseits Einsparungen in wichtigen Ausgabenbereichen vor. Zum anderen sieht der Vorschlag vor, die Obergrenze der EU-Mittel auf 1,14 % des Bruttoinlandsprodukts (BIP) anzuheben. Mit ihrem Finanzierungskonzept

---

16 GD AGRI, Annual Activity Report 2017, S. 21.

17 S. Europäische Kommission, CAP post-2013: Key graphs & figures, Share of direct payments and total subsidies in agricultural factor income (2011-15 average), März 2017; abrufbar unter https://ec.europa.eu/agriculture/sites/agriculture/files/cap-post-2013/graphs/graph5_en.pdf (zuletzt abgerufen am 15.1.2019). In einer Reihe von Mitgliedstaaten und Sektoren liegen die Werte nicht unerheblich über diesem Prozentsatz.

18 Mitteilung der Kommission „Ein moderner Haushalt für eine Union, die schützt, stärkt und verteidigt, Mehrjähriger Finanzrahmen 2021-2027", COM(2018) 321 final.

hat die Kommission eine Gratwanderung unternommen, um möglichst vielen der betroffenen Interessen, politischen Positionen und neuen Herausforderungen Rechnung zu tragen. Einerseits wird der Austritt des Vereinigten Königreichs künftig pro Jahr eine erhebliche Finanzierungslücke in den EU-Haushalt reißen.[19] Andererseits sind kostenträchtige neue Herausforderungen an die EU gleichsam mit Händen zu greifen, wie etwa die Umgang mit der Migration, der Schutz der EU-Außengrenzen, die Bekämpfung des internationalen Terrorismus oder die Stärkung von Forschung und Innovation.[20]

Vor diesem Hintergrund schlägt die Kommission für den Zeitraum 2021-2027 für die GAP einen Mittelansatz in Höhe von insgesamt EUR 365 Milliarden und somit knapp einem Drittel des gesamten EU-Haushalts vor, was die Bedeutung der Agrarpolitik auch in der nächsten Förderperiode unterstreicht. Mit einem Minus von insgesamt 5 % und von gerade einmal 3,9 % in der ersten Säule (Direktzahlungen und Marktmaßnahmen) liegt die vorgeschlagene Kürzung der agrarpolitischen Ausgaben außerdem weit unterhalb der Szenarien, die noch Anfang 2018 diskutiert wurden.

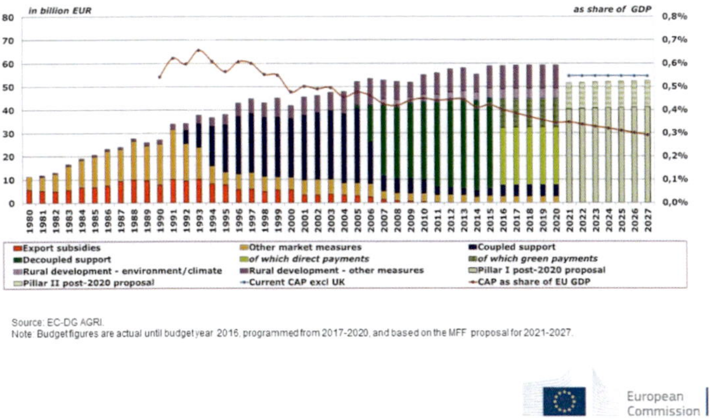

Abbildung 1: Der Agrarhaushalt im Kontext (in realen Preisen)

19 Mitteilung der Kommission „Ein moderner Haushalt für eine Union, die schützt, stärkt und verteidigt, Mehrjähriger Finanzrahmen 2021-2027“, COM(2018) 321 final, S. 23.

20 Mitteilung der Kommission „Ein moderner Haushalt für eine Union, die schützt, stärkt und verteidigt, Mehrjähriger Finanzrahmen 2021-2027“, COM(2018) 321 final, S. 6 ff.

Die Kürzung der Mittel für den Fonds für die ländliche Entwicklung (ELER) liegt – ähnlich wie bei den anderen europäischen Struktur- und Investitionsfonds – zwar höher (-15,3 % für Deutschland), soll und kann jedoch durch eine höhere nationale Kofinanzierung ausgeglichen werden. Zudem sollen im künftigen EU-Budget für Forschung und Entwicklung »Horizon Europe« EUR 10 Milliarden für Aufgaben der Agrarforschung reserviert werden.[21] Vor diesem Hintergrund wird der Kommissionsvorschlag für den Agrarsektor zwar von Manchen als unbefriedigend empfunden; er dürfte für den Agrarsektor angesichts des finanziellen Gesamtkontextes letztlich aber durchaus verkraftbar sein.

IV. Inhaltliche Ausgestaltung der GAP-Vorschläge

1. Einkommenssicherung

Nach den Vorschlägen der Kommission soll die Gewährleistung angemessener Einkommen in der Landwirtschaft auch künftig ein Schlüsselelement der GAP darstellen. Daher stehen die Direktzahlungen auch weiterhin im Mittelpunkt der ersten Säule. Sie umfassen als Kernbestandteil eine flächenbezogene entkoppelte jährliche Zahlung je Hektar (Einkommensgrundstützung)[22], die der gegenwärtig geltenden Basisprämienregelung ähnelt. Alternativ dazu soll den Mitgliedstaaten die Option erhalten bleiben, in gewissem Umfang gekoppelte Einkommensstützung zu gewähren[23]. Um die Marktorientierung der GAP zu stärken, sollen die dafür verfügbaren Mittel allerdings von 13 % auf 10 % begrenzt werden, wobei wie bislang zusätzlich 2 % für die Förderung der Eiweißpflanzenerzeugung verfügbar sein sollen. Zusätzlich dazu ist weiterhin eine ergänzende Einkommensstützung für Junglandwirte vorgesehen[24]. Die gegenwärtig bestehende Möglichkeit zur Gewährung spezifischer Einkommensstützung in Gebieten mit natürlichen oder anderen gebietsspezifischen Benachteiligun-

---

21 Abrufbar unter https://ec.europa.eu/commission/sites/beta-political/files/budget-may2018-modernising-cap_en.pdf (zuletzt abgerufen am 15.1.2019).

22 Art. 17 ff. SPVO – Einkommensgrundstützung für Nachhaltigkeit.

23 Art. 29 ff. SPVO.

24 Art. 27 i.V.m. Art. 86 Abs. 4 SPVO. Die Mitgliedstaaten sollen Mittel in Höhe von mindestens 2 % ihrer jährlichen Finanzausstattung für Direktzahlungen für die Junglandwirteförderung aufwenden. Dieses können sie durch die Gewährung der Junglandwirteprämie und der Einrichtungsbeihilfe im Rahmen der ländlichen Entwicklung oder durch eine der beiden Maßnahmen tun.

gen soll jedoch wegfallen. Insoweit bliebe es bei den im Rahmen der ländlichen Entwicklung vorgesehenen Hilfen. Im Übrigen sollen direkte Einkommenszahlungen nur »echten Betriebsinhabern« zugutekommen, um Fehlallokationen und Mitnahmeeffekte zu vermeiden.[25]

Das Einkommen der landwirtschaftlichen Betriebe wird sowohl durch die Höhe als auch durch die Verteilung der GAP-Förderung geprägt. In der gesellschaftlichen und politischen Diskussion wird insoweit seit langem eine fairere Verteilung der direkten Einkommenstransfers angemahnt. Zu diesem Zweck sehen die Kommissionsvorschläge zwei Maßnahmen vor: Zum

25 Art. 4 Abs. 1 Buchst. d SPVO verlangt von den Mitgliedstaaten, diesen Begriff so zu definieren, „dass gewährleistet ist, dass diejenigen, deren landwirtschaftliche Tätigkeiten nur einen unwesentlichen Teil ihrer gesamten wirtschaftlichen Tätigkeiten ausmachen oder deren Haupttätigkeit nicht in der Ausübung einer landwirtschaftlichen Tätigkeit besteht, keine Unterstützung erhalten, ohne dass Betriebsinhaber mit mehrfacher Tätigkeit von vornherein von der Unterstützung ausgeschlossen werden." Auf diese Weise sollen die Mitgliedstaaten vor dem Hintergrund der auf ihrem Territorium bestehenden Probleme möglichst zielgerichtete Maßnahmen ergreifen.

einen eine Kombination von Degression und Kappung[26], zum anderen die Beibehaltung der Umverteilungsprämie. Danach würden Direktzahlungen zwischen EUR 60.000 und EUR 100.000 pro Betrieb in vier Schritten jeweils um 25 % gekürzt und insgesamt auf maximal EUR 100.000 begrenzt.[27] Um den unterschiedlichen Betriebsstrukturen[28] Rechnung zu tragen, schlägt die Kommission allerdings vor, bei der konkreten Anwendung dieser Maßnahmen sowohl die gezahlten Löhne als auch den Wert unbezahlter Arbeitskraft einzubeziehen.[29] Das dürfte dazu beitragen, die damit für manche beschäftigungsintensiven Betriebe verbundenen Härten etwas abzufedern. Das aus Degression und Kappung resultierende Finanzaufkommen soll in den Mitgliedstaaten verbleiben und vorrangig für die ergänzende Umverteilung der Einkommensleistungen verwendet werden[30]. Zum anderen soll die u.a. in Deutschland bereits praktizierte Umverteilungsprämie fortgeführt und in Zukunft für alle Mitgliedstaaten verpflichtend werden.[31]

2. *Agrarumwelt- und Klimamaßnahmen*

Im Hinblick auf die Agrarumwelt- und Klimaschutzregelungen der GAP hat sich die Kommission für eine Umstellung der gegenwärtigen dreistufigen auf eine im Wesentlichen zweistufige Maßnahmenarchitektur entschieden, deren Ausgestaltung mit einer Erhöhung ihrer umwelt- und klimapolitischen Zielsetzungen einhergehen soll.[32] Parallel dazu wird in den Vorschlägen der Beitrag des Landwirtschaftssektors zur Eindämmung des Klimawandels und zur Umsetzung des Übereinkommens von Paris und der Ziele der Vereinten Nationen für nachhaltige Entwicklung besonders betont. Insofern soll die GAP »zu dem Ziel beitragen, mit 25 % der EU-Haushaltsausgaben Klimaziele zu unterstützen.« Außerdem geht die Kommission davon aus, dass durch »Maßnahmen im Rahmen der GAP (...)

26 Art. 15 SPVO.
27 Art. 15 SPVO.
28 Die Kosten- und Beschäftigungsstruktur kann je nach Betriebstyp (z.B. Ackerbaubetrieb, gemischter Betrieb, Betrieb mit tierischer Erzeugung) erheblich variieren.
29 Art. 15 Abs. 2 SPVO.
30 Art. 15 Abs. 3 SPVO.
31 Art. 26 SPVO.
32 Art. 92 SPVO.

voraussichtlich 40 % der Gesamtfinanzausstattung der GAP zu den Klimazielen beitragen« werden.[33]

Vor diesem Hintergrund schlägt die Kommission vor, das sog. »Greening« als separaten Umweltbeihilfemechanismus in der ersten Säule zu streichen. Stattdessen wurden die im Rahmen des Greening bestehenden Verpflichtungen überarbeitet und in Kombination mit dem bestehenden Cross-Compliance-System (Grundanforderungen an die Betriebsführung und GLÖZ-Standards) zu einer neuen verbesserten Ökokonditionalitätsregelung zusammengeführt.[34]

Ähnlich wie die Cross-Compliance-Regelung soll die Ökokonditionalität keinen eigenständigen Fördertatbestand darstellen, sondern eine Verwaltungssanktionsregelung, die auf Verstöße mit Kürzungen der Direktzahlungen reagiert.[35]

33 S. dazu den Erwägungsgrund 52 der SPVO und Art. 87 Abs. 2 SPVO.

34 Art. 11 und 12 SPVO.

35 Art. 11 Abs. 1 SPVO i.V.m. Art. 85 ff. HZVO.

Auch würden die in ihr zusammengefassten Verpflichtungen weiterhin als »Baseline« für die Agrarumweltmaßnahmen in der zweiten Säule der GAP dienen.[36] Im Prinzip soll die Ökokonditionalität in Zukunft für alle Begünstigten gelten. Die für das Greening charakteristischen Ausnahmen sollen wegfallen, und auch die von der Kleinlandwirteregelung erfassten Betriebe sollen nicht mehr ausgenommen sein; den Mitgliedstaaten soll im Rahmen der GLÖZ freilich ein gewisser Ermessensspielraum in Bezug auf den Anwendungsbereich verbleiben. In diesem neugestalteten Rechtsrahmen soll die Anbaudiversifizierung durch eine anspruchsvollere Fruchtfolgeregelung ersetzt. Weiter sollen mehrere neue GLÖZ-Standards hinzugefügt werden wie der angemessene Schutz von Feuchtgebieten und Torfflächen, die Verwendung eines Nachhaltigkeitstools für landwirtschaftliche Nährstoffe[37] und ein Verbot der Umwandlung oder des Umpflügens von Dauergrünland in Natura 2000-Gebieten. In Bezug auf die Grundanforderungen an die Betriebsführung schlägt die Kommission vor, die GLÖZ-Standards durch verbindliche Anforderungen gemäß der Wasserrahmenrichtlinie zur Kontrolle diffuser Verschmutzungsquellen durch Phosphate zu ergänzen.[38]

In Bezug auf die zweite Säule der GAP sieht der Vorschlag keine grundsätzliche Überarbeitung vor, sondern zielt auf eine Verbesserung und Straffung der Umwelt- und Klimamaßnahmen ab, die im Rahmen der Politik zur Entwicklung des ländlichen Raums verfügbar sind. Die von der EU kofinanzierten »Verpflichtungen in den Bereichen Umwelt, Klima und sonstige Bewirtschaftungsmaßnahmen« verfolgen den Zweck, einen Beitrag zur Erreichung der im SPVO-Vorschlag festgelegten spezifischen Umwelt- und Klimaziele zu leisten.[39] Obwohl sie für die Landwirte freiwillig sind, sollen sie weiterhin ein obligatorischer Teil der Maßnahmen der Mitgliedstaaten zur Entwicklung des ländlichen Raums bleiben, über der Baseline liegen und ihren mehrjährigen Charakter behalten.

Mindestens 30 % der verfügbaren Mittel im Bereich ländliche Entwicklung müssten von jedem Mitgliedstaat für »Interventionen im Zusammenhang mit den spezifischen umwelt- und klimabezogenen Zielen gemäß Ar-

---

36 Art. 65 Abs. 5 SPVO.

37 S. für mehr Einzelheiten Fußnote 2 in Anhang III der SPVO.

38 S. zu den erwähnten Grundanforderungen und GLÖZ-Standards Anhang III der SPVO.

39 Art. 65 SPVO.

tikel 6 Absatz 1 Buchstaben d, e und f« SPVO vorgesehen werden.[40] Dies geht über den Status Quo hinaus, da Maßnahmen für natürliche oder andere gebietsspezifische Beschränkungen (vormals benachteiligte Gebiete),[41] die gegenwärtig berücksichtigungsfähig sind, nicht mehr auf diesen Prozentsatz angerechnet würden. Die Förderung würde weiterhin aus dem Ersatz von Einkommensverlusten, zusätzlichen Kosten und Transaktionskosten bestehen, die sich aus den eingegangenen Verpflichtungen ergeben, allerdings mit der Option, in bestimmten Fällen pauschale oder einmalige Zahlungen pro Einheit zu gewähren.[42]

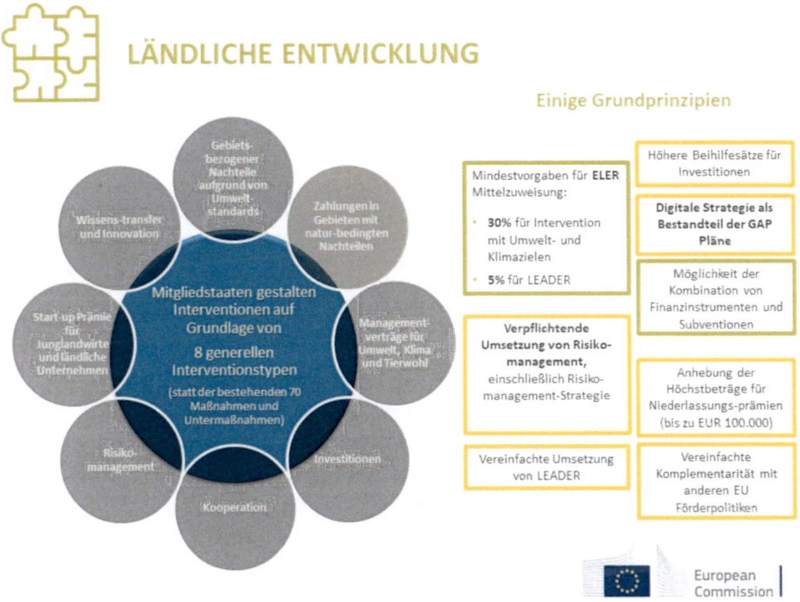

40 Art. 86 Abs. 2 i.V.m. Art. 6 SPVO. Dabei handelt es sich um: „(d) Beitrag zum Klimaschutz und zur Anpassung an den Klimawandel sowie zu nachhaltiger Energie; (e) Förderung der nachhaltigen Entwicklung und der effizienten Bewirtschaftung natürlicher Ressourcen wie Wasser, Böden und Luft; (f) Beitrag zum Schutz der Biodiversität, Verbesserung von Ökosystemleistungen und Erhaltung von Lebensräumen und Landschaften".

41 Art. 66 SPVO.

42 Art. 65 Abs. 6 SPVO.

Zwischen diesen beiden Ebenen, d. h. der Ökokonditionalität und den Agrarumwelt- und Klimamaßnahmen, schlägt die Kommission vor, im Rahmen der ersten Säule eine neuartige Ökoregelung zu installieren.[43] Im deren Rahmen wären die Mitgliedstaaten verpflichtet, den Landwirten die Möglichkeit zu bieten, spezifische Umweltverpflichtungen einzugehen, die über die grundlegenden Anforderungen der Ökokonditionalität hinausgehen.[44] Zwar würden solche Verpflichtungen aufgrund ihres freiwilligen Charakters nicht als allgemeine Baseline für Agrarumweltmaßnahmen im Rahmen der ländlichen Entwicklung gelten, doch müsste die Doppelfinanzierung von Umwelt- oder Klimadienstleistungen aus beiden Instrumenten dennoch vermieden werden.[45] Einerseits würde diese neue Ökoregelung in mancher Hinsicht dem Agrarumwelt- und Klimaschutz im Bereich der ländlichen Entwicklung ähneln. Andererseits ließe es den Mitgliedstaaten mehr Spielraum für die Behandlung spezifischer Umwelt- oder Klimaprobleme. Darüber hinaus soll es im Gegensatz zur zweiten Säule jährliche Maßnahmen ermöglichen, würde zu 100 % von der EU finanziert und könnte in gewissem Umfang auch Anreizkomponenten umfassen.[46]

3. *Neues Umsetzungsmodell*

Die Kommission schlägt weiter vor, diese Änderungen in ein neues Umsetzungsmodell für die GAP einzubetten.[47] Derzeit sind die Vorgaben für die GAP auf EU-Ebene bis ins Detail geregelt und werden dann von den Mitgliedstaaten angewandt. Dieser regelbasierte Ansatz ist ein Hauptgrund für die Komplexität der Politik und dafür, dass es bei ihrer Umsetzung weitgehend um ihre rechtlich korrekte Anwendung, nicht aber um die Erreichung der angestrebten politischen Ziele geht.[48]

---

43 Art. 28 SPVO.

44 Art. 28 Abs. 5 SPVO.

45 Art. 28 Abs. 7 i.V.m. Art. 65 Abs. 5 Buchst. d SPVO.

46 Art. 28 Abs. 6 SPVO.

47 S. Art. 9 and 95 ff. SPVO.

48 S. *Mögele*, Die Durchführung der EU-Förderpolitiken durch die Mitgliedstaaten im Spannungsfeld europäischen Verwaltungs- und Haushaltsrechts – ein Werkstattbericht aus der Praxis der europäischen Mehrebenenverwaltung, EuR 2016, S. 490 ff.

Um dies zu ändern, schlägt die Kommission vor, sich auf EU-Ebene auf die Festlegung der zu verfolgenden Ziele,[49] der zu treffenden Maßnahmen[50] und bestimmter grundlegender EU-Anforderungen zu konzentrieren. Auf der anderen Seite wäre es Aufgabe der Mitgliedstaaten, auf der Grundlage einer SWOT- und Bedarfsanalyse, der in der SPVO vorgesehenen Interventionstypen[51] und der grundlegenden Anforderungen im EU-Recht die auf EU-Ebene festgelegten Ziele in quantifizierte nationale Zielvorgaben herunterzubrechen,[52] die für sie relevanten Interventionen zu ermitteln und zu präzisieren[53] und den rechtlichen Rahmen für die Begünstigten festzulegen.[54] Um die für die GAP notwendige Gemeinsamkeit zu gewährleisten, Wettbewerbsverzerrungen möglichst vorzubeugen und die Beachtung der WTO-Vorgaben abzusichern, sollen die Mitgliedstaaten ihre agrarpolitischen Instrumente im Rahmen eines strukturierten Planungsprozesses

49 Abgesehen von den in Art. 5 SPVO niedergelegten drei allgemeinen Zielen legt Art. 6 SPVO neun spezifische Ziele fest, von denen drei Umwelt und Klima betreffen.

50 Art. 8 SPVO.

51 S. Art. 103 Abs. 2 und Art. 96 SPVO.

52 Art. 97 Abs. 1 Buchst. a SPVO.

53 Art. 97 Abs. 1 Buchst. b und d.

54 Art. 9 SPVO.

entwickeln,[55] der einen Dialog mit Interessengruppen und der Zivilgesellschaft einschließt[56] und an dessen Ende die Genehmigung eines nationalen Strategieplans durch die Kommission steht.[57] Weiter sollen die Mitgliedstaaten, um die gestiegenen umwelt- und klimapolitischen Ziele der Reform zu gewährleisten, im Rahmen des Planungsprozesses auf der Grundlage der verfügbaren Informationen darlegen, wie sie insgesamt einen größeren Beitrag zur Erreichung der spezifischen umwelt- und klimabezogenen Ziele leisten wollen (sog. »No-Backsliding-Klausel«).[58] Vor diesem Hintergrund könnte die Kommission ihre Auditaktivitäten künftig auf zwei verschiedene Bereiche konzentrieren: für die Zwecke der Zuverlässigkeitserklärung darauf,[59] ob die von den Mitgliedstaaten gemeldeten jährlichen Outputs tatsächlich mit den Ausgaben aus dem EU-Haushalt übereinstimmen[60] und ob die Mitgliedstaaten über ausreichend operationelle Governancestrukturen verfügen[61], und für die Zwecke des Leistungsmonitoring, ob die jährliche Leistungsberichterstattung der Mitgliedstaaten und ihre Bewertung ausreichende Fortschritte bei der Erreichung der in ihren strategischen Plänen festgelegten Ziele erkennen lassen.[62] Bei ihren Prüfungen ginge die Kommission anhand von gemeinsamen Output- und Ergebnisindikatoren gemäß Anhang I der SPVO vor. Im Gegensatz zu den derzeit geltenden Vorschriften könnte die Kommission im Rahmen des neuen Umsetzungsmodells ihre Aufsichtsfunktion in erster Linie präventiv wahrnehmen, was jedoch nicht ausschließen würde, dass EU-Finanzierungen ausgesetzt oder Kürzungen und Finanzkorrekturen bei bereits getätigten Ausgaben vorgenommen werden.[63]

»*One size fits all*« kann in einer Union mit 27 Mitgliedstaaten und höchst unterschiedlichen klimatischen, sozialen und agronomischen Gege-

---

55 Art. 91 ff. SPVO.

56 Art. 94 Abs. 3 SPVO.

57 Art. 106 SPVO.

58 Art. 92 SPVO.

59 S. Art. 74 Abs. 9 Verordnung (EU, Euratom) 2018/1046 des Europäischen Parlaments und des Rates vom 18. Juli 2018 über die Haushaltsordnung für den Gesamthaushaltsplan der Union, zur Änderung der Verordnungen (EU) Nr. 1296/2013, (EU) Nr. 1301/2013, (EU) Nr. 1303/2013, (EU) Nr. 1304/2013, (EU) Nr. 1309/2013, (EU) Nr. 1316/2013, (EU) Nr. 223/2014, (EU) Nr. 283/2014 und des Beschlusses Nr. 541/2014/EU sowie zur Aufhebung der Verordnung (EU, Euratom) Nr. 966/2012, ABl. 2018 L 193/1 (Haushaltsordnung).

60 Art. 35 Buchst. c Nr. i HZVO.

61 Art. 35 Buchst. c Nr. ii HZVO.

62 Art. 121 SPVO und Art. 39 HZVO.

63 S. Art. 37-40 und 51-53 HZVO.

benheiten und Bedürfnissen nicht mehr die Regel sein. Mit dem neuen Umsetzungsmodell dürften sich für die Mitgliedstaaten nicht nur Vereinfachungsoptionen ergeben, sondern nicht zuletzt im Bereich des Umwelt- und Klimaschutzes erhebliche Potenziale für eine zielgenauere Ausgestaltung der für sie relevanten GAP-Instrumente eröffnen.

V. Vorschläge der Kommission und »Leipziger Erklärung«

Das von der Kommission vorgeschlagene Konzept führt nicht zu der von »Leipziger Erklärung« des 13. Deutschen Naturschutzrechtstags[64] geforderten fundamentalen Umorientierung der Gemeinsamen Agrarpolitik hin zu einer Umwelt- und Klimapolitik im Agrarbereich. Danach sollten die Zwei-Säulen-Struktur der GAP und das System der flächenbezogenen Einkommensunterstützung schrittweise aufgegeben und durch Förderregelungen dem Grundsatz ersetzt werden, dass öffentliche Gelder nur für öffentliche Güter gezahlt werden sollten.[65] Die Fördermaßnahmen würden sich somit ausschließlich auf landwirtschaftliche Betriebe konzentrieren, die ihre Tätigkeiten auf Nachhaltigkeitsziele fokussieren und ökologische Dienstleistungen erbringen.[66]

Ein solcher Umbau der Agrarförderpolitik wäre zweifellos ein Paradigmenwechsel, da er die derzeitige Rangordnung und Gewichtung der GAP-Ziele in Art. 39 AEUV und der Umweltaspekte, die gemäß Artikel 11 AEUV in die GAP integriert werden, grundlegend verändern würde.

---

64 Veröffentlicht in EurUP 2018, S. 380 ff.; s. ebenso unter https://www.naturschutzrechtstag.de/leipziger-erklaerung-des-deutschen-naturschutzrechtstages-e-v/ (zuletzt abgerufen am 15.1.2019).

65 Ähnliche Forderungen wurden in der Vergangenheit von wenigen Mitgliedstaaten wie dem Vereinigten Königreich, Dänemark und den Niederlanden erhoben, s. *Greer*, The Common Agricultural Policy and the EU budget: statis or change?, EJGE 2 (2013), S. 119 (128). S. auch die Stellungnahme „Für eine zeitgemäße Agrarpolitik (GAP)“ des Sachverständigenrats für Umweltfragen aus dem Jahr 2010 im Hinblick auf die den anstehenden GAP-Reformprozess, abrufbar unter https://www.umweltrat.de/SharedDocs/Downloads/DE/04_Stellungnahmen/2009_11_Stellung_14_GAP.pdf;jsessionid=9D92F286570A2092E0419B0CBC7AE639.1_cid292?__blob=publicationFile&v=7 zuletzt abgerufen am 15.1.2019).

66 S. z.B. die Presseerklärung „Neue EU-Agrarpolitik: Rückschritt statt Aufbruch“ der deutschen Naturschutzorganisation BUND – Friends of the Earth Germany vom 1. June 2018, abrufbar unter https://www.bund.net/service/prevomsse/pressemitteilungen/detail/news/neue-eu-agrarpolitik-rueckschritt-statt-aufbruch/ (zuletzt abgerufen am 15.1.2019).

Das gilt nicht zuletzt für das zentrale GAP-Ziel der landwirtschaftlichen Einkommenssicherung in Art. 39 Abs. 1 Buchst. b AEUV. Die in Artikel 11 AEUV verankerte Regelung legt zwar nahe, dass die GAP neben ihren landwirtschaftlichen auch Umweltziele verfolgen sollte und Art. 39 AEUV daher in gewissem Umfang auch als »indirekte« umweltpolitische Rechtsgrundlage verstanden werden kann.[67] Artikel 43 Absatz 2 AEUV dürfte jedoch keine geeignete rechtliche Befugnis für den Erlass von Rechtsvorschriften ausschließlich oder vorwiegend umweltbezogener Natur darstellen. Daher wäre ernsthaft zu prüfen, ob die Umwandlung der GAP in eine Umwelt- und Klimapolitik für den Agrarsektor noch vom Anwendungsbereich des Artikel 43 Absatz 2 AEUV erfasst würde. Dabei wären die Kriterien für die Abgrenzung zwischen Art. 43 Abs. 2 und Art. 192 Abs. 1 AEUV heranzuziehen,[68] und es wäre der Umstand zu berücksichtigen, dass dem EU-Agrargesetzgeber nach ständiger Rechtsprechung des EuGH ein breiter, aber nicht unbegrenzter Ermessensspielraum zusteht, der der politischen Verantwortung entspricht, die ihr durch die Artikel 40 und 43 AEUV zugewiesen ist.[69]

Weiter lassen die Kommissionsvorschläge die in der »Leipziger Erklärung« enthaltene Anregung zur Schaffung eines umfassenden nationalen Landwirtschaftsgesetzes unberührt. Sie fügen sich vielmehr in das bestehende unionsrechtliche Gefüge ein, das von der Verflechtung des EU-Agrarförderrechts mit materiellem europäischen Umwelt- und Klimarecht gekennzeichnet ist. Nach dem Grundsatz, dass Unionsrecht Anwendungsvorrang gegenüber nationalem Recht genießt,[70] müsste ein solches nationales Landwirtschaftsgesetz die bestehenden unionsrechtlichen Vorgaben genau beachten, seien sie materieller[71] oder förderrechtlicher Natur.[72]

---

67 *Schmidt/Kahl/Gärditz*, Umweltrecht, 10. Aufl. 2017, S. 36.

68 S. die detaillierten Erläuterungen bei *Epiney*, Umweltrecht der Europäischen Union, 3. Aufl. 2013, S. 110 ff.

69 EUGH C-353/92 (Griechenland/Rat), ECLI:EU:C:1994:295, Rn. 36. In die gleiche Richtung ging EUGH 29/77 (Roquette Frères), ECLI:EU:C:1977:164, Rn. 30; 203/86 (Spanien/Rat), ECLI:EU:C:1988:420, Rn. 10; C-311/90 (Hierl), ECLI:EU:C:1992:138, Rn. 13 und C-280/93 (Deutschland/Rat), ECLI:EU:C:1994:367, Rn. 47; C-179/95 (Spanien/Rat), ECLI:EU:C:1999:476, Rn. 28.

70 S. *Härtel*, in: Koch/Hofmann/Reese (Hrsg.), Handbuch Umweltrecht, 5. Aufl. 2018, § 15 Agrarumweltrecht, Rn. 47 ff.

71 S. *Härtel*, in: Koch/Hofmann/Reese (Hrsg.), Handbuch Umweltrecht, 5. Aufl. 2018, § 15 Agrarumweltrecht, Rn. 47 ff.

72 S. *von Rintelen*, in: Grabitz/Hilf/Nettesheim, Das Recht der Europäischen Union, Art. 43 AEUV Rn. 64; *Härtel*, in: Streinz, EUV/AEUV, 3. Aufl. 2018, Art. 43 AEUV Rn. 12 und 13.

Naturschutz und Landwirtschaft: Regelungsmöglichkeiten und -grenzen im BNatSchG im Verhältnis zum (Umwelt- und Agrar-)Fachrecht

Wolfgang Köck

I. Einleitung und Fragestellung

Ziel des Naturschutzrechts ist es, Natur und Landschaft so zu schützen, dass die biologische Vielfalt, die Leistungs- und Funktionsfähigkeit des Naturhaushalts einschließlich der Regenerationsfähigkeit und nachhaltigen Nutzungsfähigkeit der Naturgüter sowie die Vielfalt, Eigenart und Schönheit und auch der Erholungswert von Natur und Landschaft auf Dauer gesichert sind.[1] Diesem umfassenden Schutzauftrag für die »vitale Umwelt«[2] kann das BNatSchG allerdings nur sehr bedingt gerecht werden, weil es nur über ein beschränktes Gestaltungs- und insbesondere Eingriffsinstrumentarium verfügt. Dies gilt in besonderem Maße für die Abwehr von Auswirkungen, die aus der landwirtschaftlichen Bodennutzung resultieren, also Auswirkungen, die auf bodenintensive Bewirtschaftungsmethoden, insbesondere den Einsatz von Dünge- und Pflanzenschutzmitteln, den Umbruch von Grünland oder die Aussaat bodenerosionsbegünstigender Kulturpflanzen beruhen.[3]

Zwar verlangt das BNatSchG mittlerweile die Einhaltung einer »guten fachlichen Praxis« (gfP) der Landwirtschaft (§ 5 Abs. 2 BNatSchG) und gibt sich seit 1998[4] nicht mehr nur lediglich mit einer »ordnungsgemäßen

---

1 Vgl. § 1 BNatSchG.

2 Gemäß der klassischen Systematisierung des Umweltrechts durch *Rüdiger Breuer* wird das Naturschutzrecht dem vitalen Umweltschutzrecht zugerechnet und vom medialen sowie kausalen Umweltschutzrecht abgegrenzt; vgl. *Breuer*, Strukturen und Tendenzen des Umweltschutzrechts, in: Der Staat 1981, 393 ff.

3 Siehe zu den Umweltproblemen der Landwirtschaft etwa die grundlegende Bestandsaufnahme von *Möckel*, in: Möckel/Köck/Schramek/Rutz, Rechtliche und andere Instrumente für vermehrten Umweltschutz in der Landwirtschaft, UBA-Texte 42/2014, S. 111-335.

4 Vgl. das BNatSchG in der Fassung der Bekanntmachung v. 21.9.1998: § 3 b Abs. 1 und § 8 Abs. 7 (a.F.).

landwirtschaftlichen Bodennutzung« zufrieden,[5] die gfP ist im Gesetz aber nicht legaldefiniert, so dass der Maßstab, der durch die gfP gesetzt wird, unklar bleibt.[6] Wichtiger aber noch ist, dass die gfP nur grundsatzhaft im BNatSchG verankert und damit nicht ohne weiteres unmittelbar anwendbar ist. Es bedarf demgemäß weiterer verbindlicher Konkretisierungen, um deutliche Wirkungen entfalten zu können.[7] Daran mangelt es bis heute. Infolgedessen ist es nicht verwunderlich, dass das BVerwG in seinem Urteil v. 1.9.2016 entschieden hat, dass der Grundsatz des § 5 Abs. 2 Nr. 5 BNatSchG[8] nicht als unmittelbares gesetzliches Verbot qualifiziert werden kann.[9] Wenn schon aus diesem vergleichsweise klar und bestimmt abgefassten Grundsatz keine unmittelbaren Konsequenzen gezogen werden können, muss dies erst recht für die weiteren im BNatSchG verankerten gfP-Grundsätze gelten.[10]

---

5 Vgl. dazu § 8 Abs. 7 BNatSchG (1976). Siehe auch § 1 Abs. 3 BNatSchG (1976), wonach die ordnungsgemäße Landwirtschaft in der Regel auch den Zielen des Naturschutzes dient. Dass diese normative Setzung auch damals schon kontrafaktisch war, machte der SRU 1985 in seinem Sondergutachten „Umweltprobleme der Landwirtschaft" deutlich. Es dauerte dann noch einmal 13 Jahre, bis eine gesetzgeberische Konsequenz erfolgte (siehe dazu auch *Haber*, Naturschutz und Landwirtschaft, in: Koch/Hey (Hrsg.), Zwischen Wissenschaft und Politik. 35 Jahre Gutachten des Sachverständigenrates für Umweltfragen, 2009, S. 141-149 und *Köck*, Rechtlicher Handlungsrahmen und Instrumente für die Erhaltung der Biodiversität in Kulturlandschaften, NuR 2010, 530 ff.

6 So wird in der Literatur vertreten, dass die gfP auf Techniken und Bewirtschaftungsweisen verweist, die „allgemein anerkannt und üblicherweise von sachkundigen Landwirten angewendet werden" (vgl. *Möckel*, Verbesserte Anforderungen an die gute fachliche Praxis der Landwirtschaft, ZUR 2014, 14 m.w.N.). Bei einem solchen Verständnis fällt es schwer, noch einen Unterschied zur „ordnungsgemäßen Landwirtschaft", die das alte Naturschutzrecht prägte, auszumachen. „Gute fachliche Praxis" soll aber doch wohl über das, was allgemein anerkannt ist und üblicherweise getan wird, hinausgehen. In jedem Fall würde eine Legaldefinition zur Klärung beitragen.

7 Siehe statt vieler: *Möckel*, Land- und Forstwirtschaft im Umweltgesetzbuch, NuR 2008, 831 ff.; *Köck*, NuR 2010, 530, 534; aus der Kommentarliteratur etwa: *Krohn*, in: Schlacke (Hrsg.), GK-BNatSchG, 2. Aufl. 2017, zu § 5, Rn. 18 und 21 (jeweils mit umfangreichen Nachweisen).

8 „Auf erosionsgefährdeten Hängen, in Überschwemmungsgebieten, auf Standorten mit hohem Grundwasserstand sowie auf Moorstandorten ist ein Grünlandumbruch zu unterlassen."

9 Vgl. BVerwG, Urt. v. 1.9.2016 (4 C 4.15), in: ZUR 2017, 176.

10 Teilweise ist durch abweichendes Naturschutzrecht auf landesrechtlicher Grundlage Abhilfe geschaffen worden. So hat der sächsische Gesetzgeber den Grundsatz des § 5 Abs. 2 Nr. 5 BNatSchG als ein unmittelbar geltendes Verbot ausgestaltet; vgl. § 5 Abs. 1 SächsNatSchG.

Nichts desto trotz werden die Privilegierungen, die der Gesetzgeber an die Einhaltung der gfP geknüpft hat, in der Praxis ohne weiteres wirksam. Da das BNatSchG davon ausgeht, dass die landwirtschaftliche Bodennutzung bei Einhaltung der gfP nicht als Eingriff in Natur und Landschaft anzusehen ist (§ 14 Abs. 2 S. 1 und 2 BNatSchG), löst die landwirtschaftliche Bodennutzung grundsätzlich weder Vermeidungs- noch Kompensationspflichten zugunsten des Naturschutzes aus.[11] Ähnliches gilt im Hinblick auf die artenschutzrechtlichen Zugriffs-, Besitz- und Vermarktungsverbote; denn gem. § 44 Abs. 4 S. 1 BNatSchG verstoßen Landwirte nicht gegen diese Verbote, soweit ihr Handeln der guten fachlichen Praxis entspricht.[12] Für europäisch geschützte Arten wird zwar die Einschränkung gemacht, dass eine solche »Compliance«-Fiktion nur dann gilt, wenn sich der Erhaltungszustand der jeweiligen geschützten Art im betroffenen Raum nicht verschlechtert (§ 44 Abs. 4 S. 2 BNatSchG), da aber die landwirtschaftliche Bodennutzung keinem besonderen Gestattungsverfahren unterliegt,[13] läuft diese Anforderung praktisch weitgehend ins Leere,[14] weil sie nicht ex ante, sondern allenfalls ex post über allgemeine Monitoringprogramme (Art. 11 FFH-RL) verifiziert werden kann. Konsequenterweise sind Verstöße gegen die gfP auch nicht bußgeld- oder gar strafbewehrt.

Prima facie deutlich besser sind das BNatSchG und die Naturschutzgesetze der Länder mit Blick auf den Schutz besonderer Gebiete aufgestellt; denn in Schutzgebieten muss die Vereinbarkeit der landwirtschaftlichen Bodennutzung mit den Erhaltungs- und Entwicklungszielen sichergestellt sein und kann auch durchgesetzt werden. Explizite Privilegierungen für die landwirtschaftliche Bodennutzung finden sich diesbezüglich im Bundesrecht nicht. Allerdings bereitet der Projektbegriff, der für die Anwendung der Vorschriften über die FFH-Verträglichkeitsprüfung in sog. FFH-Gebieten (»Natura 2000«) konstitutiv ist, Schwierigkeiten im Hinblick auf

11 Das Urteil des BVerwG v. 1.9.2016 betrifft zwar nicht die Eingriffsregelung, so dass die gfP hier noch einen Anwendungsbereich behält, die Praxis der Eingriffsregelung, soweit sie sich in gerichtlichen Entscheidungen widerspiegelt, zeigt aber, dass die landwirtschaftliche Bodennutzung hier keine Rolle spielt.

12 Die Grundsätze der gfP in § 5 Abs. 2 BNatSchG weisen zwar keinerlei artenschutzspezifische Komponente auf, aber die Fiktion ist gleichwohl tragfähig, weil sie nur die national geschützten Arten erfasst; siehe dazu auch *Köck*, Europarechtlicher Artenschutz in der Bauleitplanung, in: Spannowsky/Hofmeister (Hrsg.), Umweltrechtliche Einflüsse in der städtebaulichen Planung, 2009, 35, 42.

13 Kritisch dazu: *Möckel*, in: UBA-Texte 42/2014 (Fn. 3), S. 438-448.

14 Siehe dazu auch *Meßerschmidt*, (Besonderer) Artenschutz und Landwirtschaft, in diesem Band, S. 143 ff.

die landwirtschaftliche Bodennutzung,[15] so dass Implementationsdefizite vorprogrammiert sind.[16]

Befreiungen von den für ausgewiesene Schutzgebiete geltenden Verboten aus Gründen individueller Unzumutbarkeit dürfen nur dann gewährt werden, wenn dies mit den Erhaltungszielen vereinbar ist (§ 67 Abs. 1 Nr. 2 BNatSchG). Lediglich die Feststellung »überwiegender öffentlicher Interessen« gestatten es der Behörde bei FFH-Gebieten Eingriffe in die Integrität geschützter Gebiete zuzulassen (§ 34 Abs. 3 Nr. 1 BNatSchG; § 67 Abs. 1 Nr. 1 BNatSchG). Auf diese Möglichkeit wird aber praktisch im Wesentlichen lediglich bei Infrastrukturprojekten zurückgegriffen und nicht bei der landwirtschaftlichen Bodennutzung.

Dass das BNatSchG insbesondere außerhalb besonders geschützter Gebiete nicht aus sich heraus eine naturschutzverträgliche landwirtschaftliche Bodennutzung gewährleistet, ist verschmerzbar, soweit das für die landwirtschaftliche Bodennutzung geltende Umwelt- und Agrarfachrecht diese Lücke schließen kann; denn naturschutzrelevante Anforderungen an die landwirtschaftliche Bodennutzung werden nicht nur durch das Naturschutzrecht i.e.S., sondern auch durch andere Fachgesetze gestellt.[17]

Zu nennen ist hier aus dem Bereich des Umweltrechts zunächst einmal das neue europäisierte Wasserrecht, das ökologische Aspekte – und damit auch Naturschutzanliegen – deutlich höher gewichtet (Zielvorgabe: guter ökologischer Zustand für alle Oberflächenwasserkörper und gutes ökologisches Potenzial für alle erheblich veränderten Oberflächenwasserkörper) als noch das klassische Wasserhaushaltsrecht, das für seine Qualitätsvorgaben mit einigen wenigen Zielparametern auskam und dem ökologischen Landschaftswasserhaushalt kaum Aufmerksamkeit entgegenbrachte. Zu nennen ist darüber hinaus auch das Bodenschutzrecht mit seiner Verpflichtung für Grundeigentümer und Pächter, Vorsorge gegen schädliche Bodenveränderungen zu treffen (§ 7 BBodSchG), die mit Blick auf die

15 Dazu näher *Fischer-Hüftle/Gellermann*, Landwirtschaft in Natura 2000-Gebieten, in diesem Band.

16 Gem. § 34 Abs. 6 BNatSchG ist bei Projekten, für die kein eigenes Gestattungsverfahren vorgesehen ist, zwar die Naturschutzbehörde zuständig. Ihr muss das Projekt vom Projektträger angezeigt werden. Soweit allerdings unklar ist, wann eine landwirtschaftliche Bodennutzung als Projekt im Sinne des FFH-Rechts zu qualifizieren ist, läuft all dies ins Leere. Siehe dazu auch *Möckel*, in: UBA-Texte 42/2014, S. 308 f.

17 Dazu umfassend der Überblick bei *Möckel*, in: UBA-Texte 42/2014 (Fn. 3), S. 111-335.

landwirtschaftliche Bodennutzung durch die gfP erfüllt wird (§ 7 S. 5 i.V.m. § 17 Abs. 1 und 2 BBodSchG).

Naturschutzrelevant ist auch das stoffbezogene Agrarumweltrecht. Besonders hervorzuheben ist in diesem Zusammenhang das Dünge(mittel)recht und das Pflanzenschutz(mittel)recht, das spezifische Anforderungen an die Inverkehrgabe von Düngemittel- und Pflanzenschutzmittelprodukte sowie an die landwirtschaftliche Düngung und an die Anwendung von Pflanzenschutzmitteln stellt; es ist – wie auch das neue Wasserrecht – wesentlich europarechtlich geprägt.[18]

Von diesem ordnungsrechtlich geprägten Agrarumwelt-Fachrecht zu unterscheiden, ist das Agrarbeihilferecht, das für die Empfänger von Direktzahlungen u.a. eine Reihe naturschutzrelevanter Anforderungen stellt, nämlich sog. »cross-compliance«-Anforderungen, die auf das Einhalten bestimmter fachrechtlicher Verpflichtungen und weitergehender Anforderungen an einen guten landwirtschaftlichen und ökologischen Zustand (GlöZ) gerichtet sind, sowie darüber hinausgehende sog. »Greening«-Anforderungen, die sich auf Anbaudiversifizierung, den Erhalt von Dauergrünland und die Bereitstellung ökologischer Vorrangflächen auf mindestens 5 % der landwirtschaftlichen Nutzfläche beziehen[19] und damit ebenfalls auf den Naturschutz wirken.

Ein vollständiges Bild über den rechtlichen Schutz von Natur und Landschaft vor den Gefährdungen, die von der landwirtschaftlichen Bodennutzung ausgehen, ergibt sich daher erst aus einer Zusammenschau des Naturschutzrechts, des naturschutzrelevanten Umwelt- und Agrarumweltrechts sowie des Agrarbeihilferechts.

Im Folgenden wird zunächst ein Überblick gegeben über die naturschutzrelevanten Vorgaben für die landwirtschaftliche Bodennutzung, die sich aus dem sonstigen Umwelt- und Agrarumweltrecht sowie dem Agrarbeihilferecht ergeben (siehe unten II.). Im Anschluss daran wird nach den naturschutzrechtlichen Regelungsmöglichkeiten und -grenzen gefragt. In diesem Zusammenhang geht es auch um rechtspolitische Überlegungen zur Neuordnung des naturschutzrelevanten Rechts im Hinblick auf die landwirtschaftliche Bodennutzung (III.) und um Perspektiven, die sich aus

---

18 Siehe für das Düngemittelrecht die VO EG Nr. 2003 (2003) v. 13.10.2003 über Düngemittel, für das Anwenden von Düngemitteln die sog. Nitratrichtlinie (91/676/EWG) v. 12.12.1991, für das Inverkehrbringen von Pflanzenschutzmitteln die VO (EG) Nr. 1107 (2009) v. 21.10.2009 und für die Anwendung von Pflanzenschutzmitteln die Richtlinie 2009/128 v. 21.10.2009 über einen Aktionsrahmen der Gemeinschaft für die nachhaltige Verwendung von Pestiziden.

19 Siehe Art. 94 VO (EU) Nr. 1307/2013 + DurchfV.

den gegenwärtigen Überlegungen zur GAP-Reform ergeben (siehe unten IV.).

II. Naturschutzrelevante Regelungen im sonstigen Umweltrecht und im Agrarumweltrecht

1. Gewässerschutz- und Bodenschutzrecht

Das Gewässerschutz- und das Bodenschutzrecht sind sowohl für den Naturschutz als auch für die landwirtschaftliche Bodennutzung von hoher Relevanz.

a) Gewässerschutzrecht

Die Naturschutzrelevanz des Gewässerschutzrechts und die Bedeutung des Wasserrechts für die landwirtschaftliche Bodennutzung zeigen sich in besonderer Weise schon in der Zielsetzung der WRRL, gute Gewässerzustände herzustellen bzw. zu erhalten. Naturschutzrelevant ist hier insbesondere die Zielsetzung, für die Oberflächengewässer einen »guten ökologischen Zustand« bzw. ein »gutes ökologisches Potenzial« zu erreichen (§ 27 Abs. 1 Nr. 2 und § 27 Abs. 2 Nr. 2 WHG). Denn abzustellen ist in diesem Zusammenhang auf biologische Qualitätskomponenten der Gewässerflora und -fauna.[20] In Unterstützung der biologischen Komponenten sind auch chemische und physikalisch-chemische Komponenten bedeutsam, wie etwa die Nährstoffverhältnisse.[21] Naturschutzrelevant und auf die Landwirtschaft zielend sind aber partiell auch die Zielvorgaben des »guten chemischen Zustands« für alle Oberflächenwasserkörper und für die Grundwasserkörper, weil diese u.a. durch Wasserqualitätsgrenzwerte für Pestizide bestimmt werden.[22]

Weil die Nährstoffeinträge aus der Landwirtschaft sich auf die biologischen Qualitätskomponenten auswirken,[23] und weil partiell auch die ge-

---

20 Vgl. Anhang V der Wasserrahmenrichtlinie; umgesetzt durch die Anlage 3 der Oberflächengewässerverordnung (OGewV) v. 20.7.2011.

21 Vgl. Anhang V WRRL, Nr. 1.1.1.

22 Vgl. § 6 OGewV i.V.m. Anlage 7, Tabelle 2.

23 Dazu näher: Bundesumweltministerium (Hrsg.), Die Wasserrahmenrichtlinie. Auf dem Weg zu guten Gewässern. Ergebnisse der Bewirtschaftungsplanung 2009, 2010, S. 53.

wässerbezogenen Pestizidgrenzwerte überschritten sind, ist die landwirtschaftliche Bodennutzung zu einem bedeutsamen Faktor der Gewässerbeeinträchtigung geworden. Allerdings ist das Instrumentarium des Wasserrechts nur sehr beschränkt auf die Gewässerqualitätsprobleme, die durch die Landwirtschaft erzeugt werden, eingestellt; denn Nährstoffeinträge im Rahmen der landwirtschaftlichen Bodennutzung gelten nach h.M. nicht als erlaubnispflichtige Gewässerbenutzung,[24] so dass eine wasserrechtliche Eröffnungskontrolle der landwirtschaftlichen Bodennutzung gegenwärtig nicht stattfindet.[25] Im Ansatz wertvoll, in der Ausgestaltung aber unzureichend, sind die wasserrechtlichen Verbote, die für die Gewässerrandstreifen gelten (§ 38 Abs. 4 S. 2 WHG). Gewässerrandstreifen dienen der Erhaltung und Verbesserung der ökologischen Funktionen oberirdischer Gewässer (§ 38 Abs. 1 WHG). Sie sind aber mit fünf Metern bundesrechtlich zu knapp bemessen; darüber hinaus ist bei den bundesrechtlichen Verboten die Anwendung von Düngemitteln und Pflanzenschutzmitteln ausgenommen (§ 38 Abs. 4 Nr. 3 WHG).[26] Landesrechtlich darf hier zwar mehr getan werden (§ 38 Abs. 4 Nr. 3 WHG), von dieser Möglichkeit ist bislang auf Länderebene aber nur partiell Gebrauch gemacht worden.[27] Für den Naturschutz wertvoll ist auch die wasserrechtliche Befugnis, Wasserschutzgebiete auszuweisen (§ 51 WHG), weil solche Schutzgebietsausweisungen es ermöglichen, gewässerbelastende Handlungen zu beschränken bzw. zu verbieten (§ 52 WHG). Ausdrücklich ermöglicht das WHG die Festsetzung von Wasserschutzgebieten auch dann, wenn es nicht um den Schutz der öffentlichen Wasserversorgung geht, sondern wenn es darum geht, den Eintrag von Dünge- und Pflanzenschutzmittel in Gewässer zu vermeiden (§ 52 Abs. 1 Nr. 3 WHG). Allerdings wird dieses Instrument für das Erreichen solcher Zwecke kaum genutzt, weil es politisch sehr hoch aufgehängt ist (Rechtsverordnung!) und weil Schutzgebietsausweisungen mit Ausgleichszahlungen für die Landwirtschaft zu verbinden sind, soweit durch Anordnungen in Wasserschutzgebieten die ordnungsgemäße landwirtschaftliche Nutzung eines Grundstücks eingeschränkt wird (§ 52 Abs. 5

24 Vgl. dazu nur *Köck*, Wasserwirtschaft und Gewässerschutz in Deutschland, ZUR 2012, 140, 148.

25 Wie bereits erwähnt, unterliegt die landwirtschaftliche Bodennutzung (im Gegensatz zu Errichtung und Betrieb bestimmter landwirtschaftlicher Anlagen, siehe Ziff. 7 des Anhangs 1 der 4. BImSchV) auch sonst keinem Gestattungsverfahren, so dass die gewässerbezogenen Auswirkungen ex ante nicht rechtlich kontrolliert werden.

26 Dazu kritisch *Köck*, ZUR 2012, 140, 148.

27 So etwa in Sachsen, vgl. § 24 Abs. 3 SächsWassG.

WHG). Wasserrechtlich wird demgemäß für die Verpflichtung des Staates zur Ausgleichszahlung an die Landwirte nicht einmal auf die gfP als ausgleichsfreier Mindeststandard abgestellt, sondern lediglich auf eine ordnungsgemäße Landwirtschaft – ein bemerkenswerter Anachronismus!

Da die grundlegenden Maßnahmen des Gewässerschutzrechts – auch wegen der mit ihnen verbundenen Ausgleichsverpflichtungen – bisher nur begrenzt etwas beitragen können zu einem naturverträglichen Landschaftswasserhaushalt, bleiben die ergänzenden Maßnahmen der Gewässerbewirtschaftungsplanung (§ 82 Abs. 4 und § 83 WHG). Auch hier aber bewirkt schon die besondere Governance der Beschlussfassung über die Maßnahmenprogramme in den meisten Bundesländern, dass die sachliche Koordinierung defizitär bleibt,[28] ganz zu schweigen davon, dass die Maßnahmenprogramme und -pläne Eingriffsbefugnisse nicht ersetzen können.

Alles in allem also vermag das Wasserrecht derzeit nicht, für eine Landwirtschaft zu sorgen, die ihre Bodennutzung so organisiert, dass sie zu einem ökologischen Landschaftswasserhaushalt beiträgt.

b) *Bodenschutzrecht*

Im Bodenschutzrecht sieht es nicht viel besser aus. Zwar bezweckt das BBodSchG u.a. die natürliche Funktion des Bodens zu sichern und nennt in diesem Zusammenhang die natürlichen Funktionen des Bodens als Lebensgrundlage für Menschen, Tiere, Pflanzen und Bodenorganismen sowie die natürliche Funktion als Bestandteil des Naturhaushalts (§ 2 Abs. 2 Nr. 1 BBodSchG), aber das rechtliche Instrumentarium zur Sicherung dieser Funktionen ist mit Blick auf die landwirtschaftliche Bodennutzung nur sehr eingeschränkt vorhanden. Im Wesentlichen verweist das Gesetz auf andere Fachgesetze, insbesondere auch auf die Vorschriften des Düngemittel- und Pflanzenschutzrechts (§ 3 Abs. 1 Nr. 4 BBodSchG) (dazu sogleich unter 2.). Eine eigenständige Bedeutung kommt dem Bodenschutzrecht aber im Hinblick auf die Vorsorge gegen schädliche Bodenveränderungen zu (§ 7 BBodSchG). Für die landwirtschaftliche Bodennutzung verweist das Gesetz insoweit auf die gfP. Diese ist allerdings im Gesetz nur grund-

28 Dazu näher *Köck*, Flussgebietsbewirtschaftung und Raumordnung. Zur Problematik räumlicher und sachlicher Koordinierung, DÖV 2013, 844, 847 f. Siehe grundlegend am Beispiel Niedersachsen: *Reese/Bedtke/Gawel/Klauer/ Köck/Möckel*, Wasserrahmenrichtlinie – Wege aus der Umsetzungskrise, 2018.

satzhaft ausgeformt, so dass unter Berücksichtigung des BVerwG-Urteils vom 1.9.2016[29] hiervon nur sehr bedingt praktische Wirkungen ausgehen.

2. *Dünge(mittel)- und Pflanzenschutz(mittel)recht*

Das Dünge(mittel)- und das Pflanzenschutz(mittel)recht bilden fundamentale Säulen des Agrar(umwelt)rechts. Beide Rechtsregime sollen einerseits sicherstellen, dass für die landwirtschaftliche Bodennutzung die notwendigen unterstützenden Stoffdienstleistungen verfügbar sind, indem sie einen Rechtsrahmen für die Inverkehrgabe von Stoffen und Produkten setzen und dabei durch Anforderungen an die Wirksamkeit auf den Nutzen für die Pflanzenversorgung bzw. den Pflanzenschutz achten. Das Dünge(mittel)- und Pflanzenschutz(mittel)recht soll andererseits auch dafür sorgen, dass die Inverkehrgabe und die Anwendung dieser Stoffe in einer Weise erfolgt, dass Mensch und Umwelt angemessen geschützt sind. In dieser zweiten Funktion wirken beide stoffrechtlichen Regime auf zahlreiche Schutzgüter, insbesondere auch auf den Schutz der Natur.

Für das Dünge(mittel)- und das Pflanzenschutz(mittel)recht ist in rechtlicher Hinsicht zwischen der Stoff- bzw. Produktinverkehrgabe und der Anwendung zu unterscheiden. Während das Düngemittel- und Pflanzenschutzmittelrecht sicherstellen sollen, dass nur solche Düngemittel bzw. Pflanzenschutzwirkstoffe und Pflanzenschutzmittel in den Verkehr gelangen, die sowohl wirksam als auch mit Blick auf Mensch und Umwelt unbedenklich sind,[30] orientiert sich das Düngemittel- und Dung-Anwendungsrecht[31] sowie das Recht der Anwendung von Pflanzenschutzmitteln an der

29 Siehe Fn. 9.

30 Siehe für das Düngemittelrecht die in Fn. 18 genannten Rechtsquellen; dazu näher *Möckel*, in: UBA-Texte 42/2014, S. 238-244; *Douhaire*, Rechtsfragen der Düngung, Dissertation Rostock 2018, Ms. S. 83-111. Siehe für das Pflanzenschutzmittelrecht die EU VO Nr. 1107/2009 sowie für die formalen und materiellen Anforderungen: *Köck/Kern*, Rechtliche Strategien zur Bewältigung von Risiken im Stoffrecht, in: Perspektiven des Stoffrechts, UTR Bd. 114, 2012, S. 21-69.

31 Das Düngemittelanwendungsrecht macht Vorgaben nicht nur im Hinblick auf den sog. Handelsdünger, also für Düngemittel, die als Produkt auf dem Markt gehandelt werden, sondern auch für Düngemittel (Dung), der auf den landwirtschaftlichen Hofstellen entweder in Form tierischer Ausscheidungen oder auch als Pflanzengärrest anfällt.

gfP von Düngung und Pflanzenschutz,[32] enthält aber – anders als die gfP im Naturschutz- und Bodenschutzrecht – eine Vielzahl unmittelbar bindender formeller Vorgaben, wie etwa die Düngebedarfsermittlung und die Erstellung von Nährstoff(überschuss)bilanzen durch den landwirtschaftlichen Betrieb,[33] sowie konkrete und unmittelbar verbindliche materielle Vorgaben, wie etwa Düngebeschränkungen und -verbote,[34] zu denen auch absolute Höchstmengenbegrenzungen für die Ausbringung von Stickstoff je Hektar und Jahr gehören.[35]

Durchschlagende Umweltschutzerfolge sind mit dem Düngerecht bislang allerdings nicht erzielt worden. Nach wie vor werden die für das Grundwasser geltenden Nitratgrenzwerte in vielen Grundwasserkörpern nicht eingehalten und sind Euthrophierungen von Oberflächengewässern zu beobachten. Der EuGH hat daher jüngst entschieden, dass Deutschland seine Verpflichtungen, die sich aus der Nitratrichtlinie ergeben, nicht eingehalten hat, weil entgegen der Vorgaben des Art. 5 Abs. 5 Nitratrichtlinie keine zusätzlichen Maßnahmen ergriffen worden sind, obwohl absehbar war, dass die bisherigen Maßnahmen nicht ausreichen, um sicherzustellen, dass die Düngung so erfolgt, dass ein Gleichgewicht zwischen dem voraussichtlichen Stickstoffbedarf der Pflanzen und ihrer tatsächlichen Versorgung besteht. [36] Dies war der Bundesregierung auch schon vor der Verurteilung durch den EuGH klar, so dass die Düngeverordnung aus dem Jahre 2006 (die wesentlicher Gegenstand der Klage war) im Jahre 2017 überarbeitet worden ist. Nach dem Urteil des EuGH muss aber wohl angenommen werden, dass auch die novellierte Düngeverordnung noch nicht den Vorgaben der Nitratrichtlinie entspricht.[37]

---

32 Siehe für die Düngung die sog. „Nitratrichtlinie" 91/676/EWG v. 12.12.1991 sowie für die Umsetzung in Deutschland: § 11a Düngegesetz, DüngG und die Konkretisierungen durch die Düngeverordnung, DüV (2006, neugefasst: 2017). Siehe für die Anwendung von Pflanzenschutzmitteln die EU-Richtlinie 2009/128 v. 21.10.2009 über einen Aktionsrahmen der Gemeinschaft für die nachhaltige Verwendung von Pestiziden sowie für die Umsetzung in Deutschland: § 3 PflSchG.

33 Vgl. § 4 und §§ 8 f. DüV (2017).

34 Vgl. die Anhänge II und III der Nitratrichtlinie 91/676/EWG; §§ 6 und 7 DüV (2017).

35 Vgl. Anhang III Nr. 2 RL 91/676/EWG; § 6 Abs. 4 und 7 DüV (2017).

36 Vgl. EuGH, Urt. v. 21.6.2018, Rs. C-543/16, in: ZUR 2018, 470. Siehe zu dieser Anforderung: Art. 5 Abs. 4 lit. a) i.V.m. Anhang III 1.3 der RL 91/676/EWG.

37 Siehe dazu nur *Douhaire*, Schon wieder eine Novelle des Düngerechts? Das EuGH-Urteil vom 21. Juni 2018 zur Nitratrichtlinie und seine Folgen, ZUR 2018, 464 ff.; *Möckel*, Entspricht das neue deutsche Düngerecht den im EuGH-Urteil vom 21.6.2018 genannten Anforderungen? NVwZ 2018, 1599 ff.

Dass eine beschränkte, lediglich kausal ansetzende, Richtlinie aus dem Jahre 1991 auch nach 27 Jahren in Deutschland noch nicht materiell umgesetzt ist, ist bemerkenswert. Es zeigt, wie schwer sich Politik und Recht mit einer umweltverträglichen landwirtschaftlichen Bodennutzung tun. Dies galt schon für die herkömmliche, an Lebens- und Futtermittelproduktion orientierte Landwirtschaft. Dies gilt aber erst recht für eine Landwirtschaft, die zu einem integralen Bestandteil der Erneuerbare-Energien-Politik geworden ist. Hierzu passt dann auch, dass der ökologische Landbau, der in vielerlei Hinsicht eine Antwort auf die Umweltprobleme der Landwirtschaft bereithält,[38] gerade unter den neuen Renditebedingungen der »energetischen« Landwirtschaft besonders zu leiden hatte, weil landwirtschaftliche Nutzflächen sich dadurch enorm verteuert haben und signifikante Flächenzuwächse für den Ökolandbau unerreichbar geworden sind.[39]

Durchschlagende Umweltschutzerfolge hat aber auch das Pflanzenschutzrecht bisher nicht zu bewirken vermocht – und dies, obwohl das Zulassungsrecht für Pflanzenschutzwirkstoffe und Pflanzenschutzmittel deutlich strenger ist als das Recht der Inverkehrgabe von Düngemitteln, weil es ein formelles Eröffnungskontrollverfahren sowohl für die Wirkstoffe als auch die Zubereitung in Produkten vorsieht und mit Blick auf die materiellen Anforderungen Nachweise in Form von Umweltprüfungen verlangt.[40]

Anforderungen an die Anwendung von Pflanzenschutzmitteln ergeben sich aus der EG-Richtlinie über einen Aktionsrahmen der Gemeinschaft für die nachhaltige Verwendung von Pestiziden,[41] die die Mitgliedstaaten dazu verpflichtet, nationale Aktionspläne zur Verringerung der Risiken für Mensch und Umwelt zu erlassen (Art. 4). Darüber hinaus formuliert die Richtlinie Anforderungen an die Sachkunde professioneller Pflanzenschutzmittelanwender (Art. 5), an die Beschaffenheit von Pflanzenschutz-

---

38 Siehe mit Blick auf Dünger- und Pflanzenschutzmitteleinsatz nur *Möckel*, UBA-Texte 42/2014, S. 255 f.

39 Der Anteil des Ökolandbaus an der landwirtschaftlichen Bodennutzung in Deutschland liegt bei 7,5 % (vgl. BMEL, Ökologischer Landbau in Deutschland, 2018, S. 11). Er steigt zwar kontinuierlich, aber nur sehr allmählich. Das Nachhaltigkeitsziel der Bundesregierung, den Anteil des Ökolandbaus bis 2010 auf 20 % zu steigern, ist deutlich verfehlt worden. In der Neuauflage seiner Nachhaltigkeitsstrategie aus dem Jahre 2016 hat die Bundesregierung zwar am „20 %"-Ziel festgehalten, aber darauf verzichtet, hierfür eine klare Frist zu setzen (siehe Deutsche Nachhaltigkeitsstrategie. Neuauflage 2016, S. 68).

40 Vgl. dazu etwa *Köck/Kern* (Fn. 30), S. 21, 42-47.

41 RL 2009/128/EG v. 21.10.2009.

geräten (Art. 8), an die Minimierung des PSM-Einsatzes in bestimmten Gebieten (Art. 12) und verlangt geeignete Maßnahmen zum Schutz der aquatischen Umwelt und der Trinkwasserversorgung (Art. 11). Deutschland ist seinen Verpflichtungen aus der Richtlinie durch Anpassung des PflSchG,[42] durch Erlass einer Pflanzenschutzmittel-Anwendungsverordnung[43] und eines Nationalen Aktionsplans[44] sowie durch Verabschiedung von Grundsätzen für die Durchführung der gfP im Pflanzenschutz[45] nachgekommen. Eine beeindruckende Liste von Anforderungen, die allerdings nur bedingt unmittelbar gelten, wie z.B. das Verbot des Einsatzes bestimmter Pflanzenschutzmittel in Naturschutzgebieten, Nationalparken, Nationalen Naturmonumenten, Naturdenkmälern und gesetzlich geschützten Biotopen (§ 4 PflSchAnwV), und wesentlich auch darauf gerichtet sind, die Anwendung von Pflanzenschutzmittel auf den professionellen Gebrauch zu konzentrieren.

Bewertet man die Leistungsfähigkeit des Pflanzenschutzmittelzulassungs- und -anwendungsrechts an den Auswirkungen, ist festzuhalten, dass das sog. »Insektensterben« in Agrarlandschaften ein deutlicher Beleg dafür ist, dass die Anstrengungen bisher nicht ausgereicht haben und dass dies Folgen sowohl für die Zulassung (Stichworte: Neonicotinoide; Etablierung eines systematischen Monitoring in der Post-Zulassungsphase), als auch für die weitere Anwendung von Pflanzenschutzmitteln haben muss.[46] Eine auf die Anwendung zielende politische Initiative,[47] die den Einsatz von Pflanzenschutzmitteln durch Erhebung einer stoffrisikobezogen ansetzenden Pestizidabgabe mindern will,[48] hat bislang kein Gehör gefunden.

---

42 Siehe insbesondere §§ 3, 4 und 12 ff. PflSchG.

43 Siehe die Pflanzenschutzmittel-Anwendungsverordnung (angepasst 2011).

44 Siehe den Nationalen Aktionsplan der Bundesregierung zur nachhaltigen Anwendung von Pflanzenschutzmitteln vom 10.4.2013.

45 Siehe die Bekanntmachung der Grundsätze für die Durchführung der guten fachlichen Praxis im Pflanzenschutz v. 30.3.2010, Bundesanzeiger 2010, Nr. 76a.

46 Dazu näher *Schäffer/Filser/Frische/Gessner/Köck/Kratz/Liess/Nuppenau/Roß-Nickoll/Schäfer/Scheringer*, Der stumme Frühling – zur Notwendigkeit eines umweltverträglichen Pflanzenschutzes, Diskussion Nr. 16, Leopoldina – Nationale Akademie der Wissenschaften, 2018 (mit umfangreichen Hinweisen auf den naturwissenschaftlichen Forschungsstand).

47 Vorschlag des Schleswig-Holsteinischen Umweltministers Habeck zur Vorbereitung einer Bundesrats-Initiative, 2015.

48 Vgl. dazu die grundlegende vorbereitende UFZ-Studie von *Möckel/Gawel/Kästner/Liess/Knillmann/Brettschneider*, Einführung einer Abgabe auf Pflanzenschutzmittel in Deutschland, 2015.

3. *Agrarbeihilferecht*

Das europäische Agrarbeihilferecht übernimmt seit mehr als 10 Jahren Aufgaben der Vollzugskontrolle des Umweltrechts und dient insoweit auch der Erfüllung fachgesetzlich verankerter Pflichten. Durch die sog. »cross compliance« im Rahmen der Agrardirektzahlungen (erste Säule der GAP) werden bestimmte gesetzlich fixierte »Grundanforderungen an die Betriebsführung – GAB« überwacht[49] und damit ein Beitrag dafür geleistet, dass EU-Subventionen für landwirtschaftliche Betriebe an die Einhaltung bestimmter gesetzlich verankerter Umweltanforderungen gekoppelt werden.

Das Agrarbeihilferecht ist aber bei dieser vollzugsunterstützenden Funktion nicht stehengeblieben, sondern hat darüber hinausgehende umweltbezogene Anforderungen gestellt, nämlich einerseits Pflichten zur Erhaltung des sog. »guten landwirtschaftlichen und ökologischen Zustands (GLÖZ)«, die nur teilweise eine fachgesetzliche Verankerung haben und dennoch im Ganzen in das »cross compliance«-Kontrollsystem einbezogen worden sind,[50] sowie andererseits die Verpflichtungen zum sog. »Greening« der Landwirtschaft, [51] die im Wesentlichen keine fachgesetzliche Verankerung haben, aber gleichwohl an die Direktzahlungen der ersten Säule der GAP gekoppelt sind.

Beide nicht-fachgesetzlich oder doch jedenfalls nicht-bundesrechtlich[52] verankerten Pflichtenstränge (GLÖZ und Greening) betreffen in hohem Maße den Naturschutz; denn die GLÖZ-Verpflichtungen beziehen sich neben dem Gewässerschutz und neben dem Boden- und Klimaschutz auch auf den Schutz der Landschaft.[53] Gleiches gilt für die Greening-Verpflichtungen, die u.a. auf die Erhaltung des bestehenden Dauergrünlands[54] und auf die Gewährleistung eines Mindestanteils an landwirtschaftlicher Flä-

---

49 Vgl. Art. 93 der VO (EU) Nr. 1306/2013 v. 17.12.2013 i.V.m. Anhang II.

50 Vgl. Art. 93 und 94 der VO (EU) Nr. 1306/2013 v. 17.12.2013 i.V.m. Anhang II.

51 Vgl. Art. 43-46 der VO (EU) Nr. 1307/2013 v. 17.12.2013.

52 Auf landesgesetzlicher Grundlage sind teilweise Hecken (Knicks) sowie arten- und strukturreiches Dauergrünland als gesetzlich geschützte Biotope genannt; siehe § 21 Abs. 1 Nr. 4 und 6 LNatSchG S-H.

53 Siehe mit Blick auf den Schutz der Landschaft den Anhang II der VO (EU) Nr. 1306/2013: GLÖZ 7 – Keine Beseitigung von Landschaftselementen einschließlich gegebenenfalls von Hecken, Teichen, Gräben, Bäumen (in Reihen, Gruppen oder einzelstehend), Feldrändern und Terrassen, einschließlich eines Schnittverbots für Hecken und Bäume während der Brut- und Nistzeit, sowie – als Option – Maßnahmen zur Bekämpfung invasiver Pflanzenarten.

54 Vgl. Art. 43 i.V.m. Art. 45 VO (EU) Nr. 1307/2013.

chennutzung im Umweltinteresse[55] zielen, und als Ökologisierungszahlung zur Basisprämie etwa 30 % der Direktzahlung ausmachen.[56] Sowohl die Erhaltung des Dauergrünlandes als auch die Gewährleistung eines Mindestanteils an landwirtschaftlicher Flächennutzung im Umweltinteresse ist umweltpolitisch dringend geboten.[57]

Die nähere Ausgestaltung des »Greening« ist den Mitgliedstaaten überlassen, so dass sich die konkreten Anforderungen erst aus einer Zusammenschau von EU-Beihilfenrecht und flankierendem nationalen Beihilferecht (Direktzahlungsdurchführungsgesetz und Direktzahlungsdurchführungsverordnung) ergeben.[58] Deutschland hat sich mit Blick auf die Erhaltung des »Dauergrünlands in bestimmten Gebieten« für eine schmale Lösung entschieden: der (beihilferechtliche) Schutz des Dauergrünlandes ist auf FFH-Gebiete beschränkt und erfasst nicht Vogelschutzgebiete als Elemente des Natura 2000-Netzes.[59] Außerhalb dieser bestimmten Gebiete darf Dauergrünland nur auf der Grundlage einer Genehmigung umgewandelt werden, die nur unter engen Voraussetzungen zu erteilen ist, aber auch Ausnahmen in Härtefällen zulässt.[60]

Zwar ist es erfreulich, dass das Agrarbeihilfenrecht jenseits der fachgesetzlichen Vorgaben des Umwelt- und des Agrarumweltrechts weitergehende Umwelt- und Naturschutzanforderungen an Direktzahlungen knüpft, ordnungspolitisch ergeben sich aber Bedenken, weil umweltbezogene Mindestanforderungen an die landwirtschaftliche Bodennutzung fachgesetzlich geregelt sein sollten, um auch dann durchgesetzt werden zu können, wenn von landwirtschaftlichen Betrieben keine Direktzahlungen in Anspruch genommen werden.[61] Diese Bedenken bestehen nur dann nicht, wenn eine allgemeinverbindliche ordnungsrechtliche Lösung ausgeschlossen ist, weil sich entsprechende Verpflichtungen nicht sinnvoll regeln lassen. Mit Blick auf die hier angesprochenen GLÖZ- und Greening-

---

55 Vgl. Art. 43 i.V.m. Art. 46 VO (EU) Nr. 1307/2013.

56 Vgl. Art. 47 Abs. 1 VO Nr. 1307/2013.

57 Siehe dazu näher für das Dauergrünland: *Möckel*, Schutz von Dauergrünland vor Umwandlung, Umbruch oder Intensivierung – Teil 1: Förderrecht, NuR 2016, 741 ff.; *ders.*, Teil 2: Ordnungsrecht, NuR 2016, 814 ff.

58 Siehe §§ 15-18 DirektzahlDurchfG v. 9.7.2014 und die DirektzahlDurchfV v. 3.11.2014.

59 Dazu näher *Möckel*, NuR 2016, 741, 745 f.

60 Vgl. § 11 Abs. 3 DirektzahlDurchfG.

61 Siehe die „Leipziger Erklärung" des Deutschen Naturschutzrechtstages e.V. v. 25.4.2018, in diesem Band, S. 213 ff. Siehe auch *Köck*, Standpunkt: Für ein umweltgerechtes Agrarrecht, ZUR 2018, 449 f.; ferner: *Möckel/ Köck*, in: UBA-Texte 42/2014 (Fn. 3), S. 553 f.

Verpflichtungen lässt sich aber die Feststellung treffen, dass es sich um Anforderungen handelt, die der europäische und auch der nationale Gesetzgeber zulässigerweise auch regulatorisch durchsetzen könnte, etwa in Form von verbindlichen Konkretisierungen der gfP[62] oder der Etablierung sonstiger Grundpflichten (dazu näher unten III.). Deshalb erscheint es stimmiger, die GLÖZ- und Greening-Anforderungen allgemeinverbindlich vorzuschreiben, und das Agrarbeihilfenrecht mit Blick auf den Umwelt- und Naturschutz auf seine Funktion als Vollzugsunterstützungsinstrument (echte cross compliance) zurückzuführen.

Weitergehend noch sind Forderungen, öffentliche Gelder grundsätzlich nur für besondere ökologische Leistungen der Landwirtschaft zur Verfügung zu stellen, also das System der Agrarbeihilfen ausschließlich auf zusätzliche Leistungen für die Verbesserung der Ökosystemleistung zu konzentrieren.[63] Würde dieser Forderung nachgegeben, so wären Zahlungen an die Landwirtschaft nur noch im Rahmen der zweiten Säule der GAP möglich, nämlich als Gegenleistung für eine besondere ökologische Leistung der Landwirtschaft, die im Wege des Vertragsnaturschutzes vereinbart wird. Demgegenüber wären alle Umweltschutzverpflichtungen, die als angemessene und zumutbare Mindestanforderungen im Allgemeininteresse des Umweltschutzes legitimierbar sind, gegenleistungslos zu erbringen.[64] Die Abgrenzung zwischen dem, was eine angemessene und zumutbare Rücksichtnahme auf die Umwelt beinhaltet, und dem, was eine prinzipiell vergütungsfähige ökologische Leistung der Landwirtschaft ist, mag im Einzelfall schwer zu ziehen sein. Der Gesetzgeber zieht die Grenze des Zumutbaren gegenwärtig bei der gfP, ohne diese freilich konkret auszugestalten.

Ob Direktzahlungen an die landwirtschaftlichen Betriebe nur bei ökologischen Sonderleistungen vertretbar sind, oder ob es für eine Einkommensstützung der landwirtschaftlichen Betriebe weiterhin tragfähige Rechtfertigungsgründe gibt, kann hier offenbleiben, jedenfalls wäre ein solch grundlegender Pfadwechsel nur nach längeren Anpassungszeiten verantwortbar, also etwa durch einen schrittweisen Abbau der ersten und eine entsprechenden Aufbau der zweiten GAP-Säule. Etwas anderes gilt für die hier vertretene Verlagerung der GLÖZ- und Greening-Verpflichtungen in das Umwelt- bzw. Agrarumweltfachrecht. Diese könnte schnell gesetzgebe-

62 Siehe dazu schon *Möckel*, ZUR 2014, 14, 15.

63 So die „Leipziger Erklärung" des DNRT, in diesem Band S. 213 ff.; dokumentiert in EurUP 2018, S. 380 f. und ZUR 2018, 469 f.

64 Vgl. *Köck*, NuR 2010, 530, 537.

risch vollzogen werden, zumal ohnehin bislang kein landwirtschaftlicher Betrieb auf Direktzahlungen aus der EU-Kasse verzichtet.

III. Regelungsmöglichkeiten und -grenzen auf naturschutzrechtlicher Grundlage

1. Zwischenfazit

Der Überblick hat gezeigt, dass Umweltschutzanforderungen an die landwirtschaftliche Bodennutzung nicht nur über das Naturschutzrecht i.e.S., sondern auch über das Wasserrecht, das Bodenschutzrecht, das Agrarumwelt-Fachrecht i.e.S. (Dünge- und Pflanzenschutzrecht) sowie über das Agrarbeihilferecht adressiert werden.

Alle diese Ansätze weisen aber bislang deutliche Defizite auf.[65] Nachhaltige Erfolge konnten damit nur sehr partiell erzielt werden, wie insbesondere die nach wie vor signifikanten Gewässerbelastungen durch die Landwirtschaft und die gravierenden Verluste der Biodiversität in Agrarlandschaften (Stichwort: »Insektensterben«) zeigen.

Zudem ist deutlich geworden, dass das Agrarbeihilfenrecht nicht mehr nur als eine wertvolle Vollzugshilfe für das Umweltfachrecht eingesetzt wird, sondern darüber hinaus auch eigene Umweltschutzakzente jenseits des Umweltrechts setzt. Diese Entwicklung ist bedenklich, soweit es dabei nicht nur um die Produktion öffentlicher Güter durch besondere ökologische Leistungen geht (Stichwort: Vertragsnaturschutz im Rahmen der sog. zweiten Säule der GAP), sondern um angemessene und zumutbare Rücksichtnahmen auf die Umweltverträglichkeit des Wirtschaftens. Letzteres sollte zwingend allgemeinverbindlich geregelt sein und nicht nur als Nebenbedingung zur Erlangung von Agrarsubventionen.

Die folgenden Überlegungen dienen vor diesem Ausgangspunkt dazu, zu prüfen, inwieweit das Naturschutzrecht in der Lage ist, die GLÖZ- und »Greening«-Verpflichtungen aufzunehmen, oder ob das Agrar-Fachrecht der besser geeignete Ort zur Umsetzung dieses Anliegens ist.

---

65 Siehe dazu auch die Bewertung von *Möckel*, Verhältnis ordnungs- und beihilferechtlicher Mindestanforderungen im Agrarumweltrecht, ZUR 2016, 655 ff.

2. »GLÖZ« und »Greening« als Aufgaben des Naturschutzrechts oder des Agrarumweltrechts?

Zu den GLÖZ-Verpflichtungen im Rahmen der sog. »cross compliance« gehört mit Blick auf das Schutzgut »Landschaft" die Anforderung, keine Landschaftselemente einschließlich ggf. von Hecken, Teichen, Bäumen, Feldrändern und Terrassen zu beseitigen.[66] Die durch das BNatSchG gesetzlich geschützten Biotope erfassen diese Landschaftselemente nicht (§ 30 BNatSchG), so dass diese Elemente bundesnaturschutzrechtlich gegenwärtig nicht geschützt sind. Das BNatSchG bietet aber die Möglichkeit, Landschaftsbestandteile unter Schutz zu stellen und erwähnt in diesem Zusammenhang auch Hecken oder Bäume (§ 29 Abs. 1 S. 2 BNatSchG). Bundesrechtlich hängt der Schutz demgemäß davon ab, inwieweit die Länder von den Möglichkeiten der Unterschutzstellungen Gebrauch machen. Jenseits dessen haben einzelne Bundesländer eigene Wege beschritten und den Katalog der gesetzlich geschützten Biotope gegenüber dem Bundesrecht erweitert, so etwa Schleswig-Holstein, das Knicks (Hecken) direkt gesetzlich schützt (siehe § 21 Abs. 1 Nr. 4 LNatSchG S-H). Die gesetzliche Unterschutzstellung wäre auch dem Bundesnaturschutzgesetzgeber problemlos möglich und sie wäre hier auch in sachlicher Hinsicht gut aufgehoben.

Zu den Greening-Verpflichtungen im Rahmen der Agrardirektzahlungen gehört die Einhaltung von klima- und umweltschutzförderlichen Landbewirtschaftungsmethoden. Die EU-Verordnung nennt namentlich Anbaudiversifizierung, die Erhaltung des bestehenden Dauergrünlands sowie – im Rahmen der landwirtschaftlichen Fläche – die Mindestausweisung von 5 % als Flächen im Umweltinteresse.[67]

Anforderungen zur Anbaudiversifizierung sind sicherlich im Agrarfachrecht sachlich richtig verortet. Bei der Grünlanderhaltung ist dies nicht so eindeutig auszumachen. Die Erhaltung des bestehenden Dauergrünlands ist bundesnaturschutzrechtlich bislang nur auf bestimmten Standorten als gfP adressiert (§ 5 Abs. 2 Nr. 5 BNatSchG) und hat – wie bereits erwähnt (siehe oben I.) – selbst dort keine unmittelbar anwendbare Ausprägung bekommen. Ein allgemeinverbindliches Umbruchverbot mit Erlaubnisvorbehalt ist bundesrechtlich bislang nicht verankert.

Die Ausweisung von landwirtschaftlichen Nutzflächen im Umweltinteresse ist naturschutzrechtlich lediglich in sehr spezifischer Weise im Rah-

---

66 Vgl. Anhang II VO (EU) Nr. 1306/2013 (GLÖZ 7).

67 Art. 43 Abs. 2 VO (EU) Nr. 1307/2013.

men des Eingriffsausgleichs wirksam geworden, nämlich dort, wo ein baulicher Eingriff (Versiegelung) nicht über eigenständige Ausgleichsflächen, sondern durch vertragliche Vereinbarungen mit Landwirten über Ackerrandstreifen und ähnliche Maßnahmen des Naturschutzes kompensiert worden ist.[68]

Mit Blick auf die Erhaltung des Dauergrünlands wäre ein Umbruchverbot mit Erlaubnisvorbehalt sowohl auf naturschutzrechtlicher Grundlage, als auch auf agrarrechtlicher Grundlage denkbar; denn die Agrarpolitik hat wie jede andere Sektorpolitik die Interessen des Umweltschutzes zu berücksichtigen und damit auch Umweltanliegen aufzunehmen (Integrationsgebot: Art. 11 AEUV; Art. 20a GG i.V.m. der Sozialpflichtigkeit des Eigentums). Mit Blick auf die Mindestausweisung landwirtschaftlicher Nutzflächen im Umweltinteresse gilt dasselbe. Denkbar wäre, dieses Anliegen im Rahmen der naturschutzrechtlichen Eingriffsregelung aufzugreifen.[69] Entsprechende rechtspolitische Vorschläge haben bislang allerdings kein Gehör gefunden.

In seiner »Leipziger Erklärung« hat der Deutsche Naturschutzrechtstag (DNRT) gefordert, die Umweltanforderungen der Landwirtschaft in einem Landwirtschaftsgesetz zu regeln und dabei mittels Grundpflichten und konkretisierenden Rechtsverordnungen klare Verbindlichkeiten und unmittelbar anwendbares Recht zu schaffen.[70] Das Landwirtschaftsrecht soll nach dem Willen des DNRT nach dem Vorbild des Industrieanlagenrechts gestaltet werden. Die Erklärung weist zudem darauf hin, dass die substanzielle Aufwertung des Landwirtschaftsrechts gegenüber dem bisherigen gfP-Ansatz im Naturschutzrecht den Vorteil der Abweichungsfestigkeit hätte und dass die dann ordnungsrechtlich verankerten Anforderungen durch die Landwirtschaftsbehörden zu vollziehen seien, die über deutlich mehr Verwaltungskapazität verfügen, als die Naturschutz- und Umweltverwaltung. Die Erklärung weist einen gangbaren Weg. Wichtiger aber als die Frage, ob nun die Umweltanforderungen der Landwirtschaft durch eine ordnungsrechtliche Ergänzung des Umwelt- oder des Agrarrechts gewährleistet wird,[71] ist die Einsicht, dass auf gesetzgeberischer Ebene bislang zu

---

68 Vgl. dazu etwa die Hinweise zum Vollzug der Eingriffsregelung in Brandenburg, 2009, S. 34.

69 So etwa *Möckel*, Landwirtschaft und naturschutzrechtliche Eingriffsregelung, NuR 2012, 225-232.

70 So die „Leipziger Erklärung" des DNRT, in diesem Band S. 213 ff.; dokumentiert in EurUP 2018, S. 380 f. und ZUR 2018, 469 f.

71 Siehe dazu auch *Möckel/Köck*, in: UBA-Texte 42/2014, S. 463 f.

wenig getan worden ist, um die Umweltverträglichkeit der Landwirtschaft nachhaltig zu sichern.

IV. Ausblick

Gegenwärtig werden die Weichen für die neue GAP-Periode gestellt. Als Hauptprioritäten für die GAP ab 2020 hat die EU-Kommission u.a. »ehrgeizigere Ziele beim Umwelt- und Klimaschutz« genannt.[72] Diese drücken sich allerdings nicht in einem schrittweisen Pfadwechsel von der ersten zur zweiten Säule der GAP aus (siehe oben II. 3.),[73] sondern lediglich in einigen Neuorientierungen in der ersten Säule, deren Wert fragwürdig ist.

Mit Blick auf den Klimaschutz ist ein wichtiger Rahmen für die Landwirtschaft allerdings durch einen Rechtsakt in der Umweltpolitik gesetzt worden, nämlich durch die sog. LULUCF-Verordnung[74] vom 30. Mai 2018 über die Einbeziehung der Emissionen und den Abbau von Treibhausgasen aus Landnutzung, Landnutzungsänderungen und Fortwirtschaft.[75] Die Verordnung verpflichtet die EU-Mitgliedstaaten dazu, ihre Treibhausgas-Emissionen aus der Landnutzung und der Landnutzungsänderung sowie der Forstwirtschaft künftig einzubeziehen und bis 2021 dafür zu sorgen, dass die THG-Emissionen aus diesen Bereichen nicht den natürlichen Abbau von THG übersteigen, der sich durch die Senkenfunktion von Wäldern, Grünland, etc. vollzieht. Auch wenn die LULUCF-Verordnung die Landwirtschaft nicht unmittelbar adressiert, wird man annehmen dürfen, dass durch diese Verordnung zumindest die Grünlanderhaltung in der Landwirtschaft konsequent zu sichern ist. Die LULUCF-Verordnung verpflichtet zwar die Mitgliedstaaten, aber die EU als ein zentraler Akteur der Agrarpolitik wird hier zumindest durch entsprechende Weichenstellungen im Rahmen der GAP für Unterstützung Sorge tragen müssen.

Dem Vorschlag der EU-Kommission zur Reform der GAP ist zu entnehmen, dass Direktzahlungen künftig nur noch für Anforderungen gezahlt werden, die über die bisherigen Grundanforderungen und GLÖZ-Anforderungen hinausgehen (Art. 12, Art. 28 Nr. 1 EU-Vorschlag). Ausdrückliche Greening-Verpflichtungen nennt der Kommissions-Vorschlag nicht mehr.

---

72 Vgl. den Vorschlag der Kommission zur Weiterentwicklung der GAP v. 1.6.2018, COM (2018) 392 final, S. 2.

73 Dem Vernehmen nach soll die Finanzausstattung für die zweite Säule sogar noch reduziert werden.

74 VO (EU) 2018/841 v. 30.5.2018.

75 Land Use, Land Use Change, Forestry (LULUCF).

Was konkret verlangt wird, legen die Mitgliedstaaten auf nationaler oder regionaler Ebene fest (Art. 12 Nr. 1, Art. 28 Nr. 3) Insofern wird man von einer gewissen Renationalisierung sprechen können, auch wenn die Kommission in ihrem Vorschlag Kriterien benennt und ihr eine Ermächtigung zum Erlass von Durchführungsverordnungen eingeräumt werde soll, die sich auch den Anteil von Dauergrünland erstreckt (Art. 12 Nr. 4). Ob sich die erweiterten Handlungsbefugnisse der Mitgliedstaaten für Deutschland positiv auswirken werden, bleibt abzuwarten. Jedenfalls scheint das Heft des Handels künftig wieder stärker auf der mitgliedstaatlichen Ebene zu sein.

Ob die bevorstehende GAP-Reform wirklich ehrgeizigere Ziele für den Umwelt- und Klimaschutz hervorbringen wird, erscheint nach Lektüre des Vorschlags nicht sicher. Sicher ist demgegenüber, dass der Vorschlag kaum einen Impuls dafür enthält, die Grundanforderungen an die Umweltverträglichkeit der Landwirtschaft konsequent fachgesetzlich zu etablieren. Immerhin aber eröffnet die angesprochene »Renationalisierung« entsprechende Möglichkeiten.

Schlusswort Prof. Dr. Detlef Czybulka auf dem 13. DNRT

Bei meinem Schlusswort[1] möchte ich die Referate und wesentlichen Ergebnisse der Diskussion im Lichte der Ihnen allen jetzt vorliegenden »Leipziger Erklärung des DNRT« Revue passieren lassen.

Durch das einleitende Grundsatzreferat von Herrn *Hampicke* wurde der »Stand der Dinge« in ökonomischer und ökologischer Sicht einschließlich der Stoffströme in bewundernswerter Klarheit beschrieben. Dabei wurde zugleich mit etlichen Mythen aufgeräumt. In der Zusammenschau mit dem Referat von Herrn *Schumacher* am Nachmittag haben wir erkannt, dass die Förderung des ökologischen Landbaus, die wichtig ist, allein nicht ausreicht, um die Biodiversität in Mitteleuropa zu erhalten. Die Erhaltung der Biodiversität (in der Kulturlandschaft) ist zuvörderst eine regionale (und sogar lokale) Aufgabe – im Unterschied zum globalen Ansatz des Klimaschutzes – mit der Verpflichtung jeden einzelnen Staates, seiner Länder und sonstigen körperschaftlichen Untergliederungen, die erforderlichen Bedingungen und Instrumente zur Erhaltung der Biodiversität auch im landwirtschaftlich genutzten Raum zu schaffen. Das Völkerrecht nutzt uns hierbei sehr wenig, ganz abgesehen von seiner bekannten Durchsetzungsschwäche und dem Fehlen einer internationalen Umweltgerichtsbarkeit. Es ist also richtig, dass die »Leipziger Erklärung« in erster Linie den nationalen Gesetzgeber zum Handeln auffordert. Wie sind die aufgezeigten Defizite gesetzgeberisch zu bewältigen? Das Referat von Herrn *Rehbinder* zeigte die Möglichkeiten auf (»kleine Lösung«, Kodifikation im neuen Landwirtschaftsgesetz). Das sind keine Alternativen im Rechtssinne: eine »Schlaglochreparatur« ist immer möglich, die Errichtung einer neuen Fahrbahndecke ist vorzugswürdig, um im Bild zu bleiben. Die Zielstellung muss sein, die verbesserten »Textblöcke« für die Betreiberpflichten so zu formulieren, dass sie später problemlos in eine Kodifikation übernommen werden können, die der gegenwärtigen Rechtszersplitterung ein Ende bereitet, und die breit angelegt sein sollte (unter Einschluss z.B. eines modernen Flurbereinigungsrechts, des Tierschutzes in landwirtschaftlichen Betrieben, evtl. auch der sozialen Absicherung der Landwirte). Die für alle Betriebe verbindlichen Bewirtschaftungsvorgaben (»*Betreiberpflichten*«) gehö-

1 Die in [...] gesetzten Ausführungen konnten aus Zeitgründen in Leipzig nicht vorgetragen werden.

ren als *ökologische »baseline«* zusammen mit den gesetzlichen Zielstellungen zuerst und auf jeden Fall in das neue Landwirtschaftsgesetz (und in dazugehörige Verordnungen), wozu die Kompetenzgrundlagen des Grundgesetzes nach Auffassung des DNRT ausreichen. In den Ausführungen von Herrn Rehbinder klang Skepsis an, warum für Vollzug und Kontrolle der Betreiberpflichten und des neuen Ordnungsrechts die Landwirtschaftsbehörden vorgeschlagen werden. Wer soll es sonst machen? Es gibt personell keine Alternative. Der Sachverständigenrat für Umweltfragen hat 2007 unter der Mitwirkung u.a. von *Hans-Joachim Koch* und *Konrad Ott* ein bemerkenswertes Sondergutachten publiziert,[2] das aufzeigte, wie wenig Personal und Mittel für den *Naturschutz* zur Verfügung stehen. Kaum ein Gutachten des SRU ist so schnell in der Versenkung verschwunden wie dieses. Es wäre deshalb völlig unrealistisch, auf eine so erhebliche Personalerweiterung der Naturschutzverwaltungen zu setzen, die für die Wahrnehmung der aufgezeigten Aufgaben erforderlich wäre. Im Landwirtschaftssektor ist das Personal vorhanden, das zwar bislang eher mit der Beratung und Ausreichung von Fördergeldern zu tun hat als mit Ordnungsrecht, aber das Amt formt den Menschen. Im Bereich des Wasserrechts, das einen großen Reformprozess durchlaufen hat, geht es auch ganz gut. Die Naturschutzverwaltungen könnten sich dann auf ihre *Kernaufgaben* konzentrieren, zu denen ich das Monitoring, die Verwaltung der Schutzgebiete einschließlich des Netzes »Natura 2000«,[3] den Artenschutz, sowie Vollzug und Dauerüberwachung der Eingriffs- und Ausgleichregelung rechnen möchte.

Was an ökologischen Anforderungen über die durch Ordnungsrecht gesicherte *»baseline«* hinausgeht, sollte zu attraktiven Bedingungen unter Senkung des Bürokratieaufwands gezielt gefördert werden. Beim *Förderungsregime* ist natürlich eine Abstimmung mit dem EU-Recht erforderlich. Die Referate von *Osterburg* und *Schöne* waren insoweit sehr instruktiv. Bei der Offenhaltung von Biotopen extensiver Nutzung muss die Schafbeweidung zur Zielerreichung ausreichen, eine Herausrechnung verbliebener Büsche (unter Abzug von Fördergeldern) ist unsachgemäß. Ziegen, die alles kahlfressen [oder Maschinen], sollten nicht überall eingesetzt werden (müssen). Förderungsmöglichkeiten durch Vertragsnaturschutz im Bereich der Biotopvernetzung, der Artikel 10-FFH-Flächen und der Landschaftspflege für extensive Kulturlandschaften müssen erheblich (und unbürokra-

---

2 SRU, Umweltverwaltungen unter Reformdruck, Herausforderungen, Strategien, Perspektiven. Sondergutachten Februar 2007, 250 S.

3 Dieses Netz ist bislang, soweit es nicht Bestandteil z.B. von Nationalparken ist, weitestgehend ohne Betreuung und Kontrolle durch Personal der Naturschutzverwaltungen. Diese werden nur bei FFH-Verträglichkeitsprüfungen eingeschaltet.

tisch) aufgestockt werden. Das Referat von Herrn Kollegen *Schumacher* zeigte in Wort und Bild auf, zu welchen hervorragenden Ergebnissen bei der Erhaltung (und Steigerung!) der Biodiversität bereits heute Maßnahmen des Vertragsnaturschutzes und [im nationalen Bereich] der produktionsintegrierten Kompensation (PIK) führen können, freilich nur bei vertrauensvoller Kooperation mit (dazu bereiten) Landwirten, Ausdauer und langem Atem. Es wurde auch deutlich, welchen starken und unmittelbaren Einfluss Entscheidungen der Agrarpolitik auf die lokale und regionale Biodiversität haben. Wenn im Laufe der Diskussion in anderem Zusammenhang (Scheitern einer Kompensationsverordnung nach § 15 Abs. 7 BNatSchG in der vergangenen Legislaturperiode) die Unterstützung der Wissenschaft für PIK angefordert wurde, möchte ich darauf hinweisen, dass Herr Hampicke und ich diese Aufgabe [mit Unterstützung von Frau *Litterski* und der DBU] bereits im Jahre 2012 geleistet haben.[4]

Zur »guten fachlichen Praxis« des § 5 Abs. 2 BNatSchG (und des § 17 BBodSchG), der insbesondere im Zusammenhang mit dem Referat von Herrn *Möckel* ausgiebig diskutiert wurde: der Begriff ist meines Erachtens »verbrannt« und politisch (für Naturschutzzwecke) tot, unabhängig davon, welche (Rest-) Wirkungen man der Norm nach dem Urteil des BVerwG vom 1.9.2016 beimisst. Man muss schnellstmöglich dazu kommen, die Inhalte in vollzugs- und kontrollfähige Betreiberpflichten umzuwandeln. Dies hat sicherlich (zeitlich) Priorität vor der planerischen Nutzungssteuerung in der Kulturlandschaft. Hier erscheint eine Anbindung an die kommunalen Körperschaften, wie von *Möckel* vorgeschlagen, der Verfassungsstruktur des Grundgesetzes angemessen. Die Sicherung der Qualität einer Bürgerbeteiligung könnte durch die von Deutschland bisher nicht ratifizierte Europäische Landschaftskonvention möglicherweise sichergestellt werden. Der von Herrn *Piroch* vorgestellte Denkansatz könnte in die Flurbereinigungsverfahren eingehen (und ist dort zum Teil schon Realität).

Die Referate von *Fischer-Hüftle/Gellermann* und *Meßerschmidt* sind trotz ihrer unterschiedlichen Inhalte letztlich deswegen erforderlich geworden, was auch in der neuen Koalitionsvereinbarung »1:1-Umsetzung des europäischen Rechts« heißt. Laien vermuten dahinter eine umfassende und präzise Umsetzung europäischer Richtlinien, während es in der ministeriellen Praxis und im Gesetzgebungsverfahren darum geht, mit möglichst wenig

---

4 *Czybulka/Hampicke/Litterski* (Hrsg.), Produktionsintegrierte Kompensation. Rechtliche Möglichkeiten, Akzeptanz, Effizienz und naturschutzgerechte Nutzung, 2012, 281 S.

Naturschutz einem Verdikt des EuGH zu entgehen. So fehlen sowohl für die Landwirtschaft in Natura 2000-Gebieten als auch im besonderen Artenschutzrecht Verfahrensvorschriften und Konkretisierungen, [die Lücken sind über Vereinsklagen, die Literatur und letztlich die richterliche Interpretation zu schließen, was in der Praxis meist zu einer Verzögerung der Durchsetzung der Naturschutzbelange um Jahre und Jahrzehnte führt.] Die Ausführungen von Herrn Fischer-Hüftle insbesondere zur Zuordnung von normativem Schutz und (ggfs. erforderlichen) Managementplänen verdienen uneingeschränkte Zustimmung. Problematisch bleibt aber die Praxis in den Bundesländern, die bei der landwirtschaftlichen Nutzung in FFH-Gebieten *contra legem* so gut wie alles ohne FFH-Prüfung zulässt. Bei den Ausführungen von Herrn *Meßerschmidt* zu besonderem Artenschutzrecht und Landwirtschaft bleibt der Eindruck, dass beim »Agrar-Artenschutz« noch eine deutliche Verbesserung der dogmatischen Einsortierung der §§ 44 ff. BNatSchG, der (nationalen) legislativen Verfahrensergänzung und ein weites Feld für gezielte Förderung möglich sind. Herr Kollege *Köck* hat uns allen mit seinem »wrap up« eine wertvolle Zusammenfassung des aktuellen status quo des Fachrechts geliefert, das uns gezeigt hat, wie weit der Weg zu einer rechtlich gesicherten biodiversitätserhaltenden Landwirtschaft in Mitteleuropa immer noch ist.

Herrn *Mögele* danke ich für die Einblicke in die EU-Werkstatt. Wir haben gehört, dass die Kommission aus wirtschaftlichen und sozialen Gründen, insbesondere wegen der Einkommensverhältnisse in anderen Mitgliedstaaten der EU, an der I. Säule festhalten will. [Es verbleibt die Aussage der »Leipziger Erklärung«, die Direktzahlungen degressiv zu gestalten und zu kappen, nicht ausschließlich an der Flächengröße auszurichten und rasch umzustrukturieren.] Der DNRT bittet die Kommission, an der 7 %-Marke für die Umwandlung in ökologische Vorrangflächen festzuhalten, was aus ökologischer Sicht das Minimum darstellt, um die agrarische Restbiodiversität wenigstens teilweise zu erhalten. [Schließlich sollte bei der Aufstockung und Umstrukturierung der II. Säule bei den echten Naturschutzmaßnahmen das Erfordernis der Kofinanzierung durch die Mitgliedstaaten überdacht werden, weil dies zu dysfunktionalen Effekten führt:] Gerade die ärmeren Regionen haben regelmäßig eine höhere biologische Vielfalt und können erforderliche Erhaltungsmaßnahmen wegen des Erfordernisses der Kofinanzierung nicht durchführen

»Leipziger Erklärung« des Deutschen Naturschutzrechtstages e.V.

Die Mitgliederversammlung des Deutschen Naturschutzrechtstages e.V. (DNRT e.V.) hat auf ihrer Jahresversammlung vom 25. April 2018 in Leipzig im Vorfeld des 13. DNRT zum Thema »Naturschutzrecht und Landwirtschaft« folgende Erklärung beschlossen:

»Über 50 % der Fläche Deutschlands werden landwirtschaftlich genutzt. Die bisherige Landwirtschaftspolitik der Bundesregierung und deren Umsetzung in den Bundesländern haben zu einem dramatischen Verlust an Biodiversität in der Fläche geführt. Verantwortlich für den Biodiversitätsverlust auf dem Lande sind die Bewirtschaftungsmethoden der industrialisierten Landwirtschaft, im Verbund mit der Agrochemie. Vom Rückgang betroffen sind nicht nur Pflanzen, Wiesenbrüter und Säugetiere, sondern zunehmend und in alarmierendem Ausmaß auch Insekten, die die Grundlage für die Artenvielfalt (und z.B. auch für den Obstanbau) darstellen. Die Probleme der Massentierhaltung und das Beispiel Glyphosat (Herbizide, Biozide) sind allen bekannt und zeigen deutlich, dass ein grundlegender Wandel erforderlich ist. Dieser Wandel entspräche den Staatszielbestimmungen des Grundgesetzes in Art. 20a (Naturschutz und Tierschutz).

Der landwirtschaftsbezogene Umweltschutz leidet unter starker Zersplitterung und erheblichen Defiziten. Das Landwirtschaftsgesetz des Bundes aus dem Jahre 1955 ist ein Anachronismus und in seiner ursprünglichen Ausrichtung als »Einkommensversprechen« völlig überflüssig geworden; es hat keinen echten Inhalt, es bezeugt vielmehr die Unfähigkeit und den fehlenden Willen, nachhaltige Landwirtschaft und die dazugehörigen Betreiberpflichten gesetzlich zu verankern. *Die Schaffung eines »echten« Landwirtschaftsgesetzes, das Definitionen, Ziele und die Rahmenbedingungen für die künftige Landwirtschaftspolitik in Deutschland festlegt, wäre aus Sicht des Naturschutzes eines der wichtigsten Vorhaben der kommenden Legislaturperiode* und drüber hinaus. In diesem Gesetz wären (u.a.) die Mindestanforderungen, also die Betreiberpflichten der landwirtschaftlichen Nutzung festzulegen, die für jede Art von Landwirtschaft (auch) außerhalb der Schutzgebiete gelten sollen, damit Umwelt, Klima und Biodiversität nicht weiter Schaden nehmen. Diese Betreiberpflichten sind dynamisch zu verstehen (wie die Betreiberpflichten im Bundesimmissionsschutzgesetz, die sich am jeweiligen Stand der Technik orientieren und die bislang nicht für die Bodenbearbeitung gelten, sondern einzig für bestimmte emissionsrelevante Anlagen); sie sind im neuen Landwirtschaftsgesetz (oder über entsprechende Ermächtigungen in dazugehörigen Verordnungen) möglichst konkret auszugestalten. Die Überwachung dieser Vorgaben durch die Landwirtschaftsbehörden ist sicherzustellen. *Bei diesen Anforderungen an die landwirtschaftliche Bodennutzung sind klare, nachprüfbare Ober- und Untergrenzen festzulegen.* Das bezieht sich nicht nur auf die Verwendung von Gülle, anderen Düngemitteln oder Pflanzenschutzmitteln, sondern z.B. auch auf den Erosionsschutz, die Erhaltung von Grünland und die natürliche Ausstattung der Nutzflächen. Hierbei handelt es sich um Ordnungsrecht, das ohne Ausgleichszahlungen von allen Betrieben zwingend einzuhalten und bei Nichteinhaltung mit Sanktionsmöglichkeiten auszustatten ist. Die bestehenden Gesetze und Verordnungen (Düngegesetz, neue Düngeverordnung 2017, Vorschriften zur »Stoffstrombilanz«) sind in dieses neue System des Landwirtschaftsrechts zu integrieren. Soweit sie schon brauchbare Ansätze aufweisen, sind diese auszubauen. *Die Betreiberpflichten sollen die weitgehend unwirksame »gute fachliche Praxis« (GfP) aus dem Bundesnaturschutzgesetz (BNatSchG) und dem Bundesbodenschutzgesetz (BBodSchG) ablösen.* Sie können ohne weiteres so ausgestaltet werden, dass sie verfassungsrechtlich unbedenklich sind und die Sozial- oder »Ökologiepflichtigkeit« des Eigentums zum Ausdruck bringen, wie dies Art. 14 Abs. 2 des Grundgesetzes festlegt. Ausgerechnet das in § 5 Abs. 4 Nr. 5 BNatSchG enthaltene Gebot der Grünlanderhaltung, das einigermaßen konkret und naturschutzfachlich bedeutungsvoll ist, ist vom Bundesverwaltungsgericht kürzlich »gekippt« worden, weil diese Vorschrift zur GfP nur Leitlinien und keine verbindlichen Ge- und Verbote enthalte (BVerwG Urteil vom 1.9.2016, 4 C 4.15). Ein Paradigmenwechsel ist also unumgänglich, will man nicht in Kauf nehmen, dass Rücksichtslosigkeit gegen Natur und Landschaft die Landwirtschaft kennzeichnet. Die Verankerung der obligatorischen Betreiberpflichten im Landwirtschaftsgesetz hätte auch den Vorteil, dass die Länder keine abweichenden Regelungen treffen könnten, weil Art. 72 Abs. 3 Nr. 2 GG nur für »den Naturschutz und die Landschaftspflege« gilt. Damit wäre endlich eine klare Grenze gezogen, die für alle Betriebe verbindlich gilt. Weitergehende Anforderungen können (und müssen) in Schutzgebieten gestellt, sie können aber vor allem gefördert werden.

Im neuen Landwirtschaftsgesetz sollte auch geregelt werden, *welche besonderen Formen der Landwirtschaft wegen ihres Nutzens für das Gemeinwohl dem Grunde nach förderungsfähig sind* und welche (wegen ihrer schädlichen externen Effekte) gerade nicht.

Preisspekulationen und Eigentumskonzentration von landwirtschaftlich genutzten Flächen sind ein zunehmendes Problem in der EU und auch in

Deutschland. Maßnahmen der Mitgliedstaaten gegen diesen Verdrängungswettbewerb und Konzentrationsprozess sind rechtlich zulässig und erforderlich. Die Größe der Betriebe ist dabei kein zwingend negativer Faktor für biodiversitätserhaltende Landwirtschaft. Besondere Formen der Landwirtschaft, wie der ökologische Landbau, die Imkerei, Schäferei oder die Mutterkuhhaltung und andere Formen der Weidetierhaltung sollen eine rechtliche und wirtschaftliche Absicherung erhalten, alternative Formen der Landwirtschaft sind ausdrücklich zuzulassen. Dazu gehören auch klein- und großflächige Landschaftspflegemaßnahmen, die Schaffung und Wiederherstellung vernetzter Biotopstrukturen, die nicht (oder nur am Rande) der Lebensmittel- oder Futtermittelerzeugung dienen, sondern in erster Linie dem Naturgenuss und der Bereicherung der Erlebniswelt gerade auch von Kindern und Jugendlichen. Die derzeitige industrielle Landwirtschaft zerstört nämlich auch den ländlichen Raum und macht die Einwohner in agroindustriell geprägten Bundesländern tendenziell heimatlos. Landschaften sind wichtige Elemente für die Lebensqualität der Einwohner durch die Identifizierung mit ihren erkennbaren Strukturen und die Erholung in der Natur. Die europäische Landschaftskonvention bietet der Bevölkerung solche Mitwirkungsmöglichkeiten bei der Gestaltung der Kulturlandschaft. Die überfällige Unterzeichnung dieses Abkommens und die Umsetzung im neuen Landwirtschaftsgesetz beinhalten auch Chancen insbesondere für Familienbetriebe und die Entwicklung eines sanften Agrotourismus. *Bei der Förderungsschiene sind die anstehenden Verhandlungen zur neuen gemeinschaftlichen Agrarpolitik (GAP) mit zu bedenken. Die »erste Säule« der Förderung (Grundförderung nach Flächengröße) muss abgeschafft werden*, weil sie einen Fremdkörper im Wirtschaftsleben darstellt, damit schon als solche keinerlei Rechtfertigung hat, und zudem eine nicht nachhaltige und tendenziell naturzerstörerische Nutzung begünstigt, die nicht subventioniert werden darf (»perverse subsidies«). Der Steuerzahler bringt hierfür kein Verständnis mehr auf.

Die »Erste Säule« soll in vollem Umfang in ein Honorierungssystem für nachprüfbare ökologische Leistungen der Landwirte umgewandelt werden. Diese Förderungen können dann trotz zu erwartender Kürzungen im EU-Haushalt wegen des Brexit gut ausgestattet werden.

Insgesamt sollen die Landwirte selbst entscheiden können, ob sie an den künftigen Förderprogrammen teilnehmen und dafür angemessen honoriert werden, oder ob sie voll auf die »marktwirtschaftliche Karte« setzen.

Letztlich sind die Gegebenheiten des einzelnen Betriebes maßgeblich. Bei den Förderungen ist das Kontroll- und Sanktionssystem zu entbürokratisieren. Die Umstrukturierung erfordert sicherlich Übergangslösungen, aber schon jetzt eine Weichenstellung und ein deutliches Signal. Das könnte darin bestehen, dass die Förderung der »Ersten Säule« ab 2021 in drei Schritten für die meisten konventionellen Betriebe auf 0 reduziert wird, wobei die Reduzierung bei den sehr großen Betrieben überproportional erfolgen sollte. Ökobetriebe und sonstige besonders förderungswürdige Betriebe sowie Betriebe mit naturbedingten Standortnachteilen könnten einen Teil der Basisprämie auf Dauer behalten.

Der Deutsche Naturschutzrechtstag fordert die Bundesregierung und den Bundesgesetzgeber insgesamt auf, endlich aktiv zu werden und im Zusammenwirken mit der Wissenschaft, den Landwirten und den Verbänden ein modernes biodiversitätserhaltendes, klimaschonendes und gewässerschützendes Landwirtschaftsgesetz zu konzipieren, das zusammen mit entsprechenden Gesetzgebungsakten in Frankreich[1] und anderen Mitgliedstaaten der EU richtungsweisend auch für die künftige Agrarförderung in der EU wäre.«

1 Der französische Code rural (et de la pêche maritime) wurde am 1. April 2018 in einer konsolidierten Fassung neugefasst.

Autorenverzeichnis

CZYBULKA, DR. DETLEF, Professor (em.), Universität Rostock, Juristische Fakultät, Bergstraße 24, 18107 Elmenhorst; detlef.czybulka@uni-rostock.de

FISCHER-HÜFTLE, PETER, Rechtsanwalt, Eichenstr. 7, 93049 Regensburg; fischer-hueftle@t-online.de

GELLERMANN, DR. MARTIN, Rechtsanwalt, apl. Professor (Universität Osnabrück), Schlesierstraße 14, 49492 Westerkappeln; M.Gellermann@t-online.de

HAMPICKE, DR. ULRICH, Professor (em.), Universität Greifswald, Botanisches Institut, Soldmannstraße 15, 17487 Greifswald; hampicke@uni-greifswald.de

KÖCK, DR. WOLFGANG, Professor, Helmholtz-Zentrum für Umweltforschung GmbH – UFZ, Department Umwelt- und Planungsrecht, Permoserstraße 15, 04318 Leipzig; wolfgang.koeck@ufz.de

MESSERSCHMIDT, DR. KLAUS, apl. Professor (Humboldt-Universität zu Berlin) und Hochschullehrer (Friedrich-Alexander-Universität Erlangen-Nürnberg), Lange Gasse 20, 90403 Nürnberg; klaus.messerschmidt@fau.de

MÖCKEL, DR. STEFAN, Helmholtz-Zentrum für Umweltforschung GmbH – UFZ, Department Umwelt- und Planungsrecht, Permoserstraße 15, 04318 Leipzig; stefan.moeckel@ufz.de

MÖGELE, DR. RUDOLF, Honorarprofessor (Universität Würzburg), Europäische Kommission, stellvertretender Generaldirektor, Rue de la Loi 200, B-1049 Brüssel; rudolf.moegele@ec.europa.eu

OSTERBURG, BERNHARD, Agrarökonom, Leitung der Stabsstelle Klima des Thünen-Instituts, Bundesallee 49, 38116 Braunschweig; bernhard.osterburg@thuenen.de

Piroch, Dr. Ingmar, stv. Amtsleiter Biosphärenreservatsamt Südost-Rügen, Circus 1, 18581 Putbus; i.piroch@suedostruegen.mvnet.de

Rehbinder, Dr. Eckard, Professor (em.) für Wirtschafts- und Umweltrecht, Goethe-Universität Frankfurt/Main, Speckerhohlweg 3, 61462 Königstein; Rehbinder@jur.uni-frankfurt.de

Schumacher, Dr. Wolfgang, Professor (em.). für Geobotanik und Naturschutz, Landwirtschaftliche Fakultät der Universität Bonn, Breitenfeldstr. 6, 53894 Mechernich-Antweiler; dr.wolfgang.schumacher@web.de